Wissen für die Zukunft

Oldenbourg Verlag

Immobilieninvestition und -finanzierung kompakt

von
Prof. Dr. Michaela Hellerforth

Oldenbourg Verlag München

Bibliografische Information der Deutschen Nationalbibliothek

Die Deutsche Nationalbibliothek verzeichnet diese Publikation in der Deutschen
Nationalbibliografie; detaillierte bibliografische Daten sind im Internet über
<http://dnb.d-nb.de> abrufbar.

© 2008 Oldenbourg Wissenschaftsverlag GmbH
Rosenheimer Straße 145, D-81671 München
Telefon: (089) 4 50 51-0
oldenbourg.de

Lektorat: Wirtschafts- und Sozialwissenschaften, wiso@oldenbourg.de
Herstellung: Anna Grosser
Coverentwurf: Kochan & Partner, München
Cover-Illustration: Hyde & Hyde, München
Gedruckt auf säure- und chlorfreiem Papier
Gesamtherstellung: Druckhaus „Thomas Müntzer" GmbH, Bad Langensalza

ISBN 978-3-486-58700-5

Vorwort

Das vorliegende Buch stellt für Immobilienunternehmen, Immobilieninteressierte und Auszubildende sowie Studierende im Bereich der Immobilienwirtschaft eine Einführung in die Investition und Finanzierung von Immobilien dar.

Zunächst werden nach einer kurzen Gegenüberstellung von Investition und Finanzierung als zwei Seiten einer Medaille, die Grundlagen der Investitionsrechnung und Finanzierung betrachtet, nämlich die Zins- und Zinseszinsrechnung sowie die Rentenrechung (Kapitel 1). Danach werden die statischen sowie die dynamischen Methoden der Investitionsrechnung dargelegt (Kap. 2). Dabei wurde besonderer Wert auf zahlreiche Beispiele gelegt, anhand derer die Formeln im Bereich der Investitionsrechnung nachvollziehbar werden und die es ermöglichen, selbständig Rechnungen durchzuführen. Zudem wird die Discounted Cash Flow Methode dargestellt und Methoden, Unsicherheit zu berücksichtigen.

Das Kapitel 3 beschäftigt sich mit den Grundlagen der Finanzierung von Immobilien, wobei sowohl die Eigen- wie auch die Fremdfinanzierung betrachtet werden und grundlegende Kennzahlen der Kapitalstruktur vorgestellt werden. Danach geht es ausführlich um die Fremdfinanzierung von Immobilien (Kap. 4). In einer Einführung wird auch auf die Abwicklung einer Kreditvergabe eingegangen. Des Weiteren werden behandelt, Kreditsicherheiten, kurzfristige Finanzierungsformen und die langfristige Fremdfinanzierung. Hierbei wird auf die wichtigen Termini im Bereich der Finanzierung eingegangen, so z.B. auf den Beleihungswert und unterschiedliche Möglichkeiten der Konditionengestaltung. Auch die Kundenfinanzierung wird thematisiert und den Besonderheiten der Bauträgerfinanzierung ist ein eigenes Kapitel gewidmet (Kap. 5). Innovativen Finanzierungsformen in ihrer Anwendbarkeit für die Praxis ist ebenso ein breiter Raum eingeräumt worden. Zunächst sind die Veränderungen der Finanzierungslandschaft und auch die Regelungen nach Basel II dargestellt. Im Anschluss geht es neben der Verbriefung, und der Krise, um die Mezzanine-Finanzierung bzw. Real Estate Private Equity (Kap. 6), Dept-Equity-Swaps, Genussscheine, Derivate, Finanzierungsmöglichkeiten durch bestimmte Rechtsformen, wie der Immobilien-AG und als Spezialform der REITs, Non-Recourse-Finanzierungen (Kap. 7) und Kreditsubstitute, wie Factoring und Leasing (Kap. 8). Derart gelingt es, einen Marktüberblick zu gewinnen und die Anwendbarkeit verschiedener Strukturierungsmöglichkeiten der Finanzierung in der eigenen Praxis zu überprüfen.

Inhalt

Abkürzungsverzeichnis

MaBV   Makler- und Bauträgerverordnung

MaRisk   Mindestanforderungen an das Risikomanagement

MBS   Mortage Backed Securities

MoMiG   Gesetz zur Modernisierung des GmbH-Rechts und zur Bekämpfung von Miss-
          bräuchen

NPV   Net Present Value

ÖPP   Öffentlich Private Partnerschaft

PangV   Preisangabenverordnung

PPP   Public Private Partnership

RBF   Rentenbarwertfaktor

REIT   Real Estate Investment Trusts

REITG   REIT-Gesetz

REPE   Real Estate Private Equity

ROI   Return on Investment

RVP   Restwertverteilungsfaktor

Solv   Solvabilitätsrichtilinenverordnung

SPV   Special PurposeVehicle

VAG   Gesetz über die Beaufsichtigung von Versicherungsunternehmen

VOFI   Vollständiger Finanzplan

WACC   Weighted Average Cost of Capital

WGF   Wiedergewinnungsfaktor

ZR   Zahlungsreihe

1 Grundlagen

1.1 Investition und Finanzierung

Investition ist die Verwendung von Geldmitteln, um Sach- und Finanzanlagevermögen zu schaffen. Unter Finanzierung versteht man demgegenüber die Beschaffung von Geldmitteln, mit deren Hilfe kurz-, mittel- oder langfristig Vermögen gebildet werden soll. Damit besteht der Zusammenhang, dass jede Investition finanziert werden muss.[1] Dies zeigt sich auch im Rechnungswesen, weist doch die Aktivseite der Bilanz die Mittelverwendung, die Investitionen, die Passivseite demgegenüber die Mittelherkunft aus.[2] Dabei muss gelten:

> Investitionsvolumen = Finanzierungsvolumen
> Finanzierungsvolumen = Eigenfinanzierungsvolumen + Fremdfinanzierungsvolumen

Bei einer Immobilie errechnet sich das Investitions- und Finanzierungsvolumen folgendermaßen:[3]

	Kaufpreis der Immobilie
−	Kaufpreisminderungen
+	Maklergebühr
+	Grunderwerbssteuer (3,5 % des Wertes der Gegenleistung, d.h. in der Regel des Kaufpreises)
+	Kosten der notariellen Beurkundung des Kaufvertrages (ca. 1,5 % des Kaufpreises)
+	Kosten der Bestellung der Grundpfandrechte
+	Gebühren für die Eintragungen im Grundbuch
±	Kosten für Baumaßnahmen, Renovierung, Sanierung oder Erweiterung
=	Investitions- bzw. Finanzierungsvolumen

1.2 Einführung in die Investitions- und Finanzierungsrechnung

Bevor man die unterschiedlichen Verfahren der Investitions- und Finanzierungsrechnung in ihrer Anwendung für die Immobilienwirtschaft näher betrachtet, ist es notwendig, sich mit den finanzmathematischen Grundlagen zu beschäftigen. Dabei handelt es sich vor allem um die Zinsrechnung sowie die Rentenrechnung.

---

[1] Vgl. Perridon, L./Steiner, M., Finanzwirtschaft, S. 60f.
[2] Vgl. Murfeld, E. (Hrsg.), Betriebswirtschaftslehre, S. 574.
[3] Vgl. Bosch., M., BWL-Praxiswissen, S. 101.

1.2.1   Zins- und Zinseszinsrechnung

Definition:
Unter Zins versteht man den Preis für die zeitweise Überlassung von Kapital.

Generell werden unterschieden:

- in Bezug auf die Art der Zinsberechnung: die einfache Zinsrechnung und die Zinseszinsrechnung und
- in Bezug auf die Zinsperiode: die jährliche bzw. unterjährige Verzinsung.

Lineare oder einfache Verzinsung
Das Endkapital (K_n) bei einfacher Zinsberechnung ergibt sich als:

$$K_n = K_0 + n \times K_0 \times i \text{ bzw.}$$
$$K_n = K_0 \times (1 + n \times i)$$

mit: K_0 = Anfangskapital
        n = Anzahl der Perioden
        i   = Zins
        K_n = Endkapital

1.1 Formel zur Berechnung der linearen Verzinung

Es werden demnach bei der einfachen Verzinsung in jedem Jahr nur Zinsen für das Anfangskapital gezahlt, die angefallenen Zinsen werden nicht verzinst.[4]

Zinseszinsrechnung bzw. exponentielle Verzinsung
Bei der Zinseszinsrechnung bzw. der exponentiellen Verzinsung werden sowohl das An-
fangskapital als auch die angefallenen Zinsen verzinst. Die Zinsen werden dem Kapital am
Ende der Periode zugeschlagen und in der darauffolgenden Periode mitverzinst.

$$K_1 = K_0 \times (1 + i)^n = K_0 \times (1 + i)$$
$$K_2 = K_1 \times (1 + i) = K_0 \times (1 + i)^n$$

Daraus ergibt sich n Perioden:

$$K_n = K_0 \times (1 + i)^n \text{ bzw. } K_n = K_0 \times q^n \text{ bzw. } K_n = K_0 \times \text{Aufzinsungsfaktor}$$

1.2 Formel zur Berechnung der unterjährigen Verzinsung

Definition:
Der Aufzinsungsfaktor zinst einen heute fälligen Betrag mit Zins und Zinseszins über n Jahre
auf. Er rechnet damit eine „Einmalzahlung jetzt" in eine „Einmalzahlung in n Jahren" um.

---

[4]   Vgl. z.B.: Gondring, H., Risiko, S. 24.

$$AuF = (1 + i)^n \quad oder \quad q^n$$

Beispiel:

Das Anfangskapital beträgt 20.000 €. Wie groß ist das Endkapital nach 5 Jahren bei einem Zinssatz von 8 %?

$K_n = K_0 \times (1 + i)^n = 20.000 \times 1,08^5$

$K_n = 29.386,56 €$

K_0 K_n

0   1   2   ...   n

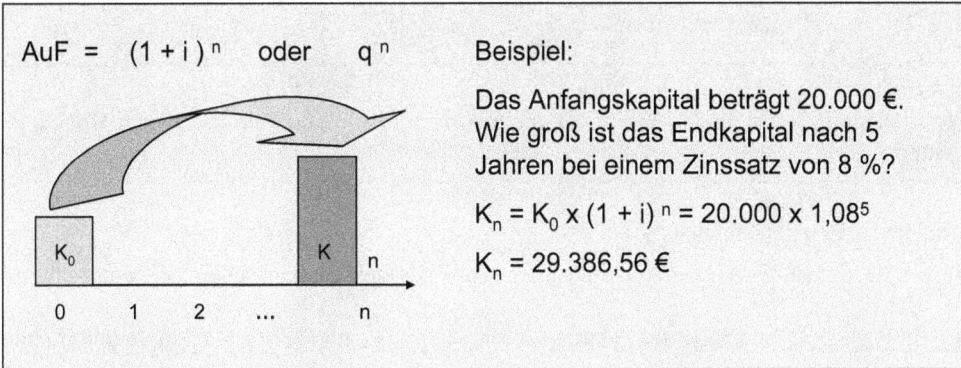

1.3 Grafische Darstellung des Aufzinsungsfaktors

Unterjährige Verzinsung

Die unterjährige Verzinsung hat kleinere Zinsintervalle als die jährliche. Dies macht bei der einfachen Zinsrechnung keinen Unterschied. Bei Beachtung von Zinsesezinseffekten ergibt sich anstelle des i bzw. q:

- m für die Anzahl der unterjährigen Zinsperioden (z.B. m = 4 für vierteljährlich, m = 12 für monatlich)
- m × n für die Gesamtzahl der unterjährigen Zinsperioden
- p* = p/m bzw. i* = i/m als unterjähriger Periodenzinssatz.

$$K_n = K_0 \times (1 + i*)^{m \cdot n}$$

1.4 Endkapital bei unterjähriger Verzinsung

Abzinsung

Das Ziel der Abzinsung ist zu errechnen, welcher Betrag im Zeitpunkt 0 eingesetzt werden muss, um einen Betrag K im Zeitpunkt n zu erhalten. Dies geschieht durch die Abzinsung des Betrags mit dem Abzinsungsfaktor (AbF), der auch als Diskontierungsfaktor bezeichnet wird.

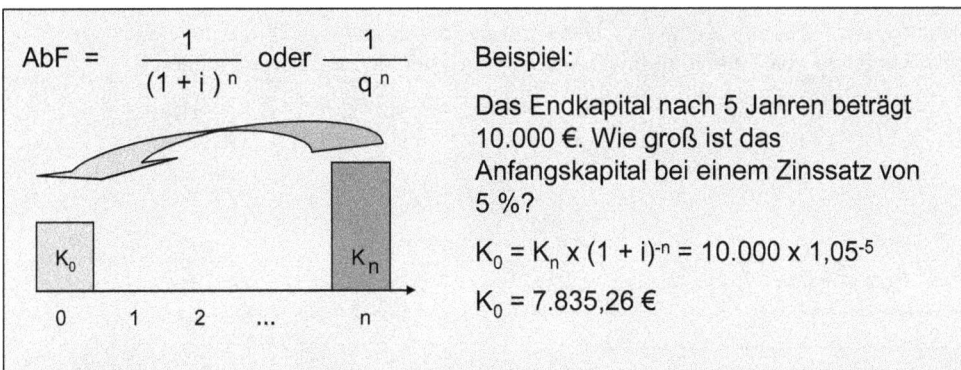

$$AbF = \frac{1}{(1 + i)^n} \quad oder \quad \frac{1}{q^n}$$

Beispiel:

Das Endkapital nach 5 Jahren beträgt 10.000 €. Wie groß ist das Anfangskapital bei einem Zinssatz von 5 %?

$K_0 = K_n \times (1 + i)^{-n} = 10.000 \times 1,05^{-5}$

$K_0 = 7.835,26 €$

K_0 K_n

0   1   2   ...   n

1.5 Abzinsungsfaktor

1.2.2   Rentenrechnung

> Definition:
> **Renten** sind Zahlungen (Cash Flows), die mehrfach regelmäßig und in gleicher Höhe anfallen.

Dabei werden unterschieden:

- in Bezug auf die Art der Rentenzahlung: vorschüssige und nachschüssige Rentenzahlungen
- in Bezug auf die Dauer der Zahlung: zeitlich befristete und zeitlich unbefristete Renten.

Generell ist die Rentenrechnung eine spezielle Zinsrechnung, die angewendet werden kann, wenn eine Zahlungsreihe Werte gleicher Höhe umfasst.[5] Der Gegenstand der Rentenrechnung sind Cash Flows, die in vorgegebener Höhe periodisch wiederkehren. Im Mittelpunkt der Rentenrechnung stehen die Ermittlung von Rentenbarwerten bzw. Rentenendwerten und die Verrentung von Kapitalbeträgen. Die Bedeutung der Rentenrechnung lässt sich daraus ableiten, dass sie als Grundlage:[6]

- bei der Tilgungsrechnung von Hypothekarkrediten
- bei der Kurs- und Rentenberechnung von Pfandbriefen und
- bei der Immobilienbewertung

angewandt wird.

Bei der Rentenberechnung ist von besonderer Bedeutung, ob eine Zahlung zu Beginn einer Periode oder an deren Ende kapitalisiert bzw. valutiert wird. Der Vorteil der Rentenrechnung liegt darin begründet, dass nicht jeder Zeitwert einer Zahlungsreihe auf- und abgezinst werden muss, sondern durch Anwendung der Rentenformel eine Auf- bzw. Abzinsung der gesamten Zahlungsreihe durchgeführt werden kann.[7]

Diskontierungssummenfaktor
Der Diskontierungssummenfaktor (DSF, auch Abzinsungssummenfaktor, Barwertfaktor, Rentenbarwertfaktor, Kapitalisierungsfaktor) verwandelt eine Zahlungsreihe in eine Einmalzahlung zum heutigen Zeitpunkt. Dazu werden die Glieder einer Zahlungsreihe unter Berücksichtigung von Zins- und Zinseszins abgezinst und deren Barwerte addiert.

---

[5]   Vgl. Gondring, H., Risiko, S. 55.
[6]   Vgl. Maier, K.M., Risikomanagement, S. 25.
[7]   Vgl. Gondring, H., Risiko, S. 59.

$$DSF = \frac{(1 + i)^n - 1}{i(1 + i)^n} \quad oder \quad \frac{q^n - 1}{q^n(q - 1)}$$

Beispiel:

Die jährlichen Zahlungen betragen 1.200 € über einen Zeitraum von 10 Jahren. Wie hoch ist der Anfangswert bei 8 % Zinsen?

$$K_0 = 1.200 \text{ €} \times \frac{1{,}08^{10} - 1}{0{,}08 \times 1{,}08^{10}}$$

$$K_0 = 8.052{,}10 \text{ €}$$

1.6 Diskontierungssummenfaktor

Kapitalwiedergewinnungsfaktor

Der Kapitalwiedergewinnungsfaktor (KWF) wird auch als Verrentungsfaktor oder Annuitätenfaktor bezeichnet. Er verwandelt eine Einmalzahlung zum heutigen Zeitpunkt in eine Zahlungsreihe bzw. verteilt einen jetzt fälligen Geldbetrag in gleiche Annuitäten für eine bestimmte Anzahl von Perioden, wobei wieder Zins und Zinseszins berücksichtigt werden.

Der Kapitalwiedergewinnungsfaktor stellt den Kehrwert des Diskontierungssummenfaktors dar.

$$KWF = \frac{i(1 + i)^n}{(1 + i)^n - 1} \quad oder \quad \frac{q^n(q - 1)}{q^n - 1}$$

Beispiel:

Ein Betrag von 20.000 € soll auf 5 Perioden verteilt werden. Der Zinssatz beträgt 8 %.

$$e_t = 20.000 \text{ €} \times \frac{0{,}08 \times 1{,}08^5}{1{,}08^5 - 1}$$

$$e_t = 5.009{,}13 \text{ €}$$

1.7 Kapitalwiedergewinnungsfaktor

Restwertverteilungsfaktor

Der Restwertverteilungsfaktor (RVF, auch Rückwärtsverteilungsfaktor) verteilt eine Einmalzahlung am Ende des Betrachtungszeitraums in eine Zahlungsreihe. Auch dies geschieht unter Berücksichtigung von Zins und Zinseszins.

$$RVF = \frac{i}{(1+i)^n - 1} \quad \text{oder} \quad \frac{q-1}{q^n - 1}$$

Beispiel:

Ein Betrag von 50.000 € steht dem Investor im 10. Jahr zur Verfügung. Er soll bei einem Zinssatz von 7 % auf diese gleichmäßig verteilt werden.

$$e_t = 50.000 \text{ €} \times \frac{0,07}{1,07^{10} - 1}$$

$$e_t = 3.618,90 \text{ €}$$

1.8 Restwertverteilungsfaktor

Endwertfaktor

Der Entwertfaktor (EWF, auch Aufzinsungssummenfaktor oder Rentenendwertfaktor) verwandelt eine Zahlungsreihe unter Berücksichtigung von Zins und Zinseszins in eine Einmalzahlung am Ende des Betrachtungszeitraums.

Der Endwertfaktor ist der Kehrwert des Restwertverteilungsfaktors.

$$EWF = \frac{(1+i)^n - 1}{i} \quad \text{oder} \quad \frac{q^n - 1}{q-1}$$

Beispiel:

Periodische Zahlungen über 10 Jahre sollen bei einem Zinssatz von 5 % auf einen Endwert verdichtet werden.

$$K_n = 1.000 \text{ €} \times \frac{1,05^{10} - 1}{0,05}$$

$$K_n = 12.577,89 \text{ €}$$

1.9 Endwertfaktor

Ewige Rente

Für die ewige Rente (EWR) wird ein jetzt fälliger Geldbetrag in gleiche Annuitäten (Renten) unter Berücksichtigung von Zins- und Zinseszins auf unendlich viele Perioden aufgeteilt. Eine Einmalzahlung zum heutigen Zeitpunkt wird also in eine unendliche Zahlungsreihe verwandelt.

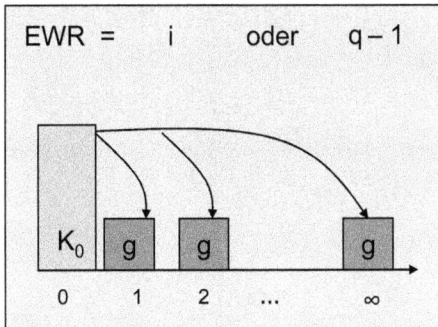

1.10 Ewige Rente

Barwert einer ewigen Rente

Bei der Barwertermittlung einer ewigen Rente wird der heutige Wert einer unendlichen Rente in Höhe von g unter Berücksichtigung von Zins und Zinseszins berechnet. Es handelt sich um einen Rentenbarwertfaktor mit unendlicher Laufzeit.

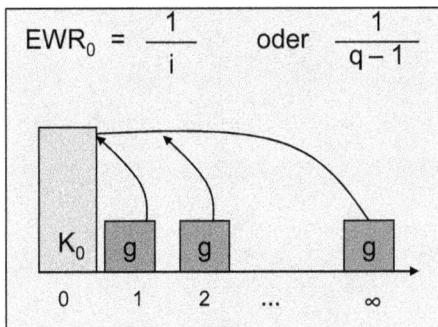

1.11 Barwert einer ewigen Rente

Finanzmathematische Tabellen

Aufzinsungs-, Abzinsungs-, Diskontierungs-, Kapitalwiedergewinnungs-, Endwert- und Restwertverteilungsfaktoren findet man in finanzmathematischen Tabellen. Diese gliedern sich nach Zinssätzen und Jahren.

n	AuF	AbF	DSF	KWF	EWF	RVF
1	1,050000	0,952381	0,952381	1,050000	1,000000	1,000000
2	1,102500	0,907029	1,859410	0,537805	2,050000	0,487805
3	1,157625	0,863838	2,723248	0,367209	3,152500	0,317209
4	1,215506	0,822702	3,549951	0,282012	4,310125	0,232012
5	1,276282	0,783528	4,329477	0,230975	5,525631	0,180975
6	1,340096	0,746215	5,075692	0,197017	6,801913	0,147017
....	....	....	....	....	....	....

1.9 Auszug aus einer finanzmathematischen Tabelle

2 Investition und Investitionsrechnung

2.1 Einführung in die Methoden der Investitionsrechnung[8]

Immer wenn ein Unternehmen zwischen mehreren Investitionen auswählen kann, muss es eine Prüfung durchführen, welche einen höheren Gewinn während der Investitionsphase erbringt. Dies erfolgt mit Hilfe der Methoden der Investitionsrechnung.

> Beispiele:
> Ein Investor überlegt, ob er eine Gewerbeimmobilie kaufen soll oder sein Geld fest anlegen sollte.
> Ein Wohnungsunternehmen wägt ab, ob es Mietwohnungen errichtet oder Eigentumswohnungen zum Verkauf erstellt und sich für einen regionalen Markt entscheidet.
> Ein Immobilienunternehmen errichtet – trotz mangelhafter Rentabilität – ein Einkaufszentrum, um die Vermietbarkeit der von ihr erstellten Wohnimmobilien in einem infrastrukturell schwachen Stadtteil zu gewährleisten.

Das dritte Beispiel zeigt, dass neben der reinen Rentabilitätsbetrachtung einer Investition unternehmerische Gesamtzusammenhänge gesehen werden müssen.

Direkte Immobilieninvestitionen führen zu einer langen Kapitalbindung und damit zu einer langfristigen Folge von Zahlungsströmen. In Abhängigkeit von deren Struktur ergibt sich ein nachhaltiger Einfluss auf die Liquidität des Investors. Dabei sind neben dem hohen Kapitalbedarf vor allem die Langlebigkeit der Immobilien sowie damit zusammenhängend die lange Amortisationsdauer bezeichnend.

Da die Investition in Immobilien mit dem Abfluss nicht unerheblicher Mittel verbunden ist, sind Aussagen zur wirtschaftlichen Attraktivität notwendig. Zur Bewertung einzelner Immobilienobjekte bzw. zum Vergleich verschiedener alternativer Investitionen in Hinblick auf ihre Vorteilhaftigkeit müssen Kriterien definiert werden, die diese Vorteilhaftigkeit zum Ausdruck bringen. Diese Kriterien setzt man in der Investitions- und Rentabilitätsrechnung ein.

Bei allen Methoden der Rentabilitätsrechnung gilt, dass mit dem Komplexitätsgrad der Methode, ihre Anwendung problematischer wird. Ist der Anwender nicht in der Lage, die Auswirkungen einer Datenänderung innerhalb der Rechenmethode nachzuvollziehen, so ist er auch nicht imstande, die Bedeutung des gelieferten Ergebnisses der Rechnung zu beurteilen. Ohne eine kritische Würdigung kann die Entscheidung dann aber nur noch rein mechanistisch anhand des gelieferten Wertes oder auf Grundlage einer rein subjektiven „Wertung" des

---

[8]   Vgl. Hellerforth, M., BWL, S. 113ff.

Ergebnisses erfolgen. Auf jeden Fall geht der eigentlich angestrebte Informationsgewinn zumindest teilweise verloren – das Ziel und die Aufgabe der Investitions- bzw. im engeren Sinn der Rentabilitätsrechnung werden verfehlt.[9] Die Daten müssen also in übersichtlicher Form dargestellt werden, gleichzeitig müssen sie aber eine möglichst exakte Abbildung des Vorhabens erlauben und einfach variierbar sein, um eine Risikoanalyse vornehmen zu können.

Typologisiert man die Methoden der Investitionsrechnung, ergibt sich folgendes Bild:

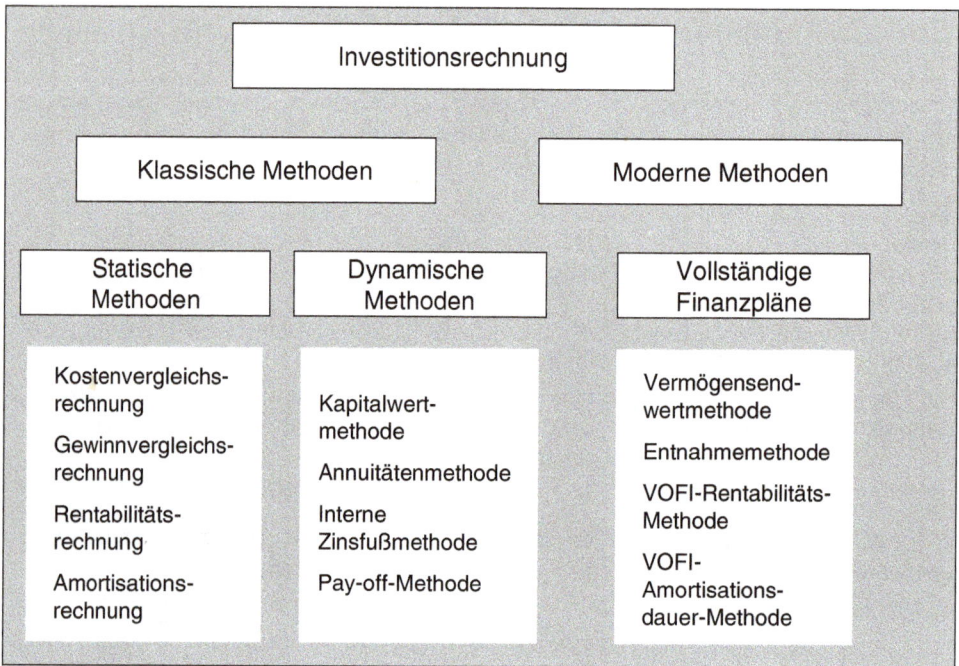

2.1 Typologisierung der Methoden der Investitionsrechnung

Man unterscheidet die klassischen statischen und dynamischen Methoden und als Weiterentwicklung die modernen VOFI-Methoden. Rentabilitätskennziffern erhält man durch die statische Rentabilitätsrechnung, durch die dynamische interne Zinsfußmethode und die VOFI-Rentabilität. Bei all diesen Methoden handelt es sich um Methoden unter Sicherheit.

2.2 Voraussetzungen der Investitionsrechnung

Die Methoden der Investitionsrechnung ermöglichen auf der Basis bekannter oder prognostizierbarer Daten, Entscheidungshilfen zur Vorteilhaftigkeitsbeurteilung zu liefern. Das erklärte Ziel der Anwendung der Investitionsrechnung ist es, die Gefahr von Fehlentscheidungen zu reduzieren.

---

[9]   Vgl. Ropeter, S.-E.; Vaaßen, N., Wirtschaftlichkeitsanalyse, S. 170.

Anmerkung:
Wenn von bekannten oder prognostizierbaren Methoden die Rede ist, steht dahinter natürlich eine genaue Objekt-, Markt- und Standortanalyse, um möglichst belastbare Daten zu erhalten. Gleichwohl ist der Ausgangspunkt zunächst einmal eine Investition unter Sicherheit auf einem vollkommenen Kapitalmarkt.

Bei jeder Investitionsentscheidung erlangt die Zielgröße „Rentabilität" neben den Kriterien „Liquidität" und „Risiko" zentrale Bedeutung. Dabei ist zu beachten, dass es verschiedene Interpretationen inhaltlicher und methodischer Art in Bezug darauf, was Rentabilität ist, gibt.

Definition:
Rentabilität ist das prozentuale Verhältnis vom Erfolg zum eingesetzten Kapital, d.h. die Summe der Netto-Rückflüsse zur Summe des eingesetzten Kapitals. Man kann das eingesetzte Kapital als Gesamtkapital, Eigenkapital oder Fremdkapital definieren. In der Immobilienwirtschaft kommt der Eigenkapitalrentabilität aufgrund des Leverage- oder Hebel-Effektes bei hoher Fremdkapitalfinanzierung besondere Bedeutung zu.
Rendite ist grundsätzlich das Verhältnis des Endwerts des Kapitals zu dessen Anfangswert.

Die Auswahl der „richtigen" Renditegröße ist abhängig von der Zielsetzung des Investors und den spezifischen Rahmenbedingungn unter denen er agiert. Im Folgenden sollen einige Arten der Rentabilitätsrechnung – zunächst statische betrachtet werden.

2.3 Statische Methoden der Investitionsrechnung

Statische einperiodige Methoden der Investitionsrechnung beziehen sich auf eine fiktive Jahresabrechnungsperiode und arbeiten mit periodisierten Erfolgsgrößen.[10]

2.3.1 Kostenvergleichsrechnung

Die Kostenvergleichsrechnung ermittelt die Kosten von zwei oder mehreren Immobilieninvestitionsprojekten und stellt sie einander gegenüber. Es wird das Vorhaben mit den geringsten Kosten durchgeführt. Mögliche Erlöse bleiben unberücksichtigt.

Beispiele:
Es werden zwei Eigentumswohnungen in einem Haus mit gleichen Mieterträgen und gleichem Grundriss verglichen.
Zwei Reihenhausbesitzer von Reihenhäusern einer Baureihe vergleichen ihre Kosten.
Es werden die Kosten mehrerer Bürohäuser, die zur Eigennutzung errichtet werden sollen, verglichen.
Ein Hauseigentümer plant die Durchführung von Energieeinsparungsmaßnahmen und prüft die Kosten unterschiedlicher Alternativen.

---

[10] Vgl. Kruschwitz, L., Investitionsrechnung, S. 33.

Hierbei stellt sich die Frage, welche entscheidungsrelevanten Kosten zu berücksichtigen sind. Dies sind in der Regel die variablen Kosten und die Kapitalkosten, soweit in einem Unternehmen, die Fixkosten sowieso anfallen. Bei einer Cash Flow orientierten Betrachtung dürfen zudem keine Abschreibungen oder sonstige kalkulatorischen Kosten berücksichtigt werden. Die Kosten ergeben sich ohne diese Einschränkungen als:[11]

Kosten = kalkulatorische Kosten + Grundkosten (aufwandsgleiche Kosten)

Zu den kalkulatorischen Kosten gehören: Abschreibungen, Zinsen, Wagnisse, Miete (bei Selbstnutzung). Zu den Grundkosten zählen Löhne/Gehälter sowie Lohnnebenkosten, Material-, Energie- und Werkzeugkosten, Instandhaltungs- und Reparaturkosten, Betriebsstoffkosten.

$K = I_0 / n + i \times I_0 / 2 + K_{fix} + K_{var}$

mit:

I_0 = Investition zum Anfangszeitpunkt
$I_0/2$ = lineare Abschreibung pro Zeiteinheit
$i \times I_0/2$ = kalkulatorische Zinsen auf das durchschnittlich gebundene Kapital

2.2 Kostenvergleichsrechnung im Überblick

2.3.2   Gewinnvergleichsrechnung

Bei der Gewinnvergleichsrechnung wird aus mehreren Investitionsmöglichkeiten die Variante ausgewählt, die den größten Gewinnbeitrag verspricht. Der Gewinn ergibt sich aus der Formel: Gewinn = Erlös – Kosten.

Dort wo sich die Erlös- und die Kostengerade schneiden liegt die Gewinnschwelle.

---

[11]   Vgl Gondring, H., Risiko, S. 69.

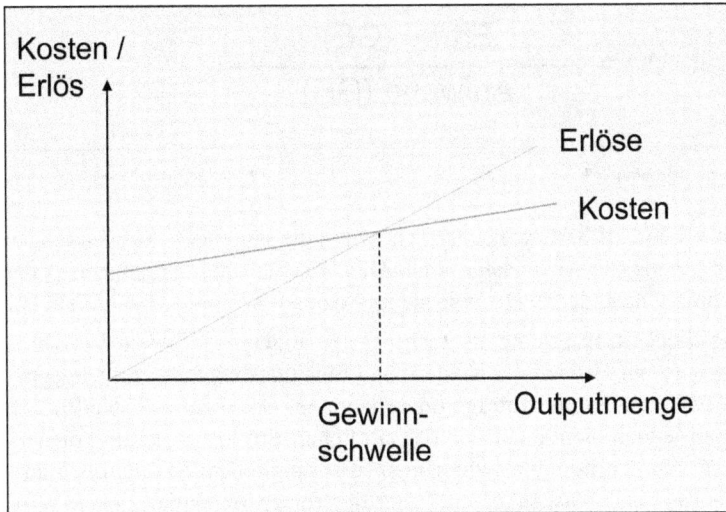

2.3 Grafische Darstellung der Gewinnschwelle

Hierbei ergeben sich als Problem die Zurechenbarkeit der Erlöse, was bei Immobilienprojekten jedoch nicht besonders schwierig ist. Zunächst bleibt das Kapital unberücksichtigt. Die Gewinnvergleichsrechnung ist nur dann unproblematisch, wenn es sich um Investitionen mit gleicher Nutzungsdauer und gleichem Kapitaleinsatz handelt, da sonst Fehlentscheidungen wahrscheinlich sind.[12]

2.3.3 Rentabilitätsrechnung

Grundlagen
Bei der Rentabilitätsrechnung wird aus mehreren Investitionsmöglichkeiten jene Variante ausgewählt, die die höchste Rentabilität (Wirtschaftlichkeitskriterium) verspricht. Die Rentabilität ergibt sich als Gewinn in Relation zum eingesetzten Kapital. Dabei können mehrere Varianten dieser Kennzahl Anwendung finden. Die Rentabilitätsrechnung führt nur bei unterschiedlichem Kapitaleinsatz zu anderen Ergebnissen als die Gewinnvergleichsrechnung.[13]

Objektbezogene Wirtschaftlichkeit
Die objektbezogene Wirtschaftlichkeit drückt das Verhältnis des Investitionsbetrags zum Aufwand aus.

---

[12]   Vgl. Kruschwitz, L., Investitionsrechnung, S. 34.
[13]   Vgl. ebenda, S. 36.

$$\text{Wirtschaftlichkeit (W)} = \frac{\text{Ertrag (GE)}}{\text{Aufwand (GE)}}$$

2.4 Investitionsbezogene Wirtschaftlichkeit

Eine Investition ist dann vorteilhaft bzw. wirtschaftlich, wenn die laufenden Aufwendungen für die Immobilie niedriger als die Mieterträge sind. Dies ist auch das Grundprinzip der Wirtschaftlichkeitsberechnung nach der II. BV, wie sie im Sozialen Wohnungsbau üblich ist.

Sowohl bei der Wirtschaftlichkeitsberechung als auch bei den anderen statischen Verfahren der Investitionsrechnung wird auf Größen der Kosten- und Leistungsrechnung zurückgegriffen, d.h. auf Kosten, Aufwendungen und Erträge oder Gewinne. Bei finanzwirtschaftlichen Entscheidungen sollte man jedoch nicht einer den der jährlichen Erfolgsbeurteilung dienenden periodischen, sondern von den liquiditätswirksamen (ursprünglichen) Stromgrößen ausgehen, d.h. nur von den Ein- und Auszahlungen.[14] Bei der reinen objektbezogenen Wirtschaftlichkeit wird kein Bezug zum jeweiligen Kapitaleinsatz hergestellt wie dies z.B. bei der Rentabilitätsrechnung der Fall ist.

Rentabilitäts(vergleichs)rechnung
Auch die Rentabilitäts(vergleichs)rechnung zählt zu den statischen Methoden der Investitionsrechnung.

$$\text{Rentabilität (R)} = \frac{\text{Reinertrag (GE)}}{\text{Investitionsvolumen (GE)}}$$

2.5 Rentabilitätsvergleichsrechnung

Das Ergebnis der Rentabilitätsvergleichsrechnung spiegelt die Verzinsung des eingesetzten Kapitals wider und damit den wirtschaftlichen Erfolg einer Immobilieninvestition. Unter Anwendung dieser Formel ist es dann möglich eine Gesamtkapital- oder eine Eigenkapitalrentabilität zu berechnen. Folgende Entscheidungsregeln sind dabei maßgeblich:[15]

1. Absolute Vorteilhaftigkeit
   Eine Investition ist vorteilhaft, wenn R eine vom Investor geforderte Mindestrentabilität (R_{min}) erreicht:
   $R \geq R_{min}$

2. Relative Vorteilhaftigkeit
   Wenn die Vorteilhaftigkeit mehrerer Investitionen verglichen werden soll, ist die Investitionsalternative mit der höchsten Rentabilität R die vorteilhafteste:
   $R_1 \geq R_2 \geq R_3$

---

[14]   Vgl. Maier, K.M., Risikomanagement, S. 253.
[15]   Vgl. ebenda, S. 254.

3. Maximaler Investitionsbetrag
   Der maximale Betrag, der investiert werden kann, um eine gegebene Renditevorstellung (i) zu erreichen, ergibt sich, wenn der Reinertrag durch die Renditevorstellung geteilt wird:
   Maximale Investitionssumme = Reinertrag/i
4. Multiplikator
   Der Kehrwert der Rentabilität (1/i) gibt den Vervielfältiger für die Jahresmiete an
   (Miet-)Multiplikator = 100/R

Beispiel:
Daten:
Investitionssumme = 650.000 €
jährlicher Reinertrag = 45.500 €
geplante Mindestrendite R_{min} = 5,5 %
Zinssatz (i) = 0,05 mit i = r/100.

Aufgaben:

Die Rendite der Immobilieninvestition soll ermittelt werden!

Welche Investitionssumme kann maximal für die Immobilie ausgegeben werden, wenn eine Mindestverzinsung (R_{min}) von 5 % gefordert wird?

Wie hoch ist der Vervielfältiger bei einer Renditevorstellung von 5 %?

Lösung:

R = 45.500 €/650.000 € = 0,07
Die Investition ist absolut vorteilhaft, da 0,07 > 0,05.

Maximale Investitionssumme = 45.500 €/0,05 = 910.000 €.
Es können maximal 910.000 € für die Immobilie ausgegeben werden, wenn eine Mindestverzinsung von 5 % erreicht werden soll.

1/ 0,05 = 20faches des Jahresreinertrags.

Der Betrachtungszeitraum bei den bisher vorgestellten Methoden der Investitionsrechnung liegt immer bei einer Periode, die meist als Basisjahr oder Durchschnittsperiode bezeichnet wird, damit bleibt der Zeitfaktor unberücksichtigt.

Praktikerverfahren zur Renditeberechnung
Als Praktikerverfahren zur Renditeberechnung werden normalerweise die Anfangsrenditeberechnung oder die Berechnung von Brutto- und Nettorenditen bezeichnet.

$$\text{Anfangsrendite} = \frac{\text{anfängliche Mieteinahmen (GE/ p.a.)}}{\text{Kaufpreis (GE)}}$$

2.6 Berechnung der Anfangsrendite

Wenn die Immobilie zum Marktwert vermietet wird, entspricht die Anfangsrendite der „All Risk Yield", d.h. der Rendite unter Berücksichtigung aller Risiken.[16]

Die Bruttorendite ergibt sich aus der Relation der Bruttojahresmiete und des Kaufpreises.

$$\text{Bruttorendite} = \frac{\text{Bruttomiete (GE/ p.a.)}}{\text{Kaufpreis (GE)}}$$

2.7 Berechnung der Bruttorendite

Die Nettorendite umfasst zusätzlich gegenüber der Bruttorendite die Transaktionskosten, wie die Erwerbsnebenkosten sowie die nicht umlegbaren (vom Vermieter zu tragenden) Bewirtschaftungskosten.

$$\text{Nettorendite} = \frac{\text{Bruttomiete} - \text{nicht umlegbare Bewirtschaftungskosten (GE/ p.a.)}}{\text{Kaufpreis} + \text{Erwerbsnebenkosten}}$$

2.8 Berechung der Nettorendite

Steueradjustierte Rendite

Steueradjustierte Renditen berücksichtigen steuerliche Aspekte im Rahmen der Rendite- bzw. Investitionsrechnung.

$$\begin{array}{l}\text{Rendite nach Steuern} \\ \text{(Nettorendite im)} \\ \text{engeren Sinn}\end{array} = \frac{\text{Nettorendite x (100 \% - Steuersatz)}}{\text{Kaufpreis (GE)}}$$

2.9 Rendite nach Steuern

Zudem gibt es Bruttorenditen vor Steuern, die angeben wie hoch die Rendite einer Alternativinvestition sein müsste, um nach Steuern die gleiche Nettorendite zu erzielen wie für die Ausgangsinvestition.

---

[16]   Vgl. White, D.; Turner, J.; Jenoyn, B.; Lincoln, N., Bewertungsverfahren, S. 31.

$$\text{Bruttorendite vor Steuern (vorsteuerliche Rendite)} = \frac{\text{Nettorendite}}{(100\ \% - \text{Steuersatz})}$$

2.10 Rendite nach Steuern

Beispiel:
Daten:
anfängliche Bruttomieteinnahmen p.a. = 12.000 €
nicht umlegbare Bewirtschaftungskosten = 1.000 €
Kaufpreis: 200.000 €
Erwerbsnebenkosten: 12.000 €
Individueller Steuersatz: 35 %

Aufgaben:

Berechnen Sie die Anfangsrendite!

Berechnen Sie die Bruttorendite!

Berechnen Sie die Nettorendite!

Berechnen Sie die Rendite nach Steuern!

Berechnen Sie die Bruttorendite vor Steuern!

Lösungen:

Anfangsrendite = 12.000 €/p.a./200.000 € = 0,06. Die Anfangsrendite beträgt 6 %.

Bruttorendite = 12.000 €/p.a./200.000 € = 0,06. Die Bruttorendite beträgt 6 %.

Bruttorendite = (12.000 − 1.000) / (200.000 − 12.000) = 0,585. Die Nettorendite beträgt 5,85 %.

Rendite nach Steuern = (12.000 − 1.000) x (100 % − 35 %) / 200.000 = 0,03575. Die Rendite nach Steuern beträgt rund 3.6 %.

Bruttorendite vor Steuern = 0,0375 / (100 % − 35 %) = 0,595. Die Bruttorendite vor Steuern beträgt rund 6 %.

2.3.4 Amortisationsrechnung

Definition:
Die **Amortisationsrechnung** bezeichnet − von einer vorgegebenen Zahlungsreihe ausgehend − den Zeitpunkt, zu dem die Summe der Einzahlungen erstmalig die Summe der Auszahlungen übersteigt.

Die Amortisationsrechnung wird auch als Pay-back-Verfahren oder Pay-back-Methode bezeichnet. Hierbei wird die grundsätzliche Frage gestellt, wie lange es dauert bis der gebundene Investitionsbetrag mit den Einzahlungsüberschüssen (Einzahlungen – Auszahlungen = Cash Flow) zurückbezahlt ist.

Bei der Durchschnittsmethode wird der Kapitaleinsatz durch die Cash Flows geteilt. Die Cash Flows errechnen sich aus dem Reingewinn + Abschreibungen + Zinsen. Im Gegensatz zu den bisher dargestellten statischen Verfahren löst sich die Amortisationsrechnung von der einperiodischen Betrachtungsweise, da ihr Entscheidungskriterium lautet: Wähle die Investition mit der kürzesten Amortisationsdauer!

Anmerkung:
Bei der dynamischen Amortisationsrechnung gilt das gleiche Entscheidungskriterium, jedoch unter Einbeziehung des Zins- und Zinseszinsesffekts.[17]

2.3.5   Beurteilung der statischen Ansätze der Investitionsrechnung

Die statischen Verfahren finden in der Praxis sehr häufig Verwendung. Die zu ihrer Durchführung notwendigen Informationen lassen sich relativ einfach aus dem Rechnungswesen ableiten. Es bleiben aber Schwankungen und zeitliche Unterschiede im Anfall der Zahlungsströme unberücksichtigt. Es wird nur eine Periode betrachtet bzw. mit Durchschnittswerten gearbeitet.

Die statischen einperiodigen Methoden sind zeitpunktorientiert, die dynamischen zeitraumbezogen. Die statischen Ansätze der Rentabilitätsrechnung können Zins- und Zinseszinseffekte nicht berücksichtigen.[18] Während ein Außerachtlassen dieser Effekte für die Investorenrechnung mehr als problematisch ist, stellt sich eine Vernachlässigung der Zinsen bei der Developerrechnung als nicht ganz so gravierend dar. Die erste überschlägige Rechnung der Bauträger erfolgt i.d.R. auf diese Art, denn oft muss über den Ankauf eines Grundstücks innerhalb kürzester Zeit – manchmal in wenigen Stunden – entschieden werden.

2.4   Dynamische Ansätze der Investitionsrechnung

2.4.1   Einführung

Die dynamischen Ansätze sind zeitraumbezogen und stärker finanzmathematisch ausgerichtet. Sie liefern aussagekräftigere Ergebnisse, sind jedoch mit höherem Aufwand in Bezug auf Datenbeschaffung und -verarbeitung verbunden. Zudem steht neben dem zukunftsbezogenen Erfassungsproblem, das der genauen Zurechenbarkeit von Ein- und Auszahlungen. Die Zahlungsströme werden wie bei den statischen Methoden als sicher in Art, Höhe und Zeitpunkt unterstellt; es wird jedoch eine größere Isomorphie zwischen Modell und Realität hergestellt.

---

[17]   Vgl. ausführlich: Feucht, M., Amortisationsrechnung, S. 27.

[18]   Vgl. Kruschwitz, L., Investitionsrechnung, S. 38.

Die dynamischen Methoden erfassen also alle Zahlungen explizit und entsprechend ihres Entstehungszeitpunkts. Dabei ist wiederum bedeutend zu überlegen, welche Größen in welcher Art Berücksichtigung finden.

Die dynamischen Verfahren der Investitionsrechnung benutzen als Recheneinheiten also durch eine Investitionsentscheidung hervorgerufenen Ein- und Auszahlungen. Nettozahlungen, d.h. Einzahlungs- oder Auszahlungsüberschüsse sind der Saldo aller Zahlungen einer Periode. Die Cash Flows müssen vollständig, zeitlich und betragsmäßig differenziert erfasst werden.

Durch den Kalkulationszinsfuß bzw. den Diskontierungszinssatz werden sämtliche Zahlungen auf den Bezugszeitpunkt bezogen, und damit ab- oder aufgezinst. Damit hilft der Kalkulationszinsfuß, die Zahlungsströme vergleichbar zu machen.

> Definition:
> Der **Kalkulationszinsfuß** ist die subjektive Mindestverszinsungsanforderung eines Investors an ein Investitionsobjekt.[19]

Bei der Festlegung des Kalkulationszinssatzes sind die Finanzierungsverhältnisse sowie das Risiko zu beachten. Bei Eigenkapitalfinanzierungen wählt man einen passenden Habenzinssatz als Mindestverzinsungsforderung,[20] bei reinen Fremdfinanzierungen einen Sollzinssatz als Untergrenze. Hinzu kommt noch ein bestimmter Betrag für das eingegangene Risiko. Wenn Eigenkapital und Fremdkapital für die Immobilienfinanzierung eingesetzt werden, also der in der Praxis üblichste Fall eintritt, errechnet man den durchschnittlichen Kapitalkostensatz, der auch als Weighted Average Cost of Capital (WACC) bezeichnet wird.

Des Weiteren müssen die Überschüsse, d.h. die Ein- und Auszahlungen prognostiziert werden. Dazu ist es notwendig, die Determinanten des Cash Flows genau zu betrachten. Je höher der Cash Flow einer Immobilieninvestition, desto höher ist auch die Neigung in die Immobilie zu investieren, d.h. angestrebt wird ein positiver Saldo. Die folgende Tabelle listet einige der wichtigsten Zahlungen auf:

Einzahlungen	Auszahlungen
einmalig	
	einmalige Investitionszahlungen für Grund und Boden sowie Gebäude bzw. Baukosten, einschließlich Erwerbsnebenkosten
einmaliger Verkaufserlös	Erwerbsnebenkosten, insb. Maklergebühren
Subventionszahlungen	
laufend	
Mietzahlungen	laufende Auszahlungen für die Bewirtschaftung, Verwaltung und Instandhaltung soweit sie von Vermieter zu tragen sind bzw. bei Leerständen
Kapitalkosten	Zins und Tilgung

2.11 Wichtige Ein- und Auszahlungen bei Immobilienprojekten

---

[19] Vgl. Däumler, K.-D; Grabe, J., Grundlagen, S. 34.

[20] Vgl. Schneider, E., Wirtschaftlichkeitsrechnung, S. 35.

Da diese Determinanten den Zahlungsstrom maßgeblich beeinflussen, bezeichnet man sie als Value Driver (Wertetreiber).

Von den dynamischen Methoden der Investitionsrechnung werden am häufigsten verwandt die Kapitalwertmethode und die Methode des internen Zinsfußes.[21]

2.4.2   Das Modell des Barwerts

Als Zeitwert bezeichnet man den Wert einer Zahlung bezogen auf den Zahlungszeitpunkt. Der Endwert ist der Wert einer Zahlung bezogen auf das Ende des Planungszeitraums. Der Barwert hingegen steht für den Wert, den eine zukünftige Zahlung zum heutigen Zeitpunkt hat. Die dynamischen Methoden der Investitionsrechnung versuchen den Zeitpunkt der jeweiligen Zahlung durch Diskontierung auf einen Bezugspunkt, und zwar i.d.R. den Investitionszeitpunkt, Rechnung zu tragen.

Grundgedanke dabei ist, dass der heutige Wert einer Einnahme oder Ausgabe umso geringer ist, je weiter er in der Zukunft liegt. Grundlage aller klassischen dynamischen Methoden ist der Barwert als Gegenwartswert einer zukünftigen Investition, denn eine früher geleistete Zahlung kann in der Zwischenzeit gewinnbringend angelegt werden. Deshalb gilt: Je höher das Marktmietniveau ist (d.h. der Zinsfaktor i oder q) desto höher ist der Nutzenentgang, wenn später gezahlt wird.

Der Barwert (BW oder K_0) eines Zahlungsstroms errechnet sich als Summe der Barwerte aller zukünftigen Zahlungen (Z_1, Z_2, ..., Z_n). Damit gilt:

$$K_0 = Z_0 + \frac{Z_1}{q^1} + \frac{Z_2}{q^2} + \ldots + \frac{Z_n}{q^n}$$

mit:
K_0 = Barwert
Z_0 = Zahlungsüberschüsse der Perioden
q = 1 + i

2.12 Grundlage des Barwerts

Oder zusammengefasst:

$$BW = (E_t - A_t) \times (1 + i)^{-n} = \frac{(E_t - A_t)^n}{(1 + i)}$$

mit
E_t / A_t = Einnahme / Ausgabe zum Zeitpunkt t
i   = Zinssatz
BW   = Barwert

2.13 Formel für die Ermittlung des Barwerts

---

[21]   Vgl. Däumler, K.-D., Grundlagen, S. 26ff.

Der Wert im Jahr n einer Investition ergibt sich aus eben diesem Wert geteilt durch den Zinsfuß hoch der Anzahl der Jahre. Problematisch bei der Barwertmethode ist die Wiederanlageprämisse, denn eine Wiederanlage erfolgt immer zum Kalkulationszinsfuß.

Bei einem Zahlungsstrom, dessen Zahlungen nachschüssig in gleichen zeitlichen Abständen
und in gleicher Höhe erfolgen, handelt es sich finanzmathematisch um eine Rente. Dann
kann der bereits vorgestellte Rentenbarwertfaktor angewandt werden.[22]

$$K_0 = Z \times \frac{q^n - 1}{q^n (q - 1)}$$

2.14 Berechnung des Barwerts mit dem Rentenbarwertfaktor

2.4.3 Der Kapitalwert

Der Kapitalwert ist die Differenz aus dem Barwert sämtlicher Rückflüsse einer Investition
und der Anschaffungsausgabe. Sämtliche zukünftigen Zahlungen werden in den jeweiligen
Perioden saldiert und dann mit dem gewählten Kalkulationszinsfuß auf den Investitionszeitpunkt abgezinst. Von der Summe dieser diskontierten Zahlungen ist die Anschaffungsausgabe zu substrahieren. International bezeichnet man den Kapitalwert als Net Present Value.

$$C_0 = -a_0 + \sum_{t=1}^{n} \frac{(E_t - A_t)}{(1 + i)^t} + \frac{K_n}{(1 + i)^n}$$

mit:

C_0 = Kapitalwert
i = Kalkulationszinsfuß
n = Nutzungsdauer
a_0 = Investitionsausgabe am Anfang des Investitionszeitraums
$E_t - A_t$ = Differenz zwischen den Einnahmen und Ausgaben zu den
         Zeitpunkten t
K_n = Liquidationserlös am Investitionsende n

2.15 Formel für die Ermittlung des Kapitalwertes einer Investition

Hinter dem Terminus „i" verbirgt sich der schon angesprochene Kalkulationszinsfuß: Damit
setzt die Kapitalwertmethode voraus, dass der Investor weiß, welchen Zinsgewinn er mindestens aus einer Investition erzielen will.[23]

---

[22]   Vgl. Maier, K.M., Risikomanagement, S. 28.
[23]   Vgl. Enseling, A., Leitfaden, S. 2.

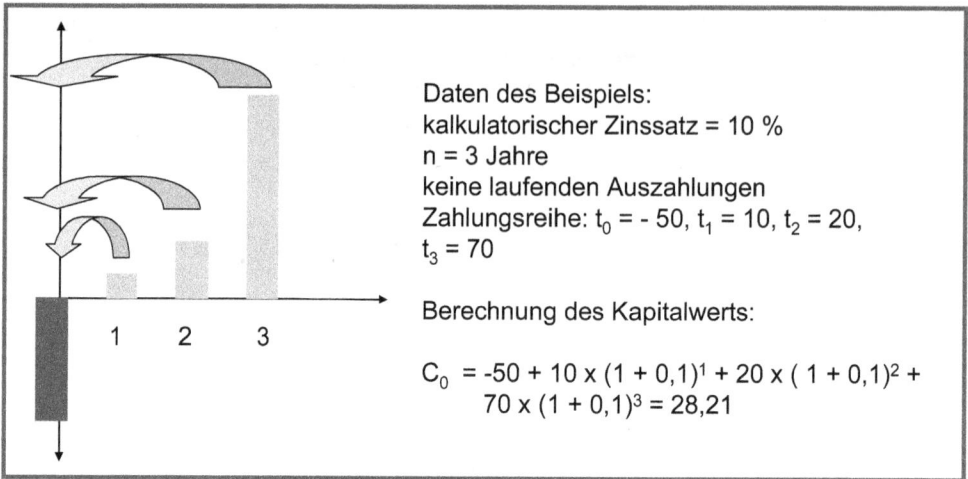

Daten des Beispiels:
kalkulatorischer Zinssatz = 10 %
n = 3 Jahre
keine laufenden Auszahlungen
Zahlungsreihe: $t_0 = -50$, $t_1 = 10$, $t_2 = 20$, $t_3 = 70$

Berechnung des Kapitalwerts:

$$C_0 = -50 + 10 \times (1 + 0{,}1)^1 + 20 \times (1 + 0{,}1)^2 + 70 \times (1 + 0{,}1)^3 = 28{,}21$$

2.16 Einfaches Beispiel zur Methodik beim Kapitalwert

Das Ergebnis der Kapitalwertmethode ist immer eine absolute Zahl. Diese drückt das „Mehr" des betrachteten Investitionsvorhabens gegenüber der – implizit durch den Kalkulationszinsfuß erfassten – Finanzanlage aus. D.h. die absolute Zahl C_0 steht für eine relative Vorteilhaftigkeit im Vergleich zu der durch den Kalkulationszinsfuß repräsentierten Alternative. Oder anders gesagt: wenn der Kapitalwert größer Null ist, wird über den kalkulatorischen Zinsfuß hinaus ein Vermögenszuwachs erwirtschaftet.[24] Eine Investition ist demnach vorteilhaft, wenn gilt:

$C_0 > 0$.

Ihre relative Vorteilhaftigkeit drückt sich aus als:

$C_{01} > C_{02} > C_{03}$, d.h. $C_{0\,maximal}$

Der Hauptkritikpunkt an der Kapitalwertmethode lautet: Allen verglichenen alternativen Investitionsvorhaben muss der gleiche Kalkulationszinsfuß zugrunde liegen und es ergeben sich nur sehr eingeschränkte Informationen des Investors über die Rendite einer Investition, da ein positiver Kapitalwert lediglich besagt, dass die Rendite höher ist als die der Alternative. D.h. abgesehen vom Sonderfall, dass der Kapitalwert Null ist ($C_0 = 0$), sind nur sehr vage Aussagen über die Rendite möglich.

Man kann den Kapitalwert auch interpretieren als den Betrag, um den die Anschaffungsauszahlung für eine Immobilie höher sein dürfte, um gerade noch eine vorteilhafte Investition zu tätigen. Die um den Kapitalwert (C_0) erhöhte Anschaffungsausgabe (A_0) stellt dann eine Preisobergrenze dar.

$$\text{Preisobergrenze} \quad = C_0 + A_0$$

2.17 Der Kapitalwert als Preisobergrenze definiert

---

[24]   Vgl. Diedrichs, C.J., Grundlagen, S. 78.

> Anmerkung:
> Wenn man die Preisobergrenze durch den Ertragswert der Immobilieninvestition ersetzt, ergibt sich dieser ebenfalls durch die Addition des Kapitalwerts und der Anschaffungsausgabe. Dieser Barwert ist bei der Ertragswertermittlung im Rahmen der Immobilienbewertung von Bedeutung.

Soll ein „Totalgewinn" ermittelt werden, so ist dies durch die Multiplikation des Kapitalwerts C_0 mit dem Wiedergewinnungsfaktor (WGF) möglich. Derart erhält man einen Periodengewinn.

$$\text{Gewinnannuität (a)} = C_0 \times \text{Wiedergewinnungsfaktor}$$

$$= C_0 \times \frac{q^n \times (q-1)}{q^n - 1}$$

2.18 Gewinnannuität

Die Ermittlung des Kalkulationszinsfußes
Der Kalkulationszinsfuß soll Zahlungen, die zu unterschiedlichen Investitionszeitpunkten anfallen, vergleichbar machen. Insoweit können hier alle „ökonomisch sinnvollen" Zinssätze gewählt werden, so z.B.:

- bei der Eigenkapitalfinanzierung ein Habenzinssatz, so die Umlaufrendite festverzinslicher Wertpapiere
- bei der Fremdfinanzierung ein Sollzinssatz, wie der Zinssatz eines Hypothekendarlehens
- bei individuell vorgegebenen Größen, z.B. unternehmensinterne Mindestrenditen für ein Investitionsvorhaben oder Vorgaben aus dem Kerngeschäft.

Die folgende Abbildung 2.19 zeigt die Berechnung des Kalkulationszinsfußes bei Mischfinanzierung (WACC).

Formel zur Ermittlung eines möglichen Kalkulationszinsfußes (KZF)

$$KZF = \frac{(i_H \times EK + i_S \times FK)}{(EK + FK)}$$

mit:

i_H	= geforderte Eigenkapitalverzinsung
i_S	= zu bezahlende Fremdkapitalzinsen
EK	= Eigenkapital
FK	= Fremdkapital

2.19 Formel zu Ermittlung des Kalkulationszinsfußes

Aufgabe zum Kapitalwert

Es soll eine Immobilie zum Kaufpreis von 10.000 € erworben werden. Sie wird fünf Jahre bewirtschaftet, in denen sich folgende Einnahmen und Ausgaben ergeben:

Jahr	Einnahme	Ausgabe
1	1.560 €	1.050 €
2	1.560 €	820 €
3	240 €	990 €
4	360 €	710 €
5	1.800 €	510 €

Nach fünf Jahren wird die Immobilie wieder zum Einkaufspreis veräußert. Dem Investor steht Eigenkapital in Höhe von 8.000 € zur Verfügung. Der Sollzins für den aufzunehmenden Kredit liegt bei 7,00 %, der Habenzinsfuß für eine alternative Finanzanlage beläuft sich auf 4,50 %.

Ermitteln Sie den Kapitalwert!

Musterlösung:

Ermittlung des Kalkulationszinsfußes:

$KZF = (0{,}045 \times 2.000 \, € + 0{,}07 \times 8.000 \, €)/10.000 \, € = 5\,\%$

Ermittlung des Kapitalwerts:

$C_0 = (1.560 - 1050) \times (1 + 0{,}05)^{-1} + (1.560 - 820) \times (1 + 0{,}05)^{-2} + (240 - 990) \times (1 + 0{,}05)^{-3}$
$+ (360 + 710) \times (1 + 0{,}05)^{-4} + (1.800 - 510) + (1 + 0{,}05)^{-5} + 10.000 \times (1 + 0{,}05)^{-5} - 10.000$

$C_0 = -932{,}91\,€$

Unter Verwendung des Abzinsungsfaktors gemäß finanzmathematischen Tabellen:

$C_0 = (1.560 - 1050) \times 0{,}952381 + (1.560 - 820) \times 0{,}907029 + (240 - 990) \times 0{,}863838 + (360 + 710) \times 0{,}822702 + (1.800 - 510) + 0{,}783526 + 10.000 \times (1 + 0{,}05)^{-5} - 10.000$

$C_0 = -932{,}91\,€$

Da sich ein negativer Kapitalwert ergibt, sollte die Investition nicht durchgeführt werden.

2.4.4   Die interne Zinsfußmethode

Die interne Zinsfußmethode stellt auch eine barwertorientierte Methode dar. Ihr Grundgedanke lautet, die einer Investition inhärente, d.h. ausschließlich durch sie selbst verursachte Verzinsung der gebundenen Mittel zu bestimmen. Der interne Zinsfuß (internal rate of return, IRR) ist derjenige Zinssatz einer Investition, bei dem der Kapitalwert gleich Null ist. Die folgende Gleichung wird entsprechend nach r aufgelöst.

$$C_0 = -a_0 + \sum_{t=1}^{n} \frac{(E_t - A_t)}{(1+r)^t} + \frac{K_n}{(1+r)^n} = 0$$

mit:

C_0 = Kapitalwert
r = gesuchter interner Zinsfuß
n = Nutzungsdauer
a_0 = Investitionsausgabe am Anfang des Investitionszeitraums
$E_t - A_t$ = Differenz zwischen den Einnahmen und Ausgaben zu den Zeitpunkten t
K_n = Liquidationserlös am Investitionsende n

Näherungsverfahren zur Ermittlung von r:

$$r = i_1 - C_{0_1} \times \frac{i_2 - i_1}{C_0 + C_{0_1}}$$

2.20 Formel für die Ermittlung des internen Zinsfußes einer Investition

Bereits bei drei Perioden werden Iterationsverfahren zur Lösung benötigt. Aus Gründen der Vereinfachung wird der interne Zinsfuß durch lineare Interpolation (regula falsi bzw. Newtonsches Nährungsverfahren) ermittelt. Die Versuchszinssätze des Näherungsverfahrens müssen folgende Bedingungen erfüllen: i_1 muss einen Kapitalwert größer 0 ergeben, i_2, einen unter 0. Eine andere Möglichkeit ist der Einsatz EDV-unterstützer Rechenprogramme.[25]

Der interne Zinsfuß drückt die Effektivverzinsung einer Investition aus. Das heißt, es wird nicht nur eine Aussage derart getroffen, dass die Investition vorteilhaft ist, wie bei der Kapitalwertmethode, sondern es wird gesagt, wie vorteilhaft die Investition ist. Finanzmathematisch entspricht der interne Zinsfuß der Rentabilitätskennzahl „Effektivverzinsung".

Eine mit Hilfe der internen Zinsfußmethode ermittelte Lösung ist nur dann eindeutig, wenn die Struktur der zukünftigen Zahlungen lediglich einen einzigen Vorzeichenwechsel aufweist,[26] denn sonst kann es bis zu n Lösungen geben.[27] Diese Annahme kann schon bei Zahlungen der Käufer nach MaBV und Nachträgen problematisch werden (Erstellung), in der Nutzungsphase bei Modernisierungen, Sanierungen oder Revitalisierungen bzw. Großreparaturen[28]. Als große Schwierigkeit erweist sich die implizite Wiederanlageprämisse: wenn es nämlich nicht möglich ist, alle Einnahmeüberschüsse sofort zum internen Zinsfuß wiederanzulegen, ergibt sich eine

25   Vgl. Däumler, K.-D.; Grabe, J., Grundlagen, S. 97ff.
26   Vgl. Schulte, K.-W.; Allendorf, G.-J.; Ropeter, S.-E., Immobilieninvestitionen, S. 527.
27   Vgl. Kruschwitz, L., Investitionsrechnung, S. 111, 114.
28   Vgl. Däumler, K.-D., Anwendung, S. 261ff.

erhebliche Überschätzung der Rentabilität und zwar vor allem bei sehr hohen oder sehr niedrigen Zinssätzen. Trotzdem hat sich die Methode des internen Zinsfußes weitgehend durchgesetzt, so nicht zuletzt in den Prospekten geschlossener Immobilienfonds.[29]

Anmerkung:
Der interne Zinsfuß ist ein Ausdruck der Rentabilität einer Investition bzw. deren Effektivverzinsung. Er ist jedoch von der statischen Rentabilität zu unterscheiden. Die statische Rentabilität setzt den Erfolg in Relation zu einer Kapitalgröße. Der interne Zinsfuß ist demgegenüber der Zinssatz, bei dem der Barwert der künftigen Nettoeinzahlungen der Anschaffungsauszahlung und damit dem Kapitalwert entspricht.

2.4.5   Die Annuitätenmethode

Darstellung der Annuitätenmethode
Die Annuitätenmethode wandelt den Kapitalwert in gleich große jährliche Einzahlungsüberschüsse (Annuitäten) um. Damit wird eine Art „Jahresgewinn unter Berücksichtigung von Zinseszinsen" berechnet. Dies bedeutet die Lösung eines Verrentungsproblems. Die Anunitätenmethode ist die Methode der dynamischen Investitionsrechnung, die in der Praxis am wenigstens angewendet wird.

Definition:
Eine **Rente** ist eine in gleichmäßigen Abständen erfolgende meist gleich bleibende Zahlung. Eine Verrentung stellt die Umrechnung einer einmaligen Zahlung in eine Reihe gleich bleibender Zahlungen dar.[30]

Das Annuitätenkriterium lautet: Eine Investition ist dann lohnend, wenn die durchschnittlichen jährlichen Einzahlungen beim gewählten Kalkulationszinsfuß mindestens so groß sind wie die durchschnittlichen jährlichen Auszahlungen. Rechnerisch wird die Annuität ermittelt, indem man den Kapitalwert einer Investition mit dem so genannten Annuitätenfaktor $a_{i,\,n}$ multipliziert und so auf die Nutzungsperioden der Investition verteilt.

$$A = C_0 \times a_{i,n}$$

Der Annuitätenfaktor $a_{i,n}$ für einen gegebenen Kalkulationszinssatz i und eine gegebene Nutzungsdauer n lautet:

$$a_{i,n} = \frac{i \times (1 + i)^n}{(1 + i)^n - 1}$$

2.21 Formel für die Annuitätenmethode

[29]   Vgl. Schmoll, F. genannt Eisenwerth, Basiswissen, S. 627.
[30]   Vgl. Däumler, K.-D; Grabe, J., Grundlagen, S. 126.

Immer wenn Kalkulationszinsfuß und Nutzungsdauer gleich sind, entspricht die Annuitätenmethode der Kapitalwertmethode; dann ist die Annuität nichts anderes als eine Umformung des Kapitalwerts.[31]

Beispiel[32]
Eine Immobilieninvestition ist zunächst mit einer Auszahlung von 100.000 € verbunden. Die Überschüsse in Jahr 1 und 2 betragen je 10.000 €, im Jahr 3 110.000 € (laufende Einnahmen und Verkauf der Immobilie). Der Kalkulationszinsfuß beträgt 10 %.

Berechnen Sie die äquivalente Annuität der Investition!

1. Schritt: Berechnung des Kapitalwerts mit Hilfe des Abzinsungsfaktors:

$C_0 = -100.000 + 10.000 € \times 0,9434 + 10.000 \times 0,889996 + 110.000 \times 0,839619 = 10.692 €$

2. Schritt: Berechnung der äquivalenten Annuität der Immobilieninvestition:
$a = C_0 \times$ Wiedergewinnungsfaktor
$a = 10.962 € \times 0,37411 = 4.000 €$.

Lösung: Die äquivalente Annuität beträgt 4.000 €. Sie stellt den Überschuss dar, den ein Investor am Ende einer Periode entnehmen kann, ohne die Rückgewinnung des eingesetzten Kapitals und dessen Verzinsung zu 6 % p.a. zu gefährden.

Beurteilung
Bei der Annuitätenmethode trifft der Investor seine Entscheidung anhand konstanter Entnahmemöglichkeiten. Damit stellt sich die Frage, wann ein solches Entscheidungskriterium von Bedeutung sein kann. Dies ist z.B. sinnvoll, wenn:[33]

• Liquiditätszuflüsse eine überragende Bedeutung haben oder
• Datenmaterial in Form periodisch konstanter Zahlungen vorliegt, so bei Miet- oder Leasingverhältnissen.

> Merksatz.
> Bei der Beurteilung der Vorteilhaftigkeit einer Investition kommen die Annuitäten- und Kapitalwertmethode immer zum gleichen Ergebnis.

2.4.6 Abschließendes Beispiel zu den klassischen dynamischen Methoden der Investitionsrechnung

Es wird für 30 Jahre eine Immobilie erworben, bei der die jährlichen Überschüsse 40.000 Euro betragen. Die Investitionsausgabe in Höhe von 400.000 Euro entspricht dem Restwert nach 30 Jahren. Es wird von einer Mindestverzinsung von 5 % ausgegangen.

a) Ermitteln Sie den Kapitalwert mit Hilfe finanzmathematischer Faktoren!

b) Zur Ermittlung des internen Zinsfußes soll ein zweiter Kapitalwert ermittelt werden mit einer 12-pozentigen Mindestverzinsung.

---

[31] Vgl. Enseling, A., Leitfaden, S. 3.
[32] In Anlehnung an: Wupperfeld, U., Annuitätenmethode, S. 29.
[33] Vgl. Wupperfeld, U., Annuitätenmethode, S. 29f.

c)   Der Kapitalwert aus a) wird zugrunde gelegt. Wie hoch ist die Annuität?

a)

$C_{01} = -400.000 + 40.000 \times DSF + 400.000 \times AbF$

$C_{01} = -400.000 + 40.000 \times 15,372451 + 400.000 \times 0,231377$

$C_{01} = 307.448,84 \; €$

b)

$C_{02} = -400.000 + 40.000 \times DSF + 400.000 \times AbF$

$C_{02} = -400.000 + 40.000 \times 8,0551884 + 400.000 \times 0,03378$

$C_{02} = -64.441,26 \; €$

$r = 0,05 - 307.448,48 \times (012 - 0,05) / (-64.441,26 - 307.448,48) = 10,78 \; \%$

Der interne Zinsfuß beträgt 10,78 %.

c)

$A = C_0 \times KFW$

$A = 307.448,48 \times 0,065051$

$A = 19.999,83 \; €$

2.4.7   Vollständige Finanzpläne (VOFI)

Konzept[34]

An den dynamischen Verfahren der Investitionsrechnung – wie sie bisher dargestellt wurden – wird vor allem die Wiederanlageprämisse zum internen Zinsfuß kritisiert. Demnach werden alle Zahlungsüberschüsse während der Nutzungs- bzw. Investitionsdauer mit einheitlichen Zinssätzen wiederangelegt. Dieser konstante und für alle Laufzeiten identische Zinssatz basiert auf der Annahme einer flachen Zinsstrukturkurve aus. Des Weiteren geht man von der Prämisse eines vollkommenen Kapitalmarkts aus, denn es wird weder zwischen Eigen- und Fremdfinanzierung unterschieden noch werden Schuldnerbonitäten oder Zugangsmöglichkeiten zum Kapitalmarkt differenziert betrachtet.

Der VOFI ersetzt nun diese implizite Wiederanlageprämisse durch explizite Vorgaben, die die reale Kapitalmarktsituation besser widerspiegeln können. Der VOFI bedient sich in den meisten Fällen des Vorteilhaftigkeitskriteriums „Vermögensendwert" (C_n), d.h. die anfallenden Zahlungen werden auf das Ende der Investitionsdauer bzw. des Planungshorizonts aufgezinst. Immer wenn auch Eigenkapital eingesetzt wird, ermöglicht der VOFI die Ermittlung einer Renditekennziffer mit deren Hilfe die Vorteilhaftigkeit einer Investition dargestellt wird. Diese bezeichnet man als „VOFI-Rentabilität". Sie stellt den Zinssatz dar, der das Eigenkapital unter Berücksichtigung von Zins und Zinseszins auf den Vermögensendwert anwachsen lässt.[35]

Gemäß dem Konzept des VOFIS ist eine Investition absolut vorteilhaft, wenn $C_n > 0$; bei mehreren alternativen Investitionen (relative Vorteilhaftigkeit) $C_{n1} > C_{n2} > C_{n3}$. Im VOFI

34   Vgl. Hellerforth, M., Risiko, S. 117.

35   Vgl. Schulte, K.-W.; Leopoldsberger, G; Schaubach, P.; Vaassen, N.; Walker, A., Immobilienfinanzierung, S. 537ff.

erfolgt für Ein- und Auszahlungen eine getrennte Kontoführung. Die Konten dürfen nicht ausgeglichen werden, um unterschiedliche Zinsen zu berücksichtigen. So ist dann der Habenzins geringer als der Sollzins. Einzahlungsüberschüsse werden zur Tilgung des Fremdkapitals eingesetzt bzw. wieder angelegt. Der Vermögensendwert ergibt sich dann als Saldo aller Ein- und Auszahlungen am Ende des Betrachtungszeitraums.[36]

Beispiel[37]
Das folgende Beispiel ist bewusst einfach gehalten und berücksichtigt weder Steuern oder den Einsatz von Eigenkapital, noch zwischenzeitlich negative Zahlungsströme, da es nur um die generelle Funktionsweise geht.

Beispieldaten	Zahlen	
Investitionsausgabe – Kaufpreis	1.000 €	
Kreditaufnahme	1.000 (Annuitätendarlehen)	
Fälligkeit der Zahlungen	jährlich nachschüssig	
Haltedauer	5 Jahre	
Habenzinssatz	3,00 %	
Sollzinssatz	8,00 %	
Tilgung	1,00 %	
Überschüsse (Einzahlungen – Auszahlungen)	1	200 €
	2	300 €
	3	100 €
	4	300 €
	5	300 €
Verkaufspreis im Jahr 5	1.200	

	0	1	2	3	4	5
Kaufpreis	- 1.000					
Darlehensvaluta	- 1.000	- 990	- 979	- 968	- 955	- 941
Sollzinsen		- 80	- 79	- 78	- 77	- 76
Tilgung		- 10	- 11	- 12	- 13	- 14
Annuität		- 90	- 90	- 90	- 90	- 90
Einz. - Ausz.		200	300	100	300	300
Zahlungsr. der Periode		110	210	10	210	210
Habenzins			3	10	10	17
Verkaufspreis						1.200
Tilgung Darlehen						- 941
ZR kumuliert		110	323	343	563	1.049

2.22 Lösungstabelle

---

36   Vgl. Maier, K.W., Risikomanagement, S. 263.
37   Vgl. zu einem ausführlichen Beispiel zum VOFI: Hellerforth, M., Risiko, S. 53ff.

Der Endwert des VOFIs (K_n) beträgt 1.049 GE. Die VOFI-Rentabilität ermittelt sich nach folgender Formel:

$$\text{VOFI-Rendite} = -1 + \sqrt[n]{\frac{K_n}{K_0}}$$

2.23 Formel für die VOFI-Rentabilität bzw. -Rendite

Damit fasst man die VOFI-Rendite als Zwei-Zahlen-Fall auf (Zero-Bond), nämlich einer Anschaffungsauszahlung (K_0) und einer Zahlung am Ende des Betrachtungszeitraums (K_n).[38]

Kritik

Aus finanzwirtschaftlicher Sicht ist das Kontenausgleichsverbot problematisch. Der VOFI deckt aber die impliziten Prämissen der Kapitalwertmethode und der Methode des internen Zinsfußes auf. Der Ansatz der Finanzierung und der Reinvestitionsmöglichkeit erfolgt differenzierter und nähert sich der Realität weiter an. Natürlich kann ein VOFI das Problem der Schätzung der Zinsentwicklung auch nicht aufheben; hier wäre es möglich die Unsicherheit durch den Einsatz von Zinssicherungsinstrumenten zu reduzieren. VOFIs helfen aber in geeigneter Art und Weise beim Liquiditätsmanagement.

2.5   Die Discounted Cash Flow Methode

Die modernen Methoden korrigieren nur einige der Kritikpunkte der klassischen Methoden. Alle mit der Investition verbundenen Zahlungen werden hier nämlich explizit abgebildet und alle Zahlungen werden auf den Planungshorizont bezogen. Der Zeitpräferenz wird über die Dauer der möglichen Wiederanlage bzw. über die Dauer der notwendigen Zwischenfinanzierung explizit Rechnung getragen. Der Zinssatz kann entsprechend frei an der tatsächlichen Situation (z.B. kurz- oder mittelfristige Mittelaufnahme) orientiert, gewählt werden.

Discounted Cash Flow (DCF) ist der englische Begriff für den Barwert einer Reihe von Zahlungsströmen. Seit dem verstärkten Auftreten internationaler Investoren auf dem Immobilienmarkt, hat die Discounted Cash Flow Methode an Bedeutung gewonnen. Im Unterschied zum Kapitalwert wird die Anschaffungsauszahlung bei dieser Methode zunächst nicht berücksichtigt. Im Gegensatz zum VOFI der auch implizite Prämissen abbildet, wird auf einen Barwert abgestellt. Der Discounted Cash Flow drückt aus, wie hoch der Überschuss der Zahlungsreihe insgesamt ist. Damit weiß ein Investor, wie viel er – die unterstellten Zahlungen als treffgenau vorausgesetzt – für die Investition ausgeben könnte. Der Discounted Cash Flow ist damit ein Grenzpreis. Das Vorgehen entspricht dem der Kapitalwertmethode.

Beispiel:
Es soll der Nettobarwert einer Büroimmobilie nach der Discounted Cash Flow Methode vorschüssig zum 1.1.2007 berechnet werden. Sie ist bis zum 31.12.2008 voll vermietet. Die

---

[38]   Vgl. Schmoll, F. genannt Eisenwerth, Basiswissen, S. 628.

Mietzahlungen betragen 1.710.000 €. 2009 wird die Immobilie modernisiert und saniert. Dafür entstehen Kosten von 2.080.710 €. Die Immobilie steht während dieser 12 Monate leer, weshalb der Investor die Nebenkosten in Höhe von 224.717 € selbst zu tragen hat. Es wird damit gerechnet, dass die Immobilie ab dem 1.1.2010 mit einer indexierten Jahresmiete in Höhe von 2.356.738 € vollständig vermietet wird, wofür eine Vermietungscourtage in Höhe von 3 Monatsmieten zum 31.12.2009 anfallen wird. Die Verwaltungskosten, die der Vermieter gemäß Vertrag jährlich bezahlt liegen bei 3 % des Jahresrohertrags. Der Vermieter trägt anteilige Verwaltungskosten, die in 2007 58.500 € betragen.

Das Investitionsdatum ist der 1.1.2007, der Investitionszeitraum beträgt 10 Jahre bei einem jährlich vorschüssigen Zahlungsmodus. Der Diskontsatz beträgt 7,00 % p.a. und die Nettoanfangsrendite für den Verkauf (Terminal Value) 6,25 % (damit ist der Vervielfältiger 16). Die kalkulierte Mietwertsteigerung liegt bei 2,5 % p.a. und die Inflationsrate auf die laufenden Kosten 2,5 % p.a.

Lösung:

Periode	0 2007	1 2008	2 2009	3 2010	4 2011	5 2012	6 2013	7 2014	8 2015	9 2016
Einnahmen										
Miete	1.710.000	1.710.000	0	2.356.783	2.415.703	2.476.095	2.537.998	2.601.447	2.666.484	2.733.146
Gesamteinnahmen	1.710.000	1.710.000	0	2.356.783	2.415.703	2.476.095	2.537.998	2.601.447	2.666.484	2.733.146
Ausgaben										
Verwaltung	51.300	51.300	0	70.703	72.471	74.283	76.140	78.043	79.995	81.994
Instandhaltung	58.500	59.963	61.462	62.998	64.573	66.187	67.842	69.538	71.277	73.058
nicht umgelegte Betriebskosten	0	0	0	0	0	0	0	0	0	0
Verlust bei Leerstand	0	0	224.717	0	0	0	0	0	0	0
Modernisierungsaufwendungen	0	0	2.080.710	0	0	0	0	0	0	0
Vermietungscourtage	0	0	0	589.196	0	0	0	0	0	0
Gesamtausgaben	109.800	111.263	2.366.889	722.898	137.044	140.470	143.982	147.582	151.271	155.053
Cash Flow	1.600.200	1.598.738	−2.366.889	1.633.885	2.278.658	2.335.625	2.394.016	2.453.866	2.515.213	2.578.093
Verkaufserlös	0	0	0	0	0	0	0	0	0	41.249.486
Cash Flow gesamt	1.600.200	1.598.738	−2.366.889	1.633.885	2.278.658	2.335.625	2.394.016	2.453.866	2.515.213	43.827.579
Abzinsungsfaktor	1,00000	0,934579	0,873439	0,816298	0,762895	0,712986	0,666342	0,622750	0,582009	0,543934
Barwert pro Periode	1.600.200	1.494.147	−2.067.332	1.33.737	1.738.378	1.665.268	1.595.234	1.528.144	1.463.877	23.839.299
Netto Barwert	34.190.952									

2.24 Lösungstabelle

Der Netto-Barwert der Immobilieninvestition beträgt 34.190.952 und damit das knapp 20fache der Nettomieteinnahmen im ersten Jahr (34.190.952/1.710.000 = 19,99).

2.6   Investitionsrechnung unter Unsicherheit

2.6.1   Einführung

Bei den bisherigen Berechnungen wurde die Unsicherheitsthematik zwar angedeutet, als auf die Prognose der Zahlungsströme hingewiesen wurde, aber nicht explizit betrachtet. Statische wie dynamische Investitionsrechenverfahren sind deterministisch; sie weisen ein Vorteilhaftigkeitskriterium aus. Niemand ist jedoch in der Lage, Mietentwicklungen, Leerstandsquoten, Bewirtschaftungskosten, Modernisierungskosten, Zinskonditionen oder den Wiederverkaufserlös einer Immobilie sicher vorauszusagen.

> Anmerkung:
> Bei Immobilienanalysen nimmt die Bedeutung des Risikomanagements sowie der Risiko-Rendite-Steuerung immer mehr zu.[39]

Insoweit muss man Möglichkeiten finden, die Unsicherheit zu berücksichtigen, was durch weitere Analysemethoden erreicht werden kann. Hier sind zu nennen:

- das Korrekturverfahren
- die Sensitivitätsanalyse
- die Szenariotechnik und
- die Monte-Carlo-Methode.

2.6.2   Das Korrekturverfahren

Beim Korrekturverfahren werden Risikozu- oder -abschläge bei den Werttreibern vorgenommen. Denkbar wären Abschläge, z.B. bei den Mietzahlungen oder Subventionsleistungen; Zuschläge bei den Instandhaltungen, den Umbau- und Sanierungskosten und den nicht umlegbaren Bewirtschaftungskosten.

Das Problem dieser Vorgehensweise liegt in der Willkür bzw. ihrer fehlenden Methodik, weshalb sie wenig geeignet scheint,[40] es sei denn ein Investor nutzt die Korrekturverfahren im Rahmen seiner individuellen Entscheidungsfindung.

> Beispiel:
> Aufgrund seiner Markteinschätzung rechnet Investor Vorsicht mit steigenden Instandhaltungsaufwendungen, wegen erhöhten Anforderungen an Energieeinsparungen. Deshalb schlägt er der „normalen" Instandhaltung 10 % zu. Gleichzeitig ist ihm aber klar, dass er im Rahmen seines Budgets nicht alle notwendigen Maßnahmen durchführen kann, so dass seine Immobilie im Gegensatz zu Konkurrenzimmobilien schlechter abschneidet. Deshalb korrigiert er die Mieteinnahmen ebenfalls um 10 % nach unten.

---

[39]   Vgl. Stübner, P.; Hippler, F.; Hofmann, J., Risikoanalyse, S. 1.
[40]   Vgl. Perridon, L.; Steiner, M., Finanzwirtschaft 2007, S. 97ff.

Trotz der dargestellten Einwände wird das Korrekturverfahren in der Praxis sehr häufig angewandt.[41]

2.6.3 Die Sensitivitätsanalyse oder Zielgrößenänderungsrechnung

Die Sensitivitätsanalyse, Zielgrößenänderungsrechnung oder Methode der kritischen Werte beantwortet die Frage, wie sich z.B. der Kapitalwert bei Veränderungen bestimmter Eingangsvariablen verändert. Damit bekommt der Investor ein Gefühl dafür, wie sich die Investition unter Risiko verhält. Es gelingt ihm unsichere Größen einzugrenzen bzw. abzusichern.

> Frage:
> Wie weit kann eine Größe von ihrem ursprünglichen Wertansatz abweichen, ohne dass das Ergebnis einen festgelegten Wert unter- oder überschreitet? Oder:
> In welchem Maße ändert sich ein Ergebnis, wenn eine oder mehrere Inputgrößen von ihrem ursprünglichen Wertansatz abweichen?

Damit ist die Sensitivitätsanalyse eine Rechentechnik, mit deren Hilfe die Richtung und die Intensität des Einflusses unsicherer Variablen auf den Investitionserfolg gemessen wird.[42] Entsprechend lässt sich feststellen, wie stark sich eine Einflussgröße verändern darf, bevor eine Immobilieninvestition unvorteilhaft wird. Die Sensitivitätsanalyse vermittelt einen Eindruck über die Struktur eines Investitionsvorhabens bzw. ermöglicht eine Identifikation der Werttreiber (value driver).

Generell lässt sich in Bezug auf die Wirkung der Parameter auf den Kapitalwert einer Investition festhalten:

1. Je früher Einzahlungen und je später Auszahlungen anfallen, um so höher ist der Kapitalwert (Struktur der Zahlungsströme)
2. Je höher der angesetzte Kalkulationszinsfuß ist, desto stärker werden die Zahlungen abgezinst und desto niedriger ist der Kapitalwert.

Beispiel:
Es wird für 10 Jahre in eine Eigentumswohnung investiert, die 100.000 Euro kostet. Die Überschüsse pro Jahr betragen gleich bleibend 17.000 Euro. Aufgrund der Tatsache, dass das Gebäude baufällig ist, gelingt nach 10 Jahren nur noch eine Veräußerung zu 1.000 Euro. Der Kalkulationszinsfuß beträgt 5 %.

Berechnen Sie den Kapitalwert!
Um wie viel ändert sich dieser wenn folgende Größen um +10 % bzw. −10 % variiert werden?

– Nettoeinzahlungen

– Nutzungsdauer

– Verkaufswert

– Kalkulationszinsfuß.

---

41 Vgl. Perridon, L.; Steiner, M., Finanzwirtschaft, S. 102.
42 Vgl. Maier, K.M., Risikomanagement, S. 283.

$C_0 = -100.000 + 17.000 \times 6,144567 + 1.000 \times 0,385543 = 4.843$

$C_0 = -100.000 + 18.700 \times 6,144567 + 1.000 \times 0,385543 = 15.289$

$C_0 = -100.000 + 15.300 \times 6,144567 + 1.000 \times 0,385543 = -5.603$

$C_0 = -100.000 + 17.000 \times 6.495061 + 1.000 \times 0,350494 = 10.767$

$C_0 = -100.000 + 17.000 \times 5,759024 + 1.000 \times 0,424098 = -1.672$

$C_0 = -100.000 + 17.000 \times 6,144567 + 1.100 \times 0,385543 = 4.882$

$C_0 = -100.000 + 17.000 \times 6,144567 + 900 \times 0,385543 = 4.805$

$C_0 = -100.000 + 17.700 \times 5,889232 + 1.000 \times 0,352184 = 469$

$C_0 = -100.000 + 17.000 \times 6,417858 + 1.000 \times 0,42241 = 9,523$

Kapitalwert in der Ausgangsituation	4.838 €		
Größe	Änderung	neuer Kapitalwert in €	relative Kapitalwertänderung (C_0neu – C_0alt)/C_0alt
Nettoeinzahlungen	+10 %	15.289	+216,0 %
	– 10 %	–5.603	–216.0 %
Nutzungsdauer	+10 %	10.767	+122,0 %
	–10 %	–1.672	–135,0 %
Restwert	+10 %	4.882	+0,8 %
	–10 %	4.805	–0,8 %
Zinssatz	+10 %	469	–90,0 %
	–10 %	9.523	+90,0 %

2.25 Lösungstabelle

Damit reagiert der Kapitalwert in diesem Beispiel am empfindlichsten auf Veränderungen der Nettoeinzahlungen, gefolgt von Änderungen der Nutzungsdauer und des Zinssatzes. Aufgrund des geringen Restwerts, stellt dieser eine zu vernachlässigende Größe dar.

2.6.4   Die Szenariotechnik

Definition:
Die **Szenariotechnik** ist ursprünglich eine Methode der strategischen Planung, die auf der Entwicklung und Analyse möglicher Entwicklungen der Zukunft beruht.

Die Szenariotechnik ist eine Weiterentwicklung der Sensitivitätsanalyse, wobei anstelle der isolierten Betrachtung einer Determinante mehrere Einflussgrößen zu verschiedenen Szenarien bzw. alternativen Umweltsituationen zusammengesetzt werden. Sehr häufig werden hier Szenarien mit realistischer, optimistischer und pessimistischer Einschätzung gewählt. Man spricht dann von Base Case, Worst Case und Best Case

Beispiel:
Der Base Case ist der Grundfall a) aus Kapitel 2.6.4. Es ergibt sich ein Kapitalwert von 4.843 Euro.

Für den Worst Case werden folgende Annahmen getroffen: Der Restwert, die Nutzungsdauer und die Nettoeinzahlungen sind 10 % geringer.
Für den Best Case wird angenommen, dass Restwert, Nutzungsdauer und Nettoeinzahlungen um 10 % höher sind.

2.6.5 Die Monte-Carlo-Methode

Darstellung

Definition:
Die **Monte-Carlo-Methode** oder -Simulation ist ein Verfahren der Stochastik auf der Basis sehr oft durchgeführter Zufallsexperimente. Die Ergebnisse der Monte-Carlo-Methode
sollen helfen mit Hilfe der Wahrscheinlichkeitstheorie analytisch unlösbare Probleme im
mathematischen Kontext numerisch zu lösen und zwar auf der Basis des Gesetzes der großen Zahl. Zu solchen Simulationen müssen computergenerierte Zufallsvorgänge eingesetzt
werden.

Tatsächlich erreicht man durch die Monte-Carlo-Simulation eine größere Transparenz in
Bezug auf Verfahren, die Zukunftserwartungen berücksichtigen. Dies geschieht mit Hilfe
stochastischer Verfahren, die die Unsicherheit der Zukunftserwartungen berücksichtigen.
Durch die erleichterte Risikoqualifizierung ist dies eine Weiterentwicklung der Sensitivitätsanalyse und der Szenariotechnik. Es werden nicht nur einzelne Werte ermittelt bzw. bestimmte Szenarien dargestellt, sondern durch einen umfangreichen Simulationsvorgang bestimmt man eine Bandbreite vorn Werten, und es wird deren Verteilung errechnet. Die Simu-
lation kombiniert die wichtigsten Determinanten zufällig und das Ergebnis wird dann als
Histogramm oder statistische Verteilung dargestellt.[43]

Anwendungsbeispiel:
Man findet keine analytische Formel für die Bewertung der Rückflüsse einer Immobilieninvestition. Mit Hilfe der Monte-Carlo-Simulation kann man dann solche Rückflüsse simu-
lieren.

Beurteilung
Die Monte-Carlo-Simulation ist ein recht aufwändiges Verfahren und nicht leicht zu model-
lieren. Zudem gibt es einige restriktive Modellannahmen, so dass die Immobilie bzw. das
Immobilienportfolio darauf untersucht werden müssen, ob diese Annahmen zutreffen.

---

[43]   Vgl. Falk, B. (Hrsg.), Fachlexikon 2004, S. 284.

3 Grundlagen der Finanzierung

3.1 Besonderheiten der Immobilie: hoher Kapitalbedarf[44]

Immobilien sind durch einige Merkmale gekennzeichnet, die immer wieder herangezogen werden, um ihre besondere Behandlung zu begründen. Es sind kapitalintensive Produkte mit einem langen Herstellungs- und Vermarktungsprozess[45], die langlebigsten Wirtschaftsgüter, jedoch nur schwer – d.h. unter Einsatz hoher Kosten – zu verändern. Deshalb besteht selten Ersatzbedarf, sondern höchstens neuer oder veränderter Bedarf – z.B. aufgrund des Familienzyklus, veränderter Einkommensverhältnisse oder veränderter Produktion. Immobilien sind nicht substituierbar, weshalb sie nicht nur Wirtschaftsgut, sondern auch Sozialgut sind. Und sie sind – wie ihr Name schon sagt – immobil, d.h. standortgebunden. Ihr Verkauf wie ihre Vermietung sind beratungsintensiv, da es sich um erklärungsbedürftige Produkte handelt. Es sind Zusatzentscheidungen zu treffen, beispielsweise bezüglich Finanzierung, Standort oder Umzug. Im Selbstnutzerbereich ist die Kaufintensität sehr gering, nämlich ein- bis zweimal im Leben. Pflege und Werterhaltung von Immobilien sind serviceintensiv. Zudem besteht eine geringe Elastizität der Anpassung an Marktveränderungen, seitens der Nachfrager wie seitens der Anbieter.[46] Ihre Erstellung, ihr Kauf oder Verkauf und ihr Wechsel sind mit hohen Transaktionskosten verbunden. Auch deshalb, aber nicht zuletzt aufgrund Marktintransparenzen und der hohen Wertgröße des Gutes Immobilie besitzt sie eine geringe Fungibilität. Zudem sind Immobilien heterogen.

All diese Merkmale der Immobilien führen dazu, dass ihre Finanzierung Besonderheiten unterliegt, die nicht nur im hohen Kapitalbedarf bei gleichzeitig hohem Fremdkapitalanteil begründet liegen.

3.2 Warum Finanzierung?

3.2.1 Kapitalausstattung und Kapitalbedarf[47]

Die Kapitalausstattung wird determiniert durch den Kapitalbedarf, der definiert werden kann als die Summe der finanziellen Mittel einer Periode, die für die Durchführung der verschiedenen unternehmerischen Teilpläne erforderlich sind. Die Differenz zwischen dem (Gesamt)-

---

[44] Vgl. Hellerforth, M., KMU, S. 5ff.

[45] Vgl. Bidlingmaier, J., Marketing, S. 15.

[46] Vgl. Heuer, B.; Nordalm, V., Wohnungsmärkte, S. 27f.

[47] Vgl. h.u.i.F.: Perridon, L.; Steiner, M., Finanzwirtschaft; Schneider, D.; Investition; Stehle, R., Rechtsform; Zimmer, P.; Ergebnisanalyse.

Kapitalbedarf und den aus der Innenfinanzierung zur Verfügung stehenden Mitteln der Periode ist der Betrag, der durch Außenfinanzierung beschafft werden muss. Der Kapitalbedarf ist dabei abhängig von dem Schwerpunkt bzw. den Schwerpunkten der Unternehmenstätigkeit. Generell kann für die Unternehmen der Immobilienwirtschaft festgehalten werden, dass der Kapitalbedarf der Bauträger und der eigenbestandsverwaltenden Unternehmen wegen der Wertgröße des Gutes Immobilie verbunden mit der langen Produktionsdauer und dem langen Amortisationszeitraum sehr hoch ist, während Unternehmen, die Fremdbestände verwalten bzw. Immobilien vermitteln, nur einen geringen Kapitalbedarf haben.

Die Kapitalausstattung eines Unternehmens wird insbesondere durch die Art, in der sie finanziert ist, bestimmt. Finanzierung bedeutet in diesem Sinn die Summe der Maßnahmen der Mittelbeschaffung und -rückzahlung und damit der Gestaltung der Zahlungs-, Informations-, Kontroll- und Sicherungsbeziehungen zwischen Unternehmen und Kapitalgebern. Dabei unterscheidet man als generelle Arten der Unternehmensfinanzierung die Außen- und die Innenfinanzierung, die – neben qualitativen Faktoren wie Standing und Image – insbesondere abhängig von der Rechtsform des Unternehmens sind.

Die Kapitalausstattung einer Unternehmens wird i.d.R. durch Kennzahlen der Kapitalstruktur gemessen. Vor allem in der Kreditwürdigkeitsprüfung werden Kennzahlen verwendet, die den Verschuldungsgrad, die Eigen- und Fremdkapitalquote sowie den Verschuldungskoeffizienten messen. Aus diesen Kennzahlen werden sogenannte Finanzierungsregeln abgeleitet, aufgrund derer allein allerdings keine klaren Aussagen über die Kapitalausstattung der Immobilienunternehmen möglich sind. Bauträger, Immobilienhändler und Eigenbestandsverwalter sind wegen der Wertgröße des Gutes Immobilie sowie den begrenzten Möglichkeiten zur Eigenkapitalaufnahme weitgehend auf Fremdkapital angewiesen, um das betriebsnotwendige Kapital zu erreichen. Entsprechend ergeben sich hohe Verschuldungsgrade und Fremdkapitalquoten.

Die in den Bilanzen der Bestandsunternehmen erscheinenden Buchwerte sagen wenig aus über den tatsächlichen Wert ihres Immobilienvermögens, weil sie durch Abschreibungen in Abhängigkeit vom Alter des Immobilienbestandes sehr niedrig liegen. Um ihre Kapitalausstattung hinreichend zu bestimmen, wäre es notwendig, den Verkehrswert ins Verhältnis zum Fremdkapital zu setzen. Externe Analysen können jedoch aus dem Anlagespiegel Rückschlüsse ziehen.

> Beispiel:
> Bestandsunternehmen besitzen ein beachtliches Vermögen, denn bei einem Bestand von 8.000 Wohnungen wird – in Verkehrswerten gerechnet – bereits die Milliarden-Grenze überschritten. 80 bis 90 Bestandsunternehmen in Deutschland besitzen mehr als 4.000 Wohnungen.

Für Bauträger spielt die Fremdfinanzierung eine große Rolle, was sich zwangsläufig aus der hohen Wertgröße des Gutes Immobilie ergibt. Ihre Kapitalausstattung ist nicht durch stille Reserven gedeckt, und sie unterliegen einem weitaus höheren Kapitalrisiko als Bestandsunternehmen, da der Bau von Objekten finanziert wird, die oft bei Baubeginn nicht vollständig verkauft sind. Soweit Unternehmen keine weiteren Werte, z.B. in der Form niedrig bewerteter Immobilien besitzen, ist ihre Kapitalausstattung schlechter als die der meisten Bestandsunternehmen zu beurteilen. Die vermittelnden und fremdbestandsverwaltenden Unternehmen haben nur einen geringen Kapitalbedarf und ebenso eine geringe Kapitalausstattung, da der Schwerpunkt ihrer Tätigkeit die reine Dienstleistung ist, d.h., sie benötigen lediglich einen Bürobetrieb mit einem PC.

3.2.2 Exkurs: Kennzahlen der Kapitalstruktur[48]

Was sind Kennzahlen?

Definition:
Kennzahlen sind betriebliche Kennziffern, die Maßstabwerte für den innerbetrieblichen (betriebsindividuelle Kennzahlen) und zwischenbetrieblichen (Branchen-Kennzahlen) Vergleich darstellen.

Führt das Unternehmen die Kennzahlenanalyse selbst aus, handelt es sich um eine interne Analyse, bei Durchführung durch Dritte, die außerhalb des Unternehmens stehen, um eine externe. Die interne Analyse soll Planungs- und Kontrollinformationen für Entscheidungen der Unternehmensleitung zur Verfügung stellen. Kennzahlen können insoweit die Kosten-überwachung und das Kostenmanagement unterstützen. Dies geschieht u.a. auf der Basis von Zahlen aus der Kostenrechnung.

Kennzahlen setzen verschiedene Größen in ein sinnvolles Verhältnis zueinander und drücken dieses durch einen in einem leicht fassbaren Zahlenausdruck aus. Man unterscheidet gene-rell: Gliederungszahlen, Beziehungszahlen und Indexzahlen. Gliederungszahlen bezeichnen die Relation einer Teilgröße und der dazu gehörigen Gesamtgröße. Beziehungszahlen setzen zwei Größen in Relation, die in keinem Unter- oder Überordnungsverhältnis zueinander stehen und Indexzahlen dokumentieren die zeitliche Entwicklung einer Größe.

Besonders aussagefähig sind Kennzahlen der Leistung, Wirtschaftlichkeit, Rentabilität und Liquidität.

Anwendung der Kennzahlen auf die Immobilienwirtschaft
Welche Kennzahlen für ein Unternehmen der Immobilienwirtschaft aussagekräftig sind, hängt von dem jeweiligen Schwerpunkt der Tätigkeit ab. Vermischt man die Tätigkeits-schwerpunkte bei Unternehmen, die z.B. sowohl Immobilien vermitteln, als auch als Bauträ-ger arbeiten, gelten die Ergebnisse bei Betriebsvergleichen nur unter Einschränkungen.

Bestandorientierte Kennzahlen
Die Vermögensstruktur eines Unternehmens wird durch Kennzahlen ausgedrückt wie:

(1) $\frac{Umlagevermögen}{Anlagevermögen} \times 100$ oder $\frac{Anlagevermögen}{Gesamtvermögen} \times 100$

Angestrebt wird ein geringes Anlagevermögen, da dies auf Flexibilität des Unternehmens hindeuten soll. Daraus resultiert, dass diese Kennzahlen für die Unternehmen der Immobi-lienwirtschaft i.d.R. wenig aussagekräftig sind. Bauträger haben ein geringes Anlagevermö-gen, dafür aber ein hohes Umlaufvermögen, während bei vermittelnden und fremdbestands-

---

[48] Vgl. h.u.i.F.: Riebel, V., Nützlich, S. 698–702.

verwaltenden Unternehmen sowohl das Anlage- als auch das Umlaufvermögen sehr niedrig sind. Eigenbestandsverwaltende Unternehmen zeichnen sich durch ein geringes Umlaufvermögen gegenüber einem hohen Anlagevermögen aus, das aber wegen der regelmäßigen Abschreibung von dem Alter des Immobilienbestands abhängig ist. Ein hohes Anlagevermögen kann bei diesen Unternehmen somit auf einen Immobilienbestand mit vielen neuen Objekten hindeuten und wäre somit positiv zu beurteilen.

Die Kapitalstruktur ist eine wichtige Kennzahlen für Immobilienunternehmen bzw. deren Stakeholder, da sie von Banken oft zur Prüfung der Kreditwürdigkeit verwendet werden. Kennzahlen sind z.B.:

(2) Verschuldungsgrad V $= \dfrac{Fremdkapital}{Eigenkapital}$

(3) Eigenkapitalquote $\quad = \dfrac{Eigenkapital}{Gesamtkaptial}$

(4) Fremdkapitalquote $\quad = \dfrac{Fremdkapital}{Gesamtkaptial}$

(5) Verschuldungskoeffizient $\quad = \dfrac{Eigenkapital}{Fremdkapital}$

Als vertretbarer Verschuldungsgrad wird oft ein 1:2 Verhältnis angegeben. Für Bauträger, wurde von den Banken oft nur ein Eigenkapitalanteil von 20 % pro Maßnahme gefordert, so dass diese Kennzahlenvorgabe nicht zutrifft. Bei eigenbestandsverwaltenden Unternehmen besteht die Problematik, dass sie ebenfalls oft nur eine Eigenkapitalquote zwischen 20 % und 40 % besitzen. Es wird vorgeschlagen, die Eigenkapitalquote in Abhängigkeit vom leistungswirtschaftlichen Risiko des jeweiligen Unternehmens und von der Varianz der Erträge zu beurteilen. Dann wären mit steigendem Risiko, d.h. einer zu erwartenden hohen Varianz der Erträge, zunehmende Anforderungen an die Eigenkapitalquote zu stellen die aber in der Praxis nur selten erfüllt werden.

Weitere Maßstäbe der Kapitalstruktur sind Kennzahlen, die auf die Kapitalfristigkeit abstellen. Sie stellen kurz- und mittelfristiges bzw. kurzfristiges Fremdkapital ins Verhältnis zum Gesamtkapital oder zum gesamten Fremdkapital. Auf diese Art wird versucht, das Risiko des Kapitalentzugs zu beurteilen. Bei externer Analyse ist aber die Fristigkeit nicht immer eindeutig festzustellen.

Kennzahlen der horizontalen Kapitalstruktur:

Horizontale Bilanzkennzahlen zeigen die Beziehungen zwischen Vermögen und Kapital bzw. Investition und Finanzierung auf. Es handelt sich um normative Kennzahlen, die bestimmte langfristige Deckungsgrade vorschreiben. Dies geschieht z.B. durch goldene Finanzierungsregeln wie:

(6) $\dfrac{langfristiges \quad Vermögen}{kurzfristiges \quad Kapital} \leq 1$

(7) $\dfrac{kurzfristiges \quad Vermögen}{kurzfristiges \quad Kapital} \geq 1$

Das Ziel dieser Kennzahlen ist es zu erkennen, ob jemand jederzeit seine Zahlungsverpflichtungen erfüllen kann. Dieses Ziel wird nicht vollständig erreicht, da man keine kurzfristigen Zahlungsverpflichtungen, wie Lohn-, Gehalts-, Miet- oder Steuerzahlungen erkennen kann.

Diese können aber zu Liquiditätsengpässen großen Ausmaßes führen. Gleiche Mängel haften den sogenannten goldenen Bilanzregeln an.

Liquiditätskennzahlen, die Zahlungsverpflichtungen den flüssigen Mitteln gegenüberstellen, haben zum Ziel, die ständige Liquidität des Unternehmens zu gewährleisten. Dabei unterscheidet man i.d.R. drei Liquiditätsgrade:

(8) Liquidität 1. Grades = $\frac{Zahlungsmittel}{kurzfristige\ Verbindlichkeiten} \times 100$

(9) Liquidität 2. Grades = $\frac{monetäres\ Umlaufvermögen}{kurzfristige\ Verbindlichkeiten} \times 100$

(10) Liquidität 3. Grades = $\frac{(kurzfristiges)\ Umlaufvermögen}{kurzfristige\ Verbindlichkeiten} \times 100$

Je höher die ermittelten Prozentsätze der dargestellten Kennzahlen ausfallen, desto günstiger soll die Liquidität sein. Demgegenüber geht eine zu hohe Liquidität zu Lasten der Rentabilität. In den meisten Unternehmen liegt deshalb die kurzfristige Liquidität sehr niedrig, da bei kurzfristigen Liquiditätsengpässen mit Bankkrediten gerechnet werden kann. Für die Liquidität 2. Grades wird 100% gefordert, für die 3. Grades 200 %. Gerade bei externer Analyse stellen die ermittelten Kennzahlen jedoch Vergangenheitswerte dar. Eine weitere Hilfe können die absoluten Kennzahlen Working Capital und Effektivverschuldung sein:

(11) Working Capital = Umlaufvermögen (mit Bindung unter einem Jahr) ./. kurzfristige Verbindlichkeiten

(12) Effektivverschuldung = gesamte Verbindlichkeiten ./. monetäres Umlaufvermögen (mit Bindung unter einem Jahr)

Trotz allgemeiner Kritik lassen sich aus den Bestandskennzahlen wertvolle Daten für Zeit- und Betriebsvergleiche ableiten. Bei Immobilienunternehmen sind Betriebsvergleiche anhand dieser Kennzahlen nur unter Beachtung der unterschiedlichen Tätigkeitsschwerpunkte möglich. Außerdem haben Kennzahlen Bedeutung für die Bilanz- und Finanzplanung, da Kreditinstitute an ihnen vielfach die Kreditwürdigkeit festmachen.

Unternehmen, die mit Immobilien handeln, können m.E. durch die Kennzahlen des Handels erfasst werden, und zwar insbesondere durch Kennzahlen, die der Steuerung des Personaleinsatzes dienen, z.B. Umsatz pro beschäftigte Person. Diese Kennzahl ist ebenso aussagekräftig für die Verkaufsabteilungen von Bauträgerunternehmen und für vermittelnde Unternehmen.

Als eine zusammenfassende Kennzahl, kann der Return On Investment (ROI) angesehen werden.

Definition:
Der **Return on Investment** ist eine Kennzahl zur Ermittlung der Rentabilität von Investitionen und damit zur Analyse der Unternehmensrentabilität. Der ROI ist das Produkt aus Umsatzrentabilität (Verhältnis des Gewinns zum Umsatz) und Kapitalumschlag (Verhältnis von Umsatz zum Kapitaleinsatz) und wird noch näher beschrieben.

Im Personalwesen erfasste Kennzahlen sind besonders wichtig für dienstleistende Unternehmen, da bei ihnen i.d.R. sehr hohe Personalkosten anfallen. Beispiele, die jedoch industrieorientiert sind, sind z.B.:

(13) Auslastungsgrad der Belegschaft = effektive Arbeitsstunden / Normalarbeitsstunden

(14) Fluktuation = Austritt/Personalbestand + Zugänge zu Periodenbeginn.

Kennzahlen können nur gebildet werden für quantitativ erfassbare Größen. Im Personalbereich sind jedoch die qualitativen Größen (z.B. Motivation, Führungsstil) von weitaus größerem Interesse. Diese lassen sich nur eingeschränkt durch die klassischen Kennzahlen erfassen.

Stromgrößenorientierte Kennzahlen

Stromgrößenorientierte Kennzahlen nutzen vor allem die Gewinn- und Verlustrechnung neben der Bilanz als zusätzliche Informationsquelle. Aus der Gewinn- und Verlustrechnung lassen sich insbesondere regelmäßig auftretende Zahlungsverpflichtungen ableiten. Absolute Erfolgs-Kennzahlen sind z.B. Bilanzgewinn, Jahresüberschuss, geschätzter Steuerbilanzgewinn und Cash Flow. Aus diesen Größen können Rentabilitätskennzahlen abgeleitet werden, z.B.:

(15) Eigenkapitalrentabilität (bezogen auf den Jahresüberschuss) $= \frac{Jahresüberschuss}{Eigenkapital} \times 100$

(16) Eigenkapitalrentabilität (bezogen auf den Steuerbilanzgewinn)
$$= \frac{geschätzter\ Steuerbilanzgewinn}{Eigenkapital} \times 100$$

(17) Eigenkapitalrentabilität (bezogen auf den Cash Flow) $= \frac{Cash\ Flow}{Eigenkapital} \times 100$

Ebenso können Gesamtkapitalrentabilitäten errechnet werden:

(18) Gesamtkapitalrentabilität (bezogen auf den Jahresübeschuß)
$$= \frac{Jahresüberschuß + Fremdkapitalzinsen}{Fremdkapital} \times 100$$

(19) Gesamtkapitalrentabilität (bezogen auf den Steuerbilanzgewinn)
$$= \frac{geschätzter\ Steuerbilanzgewinn + Fremdkapitalzinsen}{Gesamtkapital} \times 100$$

(20) Gesamtkapitalrentabilität (bezogen auf den Cash Flow) $= \frac{CashFlow + Fremdkapitalzinsen}{Gesamtkapital} \times 100$

Das Verhältnis von Eigenkapital- und Fremdkapitalrendite wird als Leverage-Faktor bezeichnet. Diese Kennzahl lässt im Zeitvergleich erkennen, ob Veränderungen der Eigenkapitalrendite auf rein finanzwirtschaftliche Faktoren und Maßnahmen zurückzuführen sind, wie die der Relation von Eigen- zu Fremdkapital:

(21) Leverage-Faktor $= \frac{Eigenkapitalrendite}{Femdkapitalrendite} \times 100$

Bei internen Analysen ist es außerdem möglich, die Rentabilität auf das betriebsnotwendige Vermögen oder das betriebsnotwendige Kapital zu beziehen. So ist eine Ursachenanalyse bei Abweichungen vom Branchendurchschnitt oder von vergleichbaren Betrieben möglich.

Die Kennzahlen Return on Investment (ROI) erfasst den Gewinn, Jahresüberschuss oder Cash Flow pro Einheit investierten Kapitals. Die Kennzahl kann für das Unternehmen als Ganzes, aber auch für einzelne Teilbetriebe, Abteilungen oder Profit-Center ermittelt werden.[49] Unter Einbeziehung des Umsatzes hat der ROI folgende Form:

(22) ROI $= \frac{Jahresüberschuß}{Gesamtkapital} \times 100 = \frac{Jahresüberschuß}{Gesamtkapital} \times 100\ \frac{Umsatz}{Gesamtkapital}$

= Umsatzgewinnrate × Kapitalumschlagshäufigkeit

Die dargestellte Aufspaltung des ROI in die Komponenten Umsatzgewinnrate und Kapitalumschlag ermöglicht eine bessere Abweichungsanalyse insbesondere im Branchenvergleich,

---

[49]   Vgl. ausf. zum ROI in der Immobilienwirtschaft: Hellerforth, M., Handbuch, S. 253f.

da die Umsatzgewinnrate angibt, wie viel Gewinn dem Unternehmen durchschnittlich von 100 € Umsatz verbleiben. Die Aufwands- und Kostenstruktur des Unternehmens ist dabei der wesentliche Einflussfaktor. Eine zu geringe Rentabilität kann nämlich durch zu hohe Kosten, aber auch durch zu geringen Kapitalumschlag bedingt sein. Eine noch detailliertere Analyse des ROI ist im Rahmen von Kennzahlen-Systemen möglich.[50]

Zur Analyse können auch Aktivitäts-Kennzahlen verwendet werden. Sie dokumentieren die Ausnutzung des Vermögenspotentials und den Umfang der Investitionstätigkeit. Neben dem Gesamtkapitalumschlag werden u.a. folgende Umsatzrelationen gebildet:

(23) Anlagevermögen bezogen auf den Umsatz $= \frac{Gesamtanlagevermögen}{Umsatz} \times 100$

(24) Umschlagshäufigkeit des Umlaufvermögens $= \frac{Umsatz}{durchschnittlicher\ Grundstücksbestand} \times 100$

Aufgrund des Dienstleistungsschwerpunkts der Immobilienunternehmen haben für sie insbesondere personalwirtschaftliche Kennzahlen eine große Bedeutung. Dies sind z.B.:

(25) $\frac{Umsatz}{gesamte\ Personalkosten}$ oder $\frac{Umsatz}{Anzahl\ der\ Beschäftigten}$

Für die eigenbestandsverwaltenden Unternehmen sind solche (leicht veränderten) Aktivitäts-Kennzahlen relevant, die über ihre Investitions- oder Abschreibungstätigkeit Auskunft geben:

(26) Investitionsquote $= \frac{Nettoinvestitionen\ in\ Sachanlagevermögen}{Buchwert\ der\ Sachanlagen\ am\ Jahresanfang}$

(27) Deckung der Netto-Investitionen $= \frac{Abschreibungen\ auf\ Immobilien}{Zugänge\ zum\ Immobilienvermögen\ (=Nettoinvestitionen)}$

(28) Abschreibungsquote $= \frac{Abscheibungen\ auf\ Immobilien}{Buchwerte\ der\ Immobilien\ am\ Jahresende}$

Die Investitionsquote ist Indikator für den Umfang der Investitionstätigkeit der Unternehmung. Sie kann noch gespalten werden in Neubauinvestitionen und Investitionen in den Bestand (Modernisierungsaufwendungen etc.). Die Deckung der Nettoinvestitionen zeigt, inwieweit die Investitionen aus Abschreibungen finanzierbar waren und ob das Investitionsvolumen die Abschreibungen übertrifft, so dass ein echter Zuwachs neben den erforderlichen Ersatzinvestitionen erreicht worden ist. Entsprechend können bei internen Analysen auch die betriebswirtschaftlichen statt der steuerlichen Abschreibungen eingesetzt werden. Die Abschreibungsquote gibt bei Immobilienunternehmen vor allem Hinweise auf das Alter des Bestandes bzw. die Inanspruchnahme von Sonderabschreibungen oder linearer Abschreibungen.

Besondere Kennzahlen in der Wohnungswirtschaft

Kennzahlen werden insbesondere im Zusammenhang mit der Rentabilitätsrechnung wohnungswirtschaftlicher Investitionen diskutiert. Dabei steht die permanente Sicherung der Rentabilität des eingesetzten Kapitals bzw. die Sicherstellung der jederzeitigen Zahlungsbereitschaft im Vordergrund der Überlegungen. Kennzahlen können aus der Wirtschaftlichkeitsberechnung gem. der II. BV gewonnen werden. Es handelt sich um Verfahren der statischen Investitionsrechnung. Dabei kann die Vorteilhaftigkeit einer Investition nach Riebel

---

[50] Vgl. Hellerforth, M., BWL, S. 79, Hellerforth, M., Handbuch, S. 254.

insbesondere an der Eigenkapitalrentabilität gemessen werden. Diese errechnet sich aus dem Verhältnis des Periodengewinns zum Eigenkapitaleinsatz.

(29) Eigenkapitalrentabilität $= \frac{Periodengewinn}{Eigenkapital} \times 100$.

Bei der Ermittlung des Periodengewinns sind nicht die kalkulatorischen Werte der Vorausbudgetierung einzusetzen, sondern die erwarteten oder tatsächlich eingetretenen, d.h. der aktuelle Verwaltungskostensatz, die tatsächlichen Instandhaltungskosten sowie das objektspezifische Mietausfallwagnis und die Abschreibungen, die der empirischen Nutzungsdauer entsprechen.

Weiterhin wird zu Dispositionszwecken empfohlen, die geldrechnungsmäßige oder wirtschaftliche Rentabilität eines Bauvorhabens zu ermitteln. Die geldrechnungsmäßige Rentabilität ergibt sich durch Substraktion der Kapitalkosten (inklusive Tilgung) und der Instandhaltungs- und Verwaltungskosten von den Mieteinnahmen. Das Ergebnis wird durch die Barmittel geteilt. Die wirtschaftliche Rentabilität erfasst darüber hinaus noch die Abschreibungen, die ebenfalls von den Mieteinnahmen substrahiert werden und neben den Barmitteln auch den Wert des Baugrundstücks.

(30) geldrechenmäßige Rentabilität

$$= \frac{Mieteinnahmen-(Kapitalkosten + Instandhaltung + Verwaltungskosten)}{Barmittel} \times 100$$

(31) wirtschaftliche Rentabilität =

$$\frac{Mieteinnahmen-(Kapitalkosten + Instandhaltung + Verwaltungskosten + Abschreibungen)}{Barmittel + Grudnstückswerte} \times 100$$

Die herkömmliche Wirtschaftlichkeitsberechnung kann insoweit als vereinfachtes Kalkulationsschema zur Rentabilitätsbeurteilung herangezogen werden, wenn man Pauschalsätze durch aktuelle bzw. prognostizierte Werte ersetzt.

Kennzahlen aus der Bilanzanalyse

Die meisten Kennzahlen werden aus der Bilanz gewonnen und zwar nach entsprechender Bilanzaufbereitung. Generell erfolgen eine Finanzanalyse, die horizontale und vertikale Kennzahlen berücksichtigt und eine Analyse der Ertragslage. Horizontale Kennzahlen stellen eine Beziehung zwischen Vermögens- und Kapitalpositionen her (z.B. Anlagendeckung durch langfristige Finanzierungsmittel, Liquiditätsgrade); damit kann beurteilt werden, wie weit der Grundsatz der Fristenentsprechung (goldene Bilanzregel) eingehalten wurde.

Vertikale Kennzahlen sollen Einblicke in die Vermögensstruktur (z.B. Anlagenintensität) und die Kapitalstruktur (z.B. Verschuldungskoeffizient, Eigenkapitalquote) sowie ihre Entwicklung insbesondere auch im Vergleich mit branchentypischen Relationen eröffnen.

Beurteilung von Kennzahlen

Feste Relationen als Normgrößen lassen sich nicht ableiten, da die Möglichkeiten der Finanzdisposition zu vielfältig und der Vermögensaufbau der Unternehmen selbst innerhalb einer Branche zu verschieden sind. Außerdem sind Kennzahlen überwiegend stark bewertungsabhängig (stille Reserven) und von den Zufälligkeiten des Bilanzstichtags geprägt oder gestaltet (window dressing), so dass sie nur vergangenheitsorientierte Aussagen zulassen. Wichtige Veränderungen der Vermögens- und Kapitalstruktur können vertraglich bereits eingeleitet sein, ohne dass sie sich in den Bilanzen und damit den Kennzahlen niederschlagen. Die verbreitete Verwendung in der Praxis ist vor allem darin begründet, dass mit Hilfe der Kennzahlen schlaglichtartig wichtige Beziehungen verdichtet wiedergegeben werden und ihnen eine Signalfunktion zugesprochen wird: Krasse Abweichungen im Zeit- und zwischenbetrieblichen Vergleich gelten als Indikator für die Notwendigkeit weiter gehender Analysen. Neuere Versuche, durch Ordnung und Auswahl der Kennzahlensysteme unter Einsatz der EDV und mathematisch-statistischer Verfahren deren Aussagewert zu steigern, können die Mängel des Ausgangsmaterials kaum überwinden.

Bei finanzwirtschaftlichen Bewegungsbilanzen werden die Vermögens- und Kapitalveränderungen aus den Anfangs- und Schlussbilanzdaten einer Periode als Mittelverwendung und Mittelherkunft dargestellt. Die Einwendungen gegen Kennzahlen treffen auch hier zu. Darüber hinaus kann zu Fehlinterpretationen Anlass geben, dass rein buchmäßige Bewertungsänderungen fälschlicherweise als realer Mittelfluss erscheinen.

Die Gewinn- und Verlustrechnung ist als Gegenüberstellung von Aufwendungen und Erträgen nicht unmittelbar für die Liquiditätsanalyse, die mit Einnahmen und Ausgaben rechnet, geeignet. Es ist daher eine Trennung der einnahme- und ausgabewirksamen Erträge und Aufwendungen vorzunehmen. Der Cash Flow, eine positive Differenz zwischen einnahmegleichen Erträgen und ausgabegleichen Aufwendungen, ist der Zahlungsmittelzufluss der Periode, den die Unternehmung erwirtschaftet hat und der ihr für Investitionen, Tilgungen und Entnahmen zur Verfügung stand. Der Cash Flow ist zwar im Prinzip eine bewertungsunabhängige und damit besonders geeignete Kennzahl, doch bei externen Analysen nur in beschränktem Maße zu ermitteln.

Bei der externen Kapitalflussrechnung wird eine Rekonstruktion der Zahlungsströme aus den Daten der Anfangs- und Schlussbilanz sowie der Gewinn- und Verlustrechnung vorgenommen, soweit dies die Aufgliederung des Jahresabschlusses zulässt. Da sie grundsätzlich alle zur Verfügung stehenden Daten verwendet, ist dieses Instrument für eine Beurteilung der Finanzlage am ehesten geeignet. Jedoch gelten auch hier die für den Cash Flow genannten Einschränkungen.

Bei der Analyse der Ertragslage wird vor allem die Gewinn- und Verlustrechnung benutzt, sofern nicht bei der internen Unternehmensanalyse auf die Daten der Kostenrechnung zurückgegriffen werden kann. Zunächst muss versucht werden, das Unternehmensergebnis in seine Quellen aufzuspalten, insbesondere alle einmaligen, nicht wiederholbaren, außerordentlichen und periodenfremden Aufwendungen und Erträge auszusondern, da für Beurteilung und Prognose der Ertragslage in erster Linie das betriebliche, ordentliche, periodeneigene – nachhaltige – Ergebnis von Bedeutung ist. Neben der Untersuchung der Aufwands- und Ertragsstruktur zum Zweck der Analyse von Ursachen für Ertragsverschiebungen dienen als Maßstab im Zeit- und zwischenbetrieblichen Vergleich insbesondere die Kennzahlen der Rentabilität, indem das jeweilige Ergebnis zu den (ebenfalls bewertungsabhängigen) Größen Gesamtund Eigenkapital oder als Umsatzrentabilität zu den Umsatzerlösen in Beziehung gesetzt wird.

Die beschriebenen Kennzahlen werden als Basis für innerbetriebliches und externes Benchmarking benutzt.

> Definition:
> Der Begriff **„Benchmarking"** kommt aus dem Vermessungswesen und bezeichnet dort einen dauerhaften Referenzpunkt im Gelände.
> Es handelt sich beim Benchmarking in der modernen Unternehmensumwelt, um eine Technik, mit deren Hilfe die eigene Leistung mit der Leistung des Wettbewerbs und zwar möglichst mit dem leitungsfähigsten Wettbewerber im Markt verglichen werden soll. Man spricht in diesem Zusammenhang auch von „best-in-class-Maßstab". Dann wird versucht, die eigene Leistung auf diesen Standard zu bringen, indem man Wettbewerbsnachteile erkennt und gezielt abbaut, indem man notwendige strategische Maßnahmen definiert.

Die Kennzahlen gewinnen im Rahmen der Kreditwürdigkeitsprüfungen der Banken an Gewicht, da an die Einhaltung bestimmter Relationen bzw. Maßgrößen die Kreditentscheidung gebunden wird und auch eine hieran orientierte Kreditüberwachung stattfindet.

3.2.3   Finanzierung näher betrachtet

> Definition:
> Dem Bereich der **Finanzierung** zuzuordnen sind alle Maßnahmen eines Unternehmens, die direkt oder indirekt der Beschaffung oder Rückzahlung von Finanzmitteln dienen bzw. der Versorgung des Unternehmens mit dem Produktionsfaktor „Kapital".[51]

Etwas ausführlicher lässt sich Finanzierung im engeren Sinn definieren als Transferprozess von Eigenkapital und Fremdkapital zwischen Privathaushalten, Institutionellen Investoren, Finanzintermediären, dem Unternehmenssektor, der Öffentlichen Hand und ggf. dem Ausland zur Allokation von Finanzmitteln und zur Produktion von Gütern.[52] Stellt man auf die aus der Finanzierungsentscheidung generierten Zahlungsströme ab, kann man sagen, dass am Anfang eines Finanzierungsvorgangs ein Mittelzufluss in Form einer Einzahlung aus Kreditvalutierung oder aus Eigenkapital steht und dieser im weiteren Zeitablauf bedient wird, so in der Form von Zins- und Tilgungszahlungen bzw. der Eigenkapitalverzinsung. Finanzierung und Investition unterscheiden sich nur durch die Vorzeichen ihrer Zahlungen, d.h. eine Einzahlung bei der Finanzierung entspricht einer Auszahlung bei der Investition und umgekehrt. Dies verdeutlicht Abbildung 3.1 anhand einer Immobilieninvestition.

---

[51]   Vgl. Feucht, M., Finanzierung, S. 94.
[52]   Vgl. Maier, K.W., Risikomanagement, S. 104.

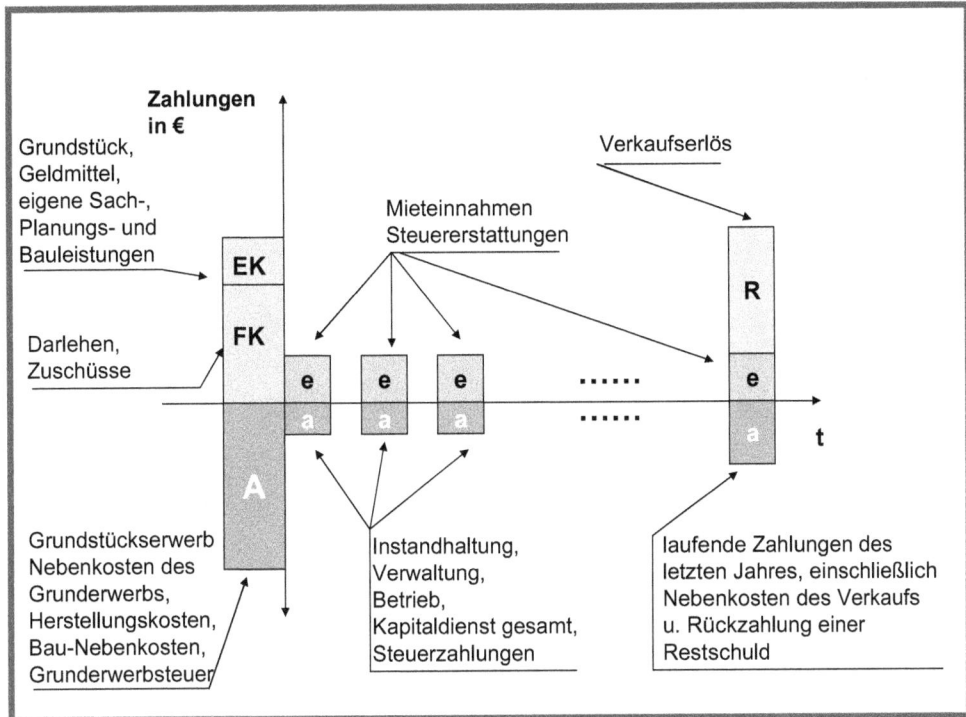

3.1 Typisierte Ein- und Auszahlungen einer Immobilieninvestition[53]

Finanzierungsalternativen sind die Außen- und Innenfinanzierung, wobei sich die erste in Beteiligungsfinanzierung (Eigenfinanzierung) und Kreditfinanzierung (Fremdfinanzierung) unterteilt. Bei der Innenfinanzierung unterscheidet man die Selbstfinanzierung sowie die Finanzierung aus Abschreibungen, Rückstellungen und durch Kapitalfreisetzung. Im Folgenden wird die Kreditfinanzierung wegen ihrer herausragenden Bedeutung in der Immobilienwirtschaft in einem eigenen Kapitel behandelt. Einige diesen Bereichen zuzuordnende Finanzierungsmöglichkeiten werden auch als neue oder moderne Finanzierungsformen bezeichnet. Auch für diese hat sich in den letzten Jahren eine Bedeutungsverschiebung ergeben, weshalb auch ihnen eigene Kapitel gewidmet sind.

---

[53]   Vgl. Schmoll, F. genannt Eisenwerth, Basiswissen, S. 609.

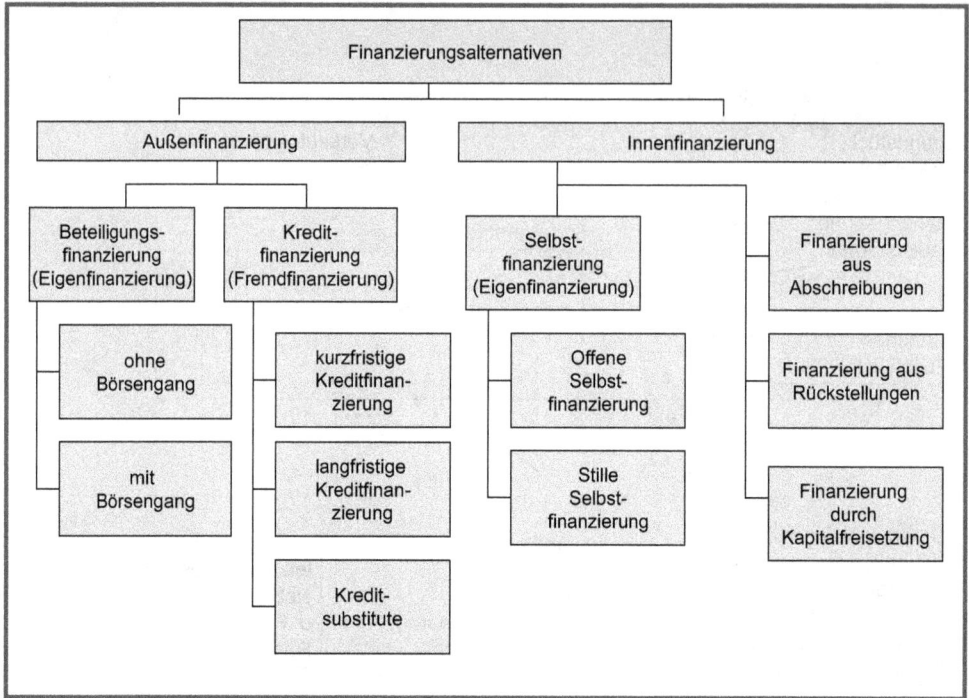

3.2 Formen der Finanzierung

3.3   Innenfinanzierung

3.3.1   Beschreibung

Bei der Innenfinanzierung erfolgt im Gegensatz zur Außenfinanzierung keine Zuführung finanzieller Mittel in speziellen Finanzierungsakten, sondern bisher gebundenes Kapital wird in frei verfügbare Zahlungsmittel bzw. liquide Mittel umgewandelt, wobei die Gewinnkomponente des Umsatzerlöses zur Selbstfinanzierung verwendet wird. Die Innenfinanzierung unterliegt dabei zwei Bedingungen, nämlich, dass der Unternehmung in einer Periode liquide Mittel aus dem normalen Umsatzprozess oder aus außergewöhnlichen Umsätzen zufließen und dass dem Zufluss an liquiden Mitteln in der gleichen Periode kein auszahlungswirksamer Aufwand gegenübersteht. Deshalb gehören reine Bewertungsakte, z.B. das Steigen des Verkehrswertes von Grundstücken, mit der Folge von Neuansätzen in der Bilanz, nicht zur Innenfinanzierung.

Beispiel:
Die Neubewertung von Grundvermögen gemäß IAS/IFRS ist ein reiner Bewertungsakt und stellt insoweit keine Innenfinanzierung dar.

3.3.2 Eigenkapital

Was ist Eigenkapital?

Definition.
Eigenkapital ist das dem Unternehmen von seinen Eignern, Gesellschaftern oder Aktionären grundsätzlich unbefristet zur Verfügung gestellte Kapital. In rechtlicher Hinsicht wird durch die Einlage von Eigenkapital in ein Unternehmen ein Beteilungsverhältnis begründet.[54]

Eigenkapital ist die sicherste Finanzierungsalternative, denn es steht dem Unternehmen am längsten zur Verfügung, es besteht keine Rückzahlungsnotwendigkeit und keine Zinszahlungsverpflichtung. Die Eigenkapitaldecke ist in der Praxis gering; sie beträgt bei Wohnungsunternehmen ca. 20 % bei einem Anlagevermögen, welches rund 80 % der Bilanzsumme ausmacht.[55] Eigenkapital stellt die Basis jeder Immobilienfinanzierung dar, da es Haftungskapital und damit zentraler Maßstab für eine Bonitätsbeurteilung ist. Da Eigenkapitalgeber höhere Risiken tragen als Fremdkapitalgeber und die Eigenfinanzierung – trotz Zinsschranke – steuerlich benachteiligt ist, ist das bei Immobilienfinanzierungen eingesetzte Eigenkapital teurer als das Fremdkapital.[56] Somit besteht zwischen dem Kreditgeber und dem Kreditnehmer ein grundsätzlicher Interessengegensatz. Während der Kreditnehmer vorrangig an der kostengünstigen Deckung seines Kapitalbedarfs interessiert sein muss, d.h eine hohe Fremdkapitalquote anstrebt, hat der Kreditgeber eine Risikobegrenzung durch adäquaten Eigenkapitaleinsatz beim Kreditnehmer zum Ziel.[57]

Eigenkapitalformen
Typische Eigenkapitalformen sind bei Kapitalgesellschaften das Grundkapital einer Aktiengesellschaft und das Stammkapital einer GmbH. Als Sonderform gibt es noch die Einlage des Gesellschafters einer stillen Beteiligung. Bei Kapitalgesellschaften beschränkt sich die Haftung des Gesellschafters auf seine Einlage; bei Personengesellschaften unterliegt auch das Privatvermögen der Haftung, außer bei den Kommanditisten (Teilhaftern) einer Kommanditgesellschaft, bei denen die Haftung auf die Kapitaleinlage beschränkt ist. Komplementäre (Vollhafter) haften wiederum mit ihrem gesamten Privatvermögen.

Rechte und Pflichten des Eigenkapitalgebers
Im Gegensatz zum Fremdkapital begründet Eigenkapital in der Regel auch Mitbestimmungsrechte des Kapitalgebers. Kommanditisten einer Kommanditgesellschaft haben nach § 166 HGB nur Kontrollrechte und ein Widerspruchsrecht bei Handlungen der Geschäftsführung, die über den üblichen Betrieb eines Handelsgewerbes der Gesellschaft hinausgehen (§ 164 HGB). Aktionäre einer Aktiengesellschaft haben als Vertretungsorgan ihre Hauptversammlung, über die sie Aufsichtsratmitglieder bestellen, die über die Verwendung des Bilanzgewinns entscheiden, über die Entlastung von Vorstand und Aufsichtsrat, die Bestellung

---

[54] Vgl. Feucht, M., Eigenkapital, S. 84.
[55] Vgl. Murfeld, E., (Hrsg.), Betriebswirtschaftslehre, S. 576.
[56] Vgl. Maier, K.W., Risikomanagement, S. 115.
[57] Vgl. ebenda.

von Abschluss- und Sonderprüfern, Satzungsänderungen der Gesellschaft, Kapitalbeschaffungs- und Kapitalherabsetzungsmaßnahmen und die Auflösung der Gesellschaft.

Eigenkapitalgeber haben – im Gegensatz zu Fremdkapitalgebern - keinen festen Vergütungsanspruch, sondern sind am Unternehmenserfolg beteiligt. Dabei ist die Gewinnverteilung rechtsformabhängig unterschiedlich geregelt:

- Bei der offenen Handelsgesellschaft sowie der Kommanditgesellschaft werden bei Gewinn in entsprechender Höhe, wenn keine abweichenden Vereinbarungen getroffen sind, 4 % des eingelegten Kapitals gutgeschrieben. Ein eventuell verbleibender Gewinn wird zu gleichen Teilen unter den verbleibenden Anteilseignern aufgeteilt.
- Bei einer Gesellschaft mit beschränkter Haftung erfolgt die Gewinnverteilung nach Geschäftsanteilen soweit keine abweichenden vertraglichen Regelungen bestehen, die aber den Regelfall darstellen.
- Aktiengesellschaften bezahlen pro Aktie eine Dividende.

Eigenkapitalkosten und Eigenkapitalrentabilität

Definition:
Eigenkapitalkosten stehen für die Rendite, die vom Unternehmen mit dem eingesetzten Eigenkapital langfristig erwirtschaftet werden muss, um die Anforderungen der Eigenkapitalgeber zu befriedigen.

Eigenkapitalrentabilität wird auch als Eigenkapitalrendite bezeichnet und ist eine Kennzahl, die den Eigenkapitalgebern des Unternehmens signalisiert, ob das eingesetzte Kapital eine angemessene Verzinsung erwirtschaftet.

Die Eigenkapitalrentabilität errechnet sich nach folgender Formel:

$$R_{EK} \text{ (in Prozent)} = \frac{Gewinn}{EK} \times 100$$

3.3 Eigenkapitalrentabilität

Die Eigenkapitalrentabilität stellt damit das Verhältnis einer Gewinngröße zum Buchwert des eingesetzten Eigenkapitals dar. Um die Stichtagsbezogenheit der Größe „Eigenkapital" zu überwinden, wird manchmal auch das arithmetische Mittel zweier aufeinander folgender Bilanzstichtage als Bezugsgröße verwendet.

$$R_{EK} \text{ (in Prozent)} = \frac{Gewinn}{\frac{1}{2} \times (EK_0 + EK_1)} \times 100$$

3.4 Eigenkapitalrentabilität 2

Rentabilitätskennzahlen sind allgemein das Verhältnis einer Erfolgsgröße zu einer Bezugsgröße. Die Eigenkapitalrentabilität eines Unternehmens ist sehr eng mit seinem Verschuldungsgrad bzw. seiner Finanzierungsstruktur verbunden. Dies fasst man in den Leverage-Effekt, der besagt, dass bei gleich bleibender Gesamtkapitalrentabilität die Eigenkapitalrentabilität mit zunehmenden Verschuldungsgrad steigt.[58]

3.3.3 Finanzierung aus Abschreibungen, aus Rückstellungen und durch Kapitalfreisetzung

Zur Innenfinanzierung gehört auch die Finanzierung aus Abschreibungen, aus Rückstellungen und durch Kapitalfreisetzung. Bezüglich der Finanzierung aus Kapitalrücklagen hat die Aktiengesellschaft die größten Möglichkeiten. Dagegen sind für die GmbH z.B. nur Kapitalrücklagen und Rücklagen für eigene Anteile zwingend vorgeschrieben.

Die Finanzierung aus Abschreibungen hat insbesondere Bedeutung für Immobilienunternehmen, die eigene Bestände verwalten und entsprechend lineare oder Sonder-Abschreibungen gem. § 7 EStG haben. Ohne den Automatismus, den der Kapitalfreisetzungs- bzw. der Kapazitätserweiterungseffekt beinhaltet, auf immobilienwirtschaftliche Investitionen übertragen zu wollen, zeigt sich eine Kumulation der Abschreibungspotentiale bei bestandsverwaltenden Großunternehmen.

Die Kapitalausstattung der Unternehmen ist demnach abhängig von den Finanzierungsmöglichkeiten, die wiederum eng mit der Bonität des Unternehmens und seiner Rechtsform verbunden sind.

3.3.4 Außenfinanzierung

Bei der Außenfinanzierung unterscheidet man die Beteiligungs- oder Eigenfinanzierung sowie die Kredit- oder Fremdfinanzierung.

Die Beteiligungsfinanzierung ist rechtsformabhängig und zu ihr zählen alle Formen der Eigenkapitalbeschaffung durch Kapitaleinlagen von bereits vorhandenen oder neu hinzutretenden Gesellschaftern. Die Möglichkeiten der Beteiligungsfinanzierung sind je nach Rechtsform des Unternehmens unterschiedlich gestaffelt.

Der Einzelunternehmer hat nur die Möglichkeit geringerer Gewinnentnahmen oder der Aufnahme stiller Gesellschafter (§§ 230–237 HGB). Deshalb ist eine systematische Erweiterung der Eigenkapitalbasis durch Selbstfinanzierung meist schwierig, weil die private Lebenshaltung und die Möglichkeiten der Umsatz- und Gewinnerzielung nur selten Kontinuität aufweisen.

Bei der OHG bestehen durch Aufnahme neuer Gesellschafter zusätzliche Möglichkeiten der Erweiterung der Eigenkapital- und damit der Halftungsbasis ohne Rechtsformänderung. Wegen des Vertrauensverhältnisses der Gesellschafter untereinander und im Interesse einer vernünftigen Aufteilung der Unternehmensfunktionen, z.B. der Leitungsbefugnis, ist eine unbeschränkte Aufnahme neuer Gesellschafter nicht möglich.

Unter Finanzierungsgesichtspunkten stellt die KG eine Erweiterung der OHG in Richtung Kapitalgesellschaft dar und eignet sich für kapitalintensivere Betriebe wie Unternehmen, die

---

[58] Vgl. Feucht, M., Eigenkapitalrentabilität, S. 87.

eigene Bestände verwalten oder im Bauträgergeschäft tätig sind. Es bestehen für die Aufnahme von Kommanditisten günstige Voraussetzungen, wobei KG-Anteilen als reiner Kapitalanlage die Nachteile schwerer Realisierbarkeit bzw. fehlender Sicherheit und Fungibilität entgegenstehen.

Die GmbH & Co. KG hat eine juristische Person als Komplementär und stellt den Übergang zur Kapitalgesellschaft dar. Eine Eigenkapitalaufnahme wird bei der GmbH durch Haftungsbeschränkungen erleichtert. Aufgrund der geringen Mindeststammeinlage pro Gesellschafter ist der Kreis potenzieller Gesellschafter groß. Es besteht aber kein organisierter Markt für den Kauf und Verkauf von GmbH-Anteilen, da es sich nicht um verbriefte Wertpapiere handelt. Hinzu kommt, dass es keine Gründungsprüfung gibt. Zudem kann die Ausgabe von Anteilen sowie die Anteilsübernahme durch Gesellschaftervertrag erschwert sein bzw. sogar unmöglich werden. Aus diesen Gründen ist eine Kapitalzuführung durch die bisherigen Gesellschafter bei der Rechtsform der GmbH die Regel.

Die besten Möglichkeiten der zusätzlichen Eigenkapitalaufnahme ergeben sich für die Rechtsform der AG. Die Stückelung, Haftung und Ausgestaltung der einzelnen Aktien bezüglich des Gewinnanteils und des Stimmrechts, die Existenz von Sekundärmärkten für Eigen- und Fremdkapital sowie die Trennung von Eigentum und Verfügungsmacht bzw. Leitung ermöglichen Unternehmen in der Rechtsform der AG, die Finanzierungspalette beinahe vollständig zu nutzen.

Die Überlegungen des Verhaltens von Unternehmen auf vollkommenen Kapitalmärkten führen unter Aufhebung der strengen Annahmen der Kapitalmarkttheorie zu dem Ergebnis, dass Anleger, die KG-Einlagen besitzen, stille Gesellschafter und Eigner von GmbH-Anteilen hohe Kosten der Informationsbeschaffung und -verarbeitung sowie im Vergleich zur Aktie sehr hohe Veräußerungskosten haben. Die Kosten der Kontrolle der Unternehmensleitung („Agency-Costs") werden nicht durch Kontrollinstanzen reduziert, woraus sich das „Lemon-Problem" ergibt, d.h., es besteht eine Informationsasymmetrie zwischen Unternehmensleitung und Investoren, welches die besser informierte Unternehmensleitung zu einem sogenannten „moral-hazard"-Verhalten ausnutzen kann, indem sie gezielt Falschinformationen gibt bzw. den Gewinn manipuliert. Aus diesem Grund sind die Kosten der Eigenfinanzierung dieser Unternehmen i.d.R. höher als die der Eigenfinanzierung von AGs, selbst bei gleichen Risikocharakteristika. GmbHs haben z.B. die Möglichkeit, sich einer größeren Publizität zu unterwerfen, als dies gesetzlich notwendig ist, oder einen Verwaltungsrat einzusetzen, um die Möglichkeiten der Eigenfinanzierung zu verbessern.

4   Fremdfinanzierung in der Immobilienwirtschaft

4.1   Einführung

> Definition:
> Als **Fremdfinanzierung** bezeichnet man alle Finanzierungsmaßnahmen, die der Beschaffung von Fremdkapital dienen, welches dem Unternehmen zeitlich befristet zur Verfügung steht. Als Kapitalgeber treten Kreditinstitute, Kunden, Versicherungen und andere Unternehmen oder Privatpersonen auf. Die Fremdfinanzierung gehört grundsätzlich zur Außenfinanzierung.[59]

Nach der Festlegung zukünftiger unternehmerischer Ziele und einem daraus resultierenden Kapitalbedarf muss ein Immobilienunternehmen versuchen, diesen Kapitalbedarf zu decken. Dies kann grundsätzlich auf zwei Arten erfolgen, nämlich durch den Einsatz eigener (**Eigenfinanzierung**) oder fremder Mitteln (**Fremdfinanzierung**). Der Finanzierungsbedarf z.B. eines Jahres setzt sich zusammen aus:[60]

- den Beträgen für die Bruttoinvestitionen, z.B. Kauf eines Grundstücks, Bebauung eines anderen Grundstücks, Sanierung einer Wohnimmobilie und
- den laufenden Verpflichtungen, z.B. Löhne und Gehälter, Strom, Steuern, Reparaturen, Zins- und Tilgungsleistungen.

Bei den finanziellen Verpflichtungen kann zudem zwischen zwingenden laufenden Verpflichtungen und verschiebbaren Maßnahmen (Kauf eines Vorratsgrundstücks, Beginn einer Modernisierung) unterschieden werden.

Der Eigenfinanzierungsanteil am gesamten Finanzierungsvolumen eines Investors wird durch das verfügbare Eigenkapital begrenzt. Das Fremdfinanzierungsvolumen ergibt sich dann aus folgender Gleichung:

> Fremdfinanzierungsvolumen = Gesamtfinanzierungsvolumen – Eigenfinanzierungsvolumen

---

[59]   Vgl. Feucht, M., Fremdfinanzierung, S. 105.
[60]   Vgl. Hellerforth, M., BWL, S. 118.

Alle Finanzierungsmaßnahmen haben zum Ziel, dafür zu sorgen, dass jederzeit für die zwingenden Verpflichtungen genügend Geld vorhanden ist und zwar unter Beachtung der **Fristenkongruenz**.[61]

> Definition:
> Der Grundsatz der **Fristenkongruenz** besagt, dass die Laufzeit der Eigen- oder Fremd-Finanzierung der angenommenen Lebens- oder Haltedauer des Investitionsguts anzupassen ist. Dies korrespondiert mit der **goldenen Bankregel**, derzufolge eine Investition im Anlagevermögen mit langfristigem Kapital finanziert sein sollte, mit anderen Worten:
> (Eigenkapital + langfristiges Fremdkapital) / Anlagevermögen > 1

> Definition:
> **Fremdkapital** sind alle Schulden eines Unternehmens, die sich aus den Maßnahmen der Fremdfinanzierung ergeben. Das Fremdkapital eines Unternehmens steht – wie auch das Eigenkapital – auf der Passivseite der Bilanz und hat die Aufgabe, das Unternehmen zu finanzieren.[62]

Fremdkapital steht dem Unternehmen nur zeitlich begrenzt zur Verfügung, weshalb die Kreditlaufzeit der voraussichtlichen Investitionsdauer angepasst werden sollte, um nur so lange wie notwendig Zinszahlungen zu leisten und auf der anderen Seite Vorfälligkeitsentschädigungen zu vermeiden. Aus den Erträgen der getätigten Investition sollte das Darlehen bedient und zurückgezahlt werden. Im Falle einer Rezession ist es von Vorteil, wenn auch ein Teil des Umlaufvermögens durch langfristige Mittel gedeckt ist.

Aufgrund des hohen Investitionsvolumens bei Immobilien wurden lange Zeit Abweichungen der Immobilienunternehmen von der goldenen Bankregel geduldet. Gerade die Bauträgerfinanzierung wird jedoch – nicht nur vor dem Hintergrund von Basel II – an mehr Bedingungen geknüpft als dies vor einigen Jahren der Fall war.

In Abhängigkeit von der Anzahl der finanzierten Objekte unterscheidet man:

- die Einzelobjektfinanzierung und
- die Portfoliofinanzierung.

Bei der **Einzelfinanzierung** ist noch eine Unterteilung in die Baufinanzierung und die Bestandsfinanzierung möglich, Portfoliofinanzierungen während der Bauphase sind unüblich.[63]

Die **Baufinanzierung**, auch Projektfinanzierung genannt, setzt in einer frühen Phase der Wertschöpfungskette von Immobilien an.[64] Die Finanzierung spiegelt die Unsicherheiten in Bezug auf die geplante Wertrealisierung wider.

---

[61] Vgl. h.u.i.F.: Hellerforth, M., BWL, S. 119ff.

[62] Vgl. Feucht, M., Fremdkapital, S. 106.

[63] Vgl. Vest, M., Immobilienfinanzierung, S. 342.

[64] Vgl. Kapitel 5 zur Bauträgerfinanzierung.

Die Finanzierungsbereitschaft hängt von der Wahrscheinlichkeit des Projekterfolgs ab, weshalb sowohl Baufortschrittsnachweise als auch Nachweise der weiteren Verkäufe gefordert werden. Die Inanspruchnahme der Bauphasenfinanzierung ist dann von den Wertschöpfungsnachweisen abhängig. Diese gehören zu den Vertragsauflagen. Ebenso gibt es Verhaltensauflagen wie z.B. Beschränkung der Geschäftstätigkeit oder Zustimmungspflicht beim Abschluss von Mietverträgen. Ziel ist es, den Vertragsparteien deutlich zu machen, dass bei Missachtung dieser Parameter vertragliche Konsequenzen eintreten. Diese Konsequenzen können von einer Veränderung der Marge, der Tilgung, Einfordern von Sondertilgungen bis zum außerordentlichen Kündigungsrecht der Kreditgeber reichen.[65]

Bei der **Bestandsfinanzierung** liegt die Besonderheit darin, dass die Immobilie durch permanente Reduzierung der wirtschaftlichen Restnutzungsdauer häufig korrespondierend mit niedrigen Mieterträgen an Wert verliert. Positive Effekte können durch Modernisierung oder Sanierung erzielt werden. Deshalb wird bei diesen Krediten auch eine permanente Tilgung verlangt.

Die Anforderungen an die Objektfinanzierung sind im Immobilienbereich abhängig von:

- der Art und dem Volumen des zu finanzierenden Objekts
- den persönlichen und rechtlichen Verhältnissen des Kreditnehmers
- der Lebens- und Nutzungsdauer des Objekts bzw.
- weiteren Objektspezifika.

4.2   Fremdkapitalkosten

Definition:
Fremdkapitalkosten sind die gesamten Kosten, die einem Unternehmen innerhalb eines bestimmten Betrachtungszeitraums für das Fremdkapital entstehen.

Für die Berechnung der Kapitalkosten wird häufig der Weighted Average Cost of Capital-Ansatz (WACC) angesetzt, wofür man die Fremdkapitalkosten als Prozentsatz (r_{FK}) des gebundenen Kapitals benötigt. Dies ist der gewichtete Durchschnittssatz der Zinssätze aller Fremdfinanzierungsinstrumente im Unternehmen.

---

[65]   Vgl. Vest, M., Immobilienfinanzierung, S. 351.

Die Fremdkapitalkosten eines Unternehmens errechnen sich folgendermaßen:

$$r_{FK} = \sum_{i=1}^{n} \frac{FK_i}{FK} \times r_i$$

$$= \sum_{i=1}^{n} (g_i \times r_i)$$

mit:

FK_i = Buchwert des Fremdkapitals einer Kategorie i

r_i = Durchschnittszinssatz dieser Kategorie

g_i = prozentuales Gewicht der Fremdkapitalklasse i

Näherungsformel zur Berechnung der Fremdkapitalkosten eines Unternehmens:

$$r_{FK} = \frac{\text{Zinsaufwand der Periode}}{\frac{1}{2} \times (\text{Fremdkapital}_0 + \text{Fremdkapital}_1)}$$

4.1 Fremdkapitalkosten

Die derart ermittelten Fremdkapitalkosten berücksichtigen nicht, dass Zinsen das Jahreser-gebnis und damit die Steuerlast des Unternehmens vermindern. Soll diesem Umstand Rech-nung getragen werden, so muss der eingesetzte Kalkulationszins die Kapitalkosten nach Steuern abbilden, was dadurch geschieht, dass man die Fremdkapitalkosten um den Grenz-steuersatz (s) des Unternehmens korrigiert,[66] wobei die Zinsschranke zu beachten ist.

$$r_{FKs} = r_{FK} \times (1 - s)$$

4.2 Korrektur der Fremdkapitalkosten um den Grenzsteuersatz

---

[66]   Vgl. Feucht, M., Fremdkapitalkosten, S. 107.

4.3   Formen der Fremdfinanzierung

Häufig wird im Bereich der Finanzierung zwischen der alten und der neuen Finanzierungswelt unterschieden. Diese grundsätzliche Einteilung gibt die Abbildung 4.3 wieder.

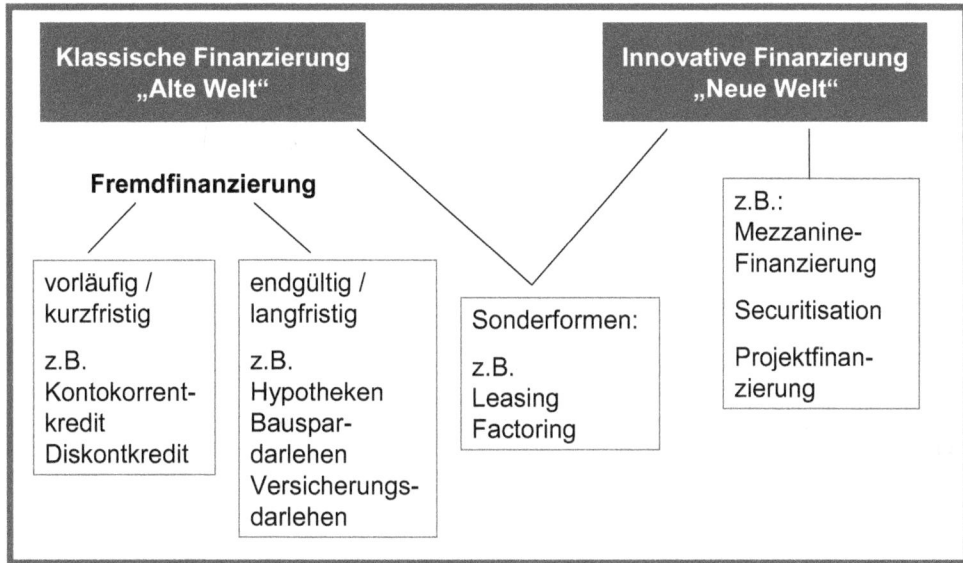

4.3 Alte und neue Finanzierungswelt

Es gibt eine Vielzahl von Finanzierungsalternativen zur Abdeckung der Finanzierungslücke
zwischen Eigenkapital und geplanter Investitionssumme. Neben den traditionellen Instrumenten werden innovative und flexible Finanzierungsalternativen immer wichtiger. Die
Auswahl des richtigen Finanzierungskonzepts ist einer der bedeutenden Erfolgsfaktoren
einer Immobilieninvestition. Aufgrund unterschiedlicher Anbietergruppen und vielfältigen
Ausgestaltungsmöglichkeiten haben sich verschiedene Arten der Fremdfinanzierung herausgebildet.

Weitere Einteilungskriterien für Finanzierungen sind ihre Fristigkeit, die Art des Mittelein-
satzes, die Art ihrer Bereitstellung, ihre Kosten und ihre Besicherung. Einen ersten Überblick
gibt die Abbildung 4.4.

Merkmal	Einteilungs-gesichtspunkt	Kennzeichnung	Beispiele
Fristigkeit	kurzfristig mittelfristig langfristig	Laufzeit bis zu einem Jahr Laufzeit von einem bis 5 Jahre Laufzeit über 5 Jahre	Kontokorrentkredit Ratenkredit Realkredit
Art des Mit-teleinsatzes	Barkredit Kreditleihe weitergeleitete Kredite Sonderformen	Zurverfügungstellung von: Bar- oder Buchgeld der eigenen Kreditwürdigkeit Kredite für fremde Rechnung Vermietung Ankauf von Forderungen	Kontokorrent-, Dispositionskredit Avalkredit Treuhandkredit Leasing, Factoring
Art der Bereit-stellung	Darlehen	Bereitstellung des Kreditbetrags in einer Summe, Rückzahlung in Raten oder in einer Summe Bereitstellung als Kreditlinie bis zu der über das Konto verfügt werden kann	Ratenkredit, Realkredit Dispositionskredit
Art der Besiche-rung		ohne besondere vereinbarte Sicherheiten mit vereinbarten Personen- oder Sachsicherheiten	Dispositionskredit Kontokorrentkredit gegen Stellung einer Bürgschaft

4.4 Fremdfinanzierungsarten im Überblick[67]

Für die hier nur betrachtete – immobilientypische – Fremdfinanzierung sind vor allem bedeutsam:

- Realkredite
- Bausparen, welches die Finanzierung der potenziellen Erwerber von Immobilien betrifft, nicht aber die Unternehmensfinanzierung
- Versicherungsdarlehen, klassisch oder fondsgebunden
- Öffentliche Darlehen, vor allem im Bereich des Wohnungsbaus
- Fremdwährungsdarlehen bei internationalen Finanzierungen und
- Kreditsubstitute, in Ausnahmefällen auch
- Kontokorrentkredite.

4.4 Abwicklung der Kreditvergabe aus der Sicht eines Kreditinstituts oder: was hat der Schuldner zu beachten?

4.4.1 Generelle Anmerkungen der Kreditvergabe für unterschiedliche Rechtsformen

Bei der Kreditfinanzierung, die für die meisten Unternehmen der Immobilienwirtschaft eine große Rolle spielt, sind die Kreditfähigkeit und die persönliche sowie die wirtschaftliche Kreditwürdigkeit entscheidend.

---

[67]   Vgl. Gondring, H., Immobilienwirtschaft, S. 690.

Traditionelle Formen der Kreditfinanzierung sind langfristige Kreditformen wie Schuldverschreibungen (Anleihen und Obligationen), Schuldscheindarlehen (Industrieobligationen), langfristige Bankkredite, die i.d.R. durch Hypotheken und Grundschulden gesichert sind, und langfristige Darlehen nicht-institutioneller Kreditgeber (z.B. Gesellschafterdarlehen). Die Ausgabe von Anleihen ist den emissionsfähigen Unternehmen vorbehalten. Bei den Schuldscheindarlehen ist der Kreis der Kreditsuchenden, die diese Möglichkeit nutzen können, zwar größer als bei der Anleihe, es verbleibt aber eine Vielzahl gerade wohnungswirtschaftlicher Unternehmen, denen auch diese Finanzierungsform verschlossen ist, z.B. wegen der Höhe der erforderlichen Beträge, aber auch wegen den Anforderungen an die Bonität und Bedeutung des Unternehmens, so dass sie auf langfristige Bankkredite angewiesen sind.

Dergestalt behindern bei den Einzelunternehmen mangelnde Vorschriften zur Kapitalerhaltung und der unsichere Unternehmensfortbestand die Möglichkeiten der systematischen Eigenkapitalentwicklung und daraus resultierend auch die der langfristigen Fremdfinanzierung. Abhilfe kann durch Bereitstellung von Bürgschaften durch Außenstehende oder durch Sicherheiten aus dem Privatvermögen geschaffen werden. Bei der OHG kann die Haftungsbasis wegen der unsicheren Fristigkeit des Eigenkapitals schwanken. Die KG hat i.d.R. eine breitere Eigenkapitalbasis; zudem wird die Kommanditeinlage in das Handelsregister eingetragen, so dass eine größere Sicherheit für die Gläubiger besteht. Die Rechtsform der GmbH & Co. KG hat die Bonitätsnachteile der beschränkten Haftung, weshalb es für die Fremdfinanzierung wichtig ist, dies durch die Höhe des Gesellschaftskapitals auszugleichen, zumal diese nach außen ersichtlich ist. Für die GmbH sind die Fremdfinanzierungsmöglichkeiten trotz des fixen Stammkapitals, welches jedoch meist relativ gering ist, begrenzt. Aufgrund schlechter Erhöhungsmöglichkeiten ist die Kreditwürdigkeit deshalb oft eingeschränkt. Außerdem erfolgt keine Gründungsprüfung, so dass nicht gewährleistet ist, dass das Vermögen dem Stammkapital entspricht. Die geringen Publizitätsvorschriften sind hemmend, weshalb eine Erweiterung der Haftungsbasis meist durch Gesellschafterdarlehen und Bürgschaften erfolgt. Die GmbH könnte durch das Gesetz zur Modernisierung des GmbH-Rechts und zur Bekämpfung von Missbräuchen (MoMiG) vor allem wegen der Herabsetzung des Stammkapitals auf 10.000 Euro oder beim Namenszusatz „Unternehmergesellschaft haftungsbeschränkt" auch für kleine und mittlere Unternehmen an Attraktivität gewinnen. Das MoMiG soll schon in 2008 in Kraft treten. Für die AG spielt neben den klaren Haftungsverhältnissen die strenge Publizitätspflicht für die Kreditwürdigkeit eine große Rolle. Rechtsformbedingt ist nur die AG in der Lage, Wandelschuld- und Optionsschuldverschreibungen auszugeben. Zudem werden die Fremdfinanzierungsmöglichkeiten der AG begünstigt durch die umfangreichen Sicherungen des Gläubigerkapitals, im Einzelnen durch die Vorschriften des Aktiengesetzes bezüglich Mindesteigenkapital, Rücklagenbildung, Gewinnermittlung und die Einflusslosigkeit eines Gesellschafterwechsels auf das Gesellschaftskapital. Auch das Instrument des Schuldscheindarlehens ist fast ausschließlich der AG vorbehalten.

In diesem Zusammenhang spricht man auch von der „Kreditklemme" der meisten Unternehmen, insbesondere kleiner und mittelgroßer Unternehmen.

Bei der Kreditvergabe an Personengesellschaften entstehen der Bank höhere Kontroll- und Informationskosten als bei Kapitalgesellschaften. Diese können durch die Gewährung von Sicherheiten reduziert werden. Deshalb schneidet die Fremdfinanzierung im Vergleich zur Eigenfinanzierung bei Nicht-Aktiengesellschaften relativ günstig ab. Wenn unbeschränkte Haftung besteht, werden die Fremdfinanzierungsmöglichkeiten weiterhin verbessert.

Außer den genannten langfristigen Möglichkeiten der Kapitalausstattung gibt es auch kurzfristige Kreditformen, die für die Unternehmen der Immobilienwirtschaft Bedeutung haben, insbesondere zum Grundstücksankauf oder zur Vorfinanzierung, vor Baubeginn oder vor einer endgültigen Kreditzusage.

4.4.2   Der Darlehensvertrag

Durch einen Darlehensvertrag verpflichtet sich ein Gläubiger (die Bank) gegenüber einem Schuldner einen bestimmten Kreditbetrag zur Verfügung zu stellen. Dem Schuldner obliegt die Verpflichtung den Betrag zum vereinbarten Termin zurückzuzahlen und über die Laufzeit einen Zins zu zahlen. Dabei ist die Schriftform gemäß § 492 BGB nur für Verbraucherdarlehen zwingend vorgeschrieben, in der Praxis wird jedoch im Grunde jeder Darlehensvertrag schriftlich abgeschlossen. Er kommt gemäß der Konsensonalvertragstheorie durch Angebot und Annahme zustande. Üblich ist die Abgabe des Angebots durch den Kreditnehmer, in der Regel auf standardisierten Vordrucken der Bank. Die Bank erklärt dann die Annahme, wenn alle Voraussetzungen erfüllt sind, so insbesondere die Bestellung vereinbarter Grundpfandrechte. Aufgrund der Volatilität von Zinssätzen enthält das Angebot meist eine Klausel, dass der Zinssatz angepasst werden kann, wenn sich zwischen der Angebotsabgabe und der Annahme durch die Bank das allgemeine Zinsniveau verändert.

Mindestelemente des Darlehensvertrags sind:[68]

- die Vertragspartner
- der Darlehensbetrag
- der Nominalzinssatz
- der Gesamtbetrag aller Zins- und Tilgungszahlungen
- Gebühren sowie
- bei Verbraucherkrediten die Angabe eines vom Nominalzinssatz abweichenden Effektivzinses.

Des Weiteren wird in der Regel ein Verwendungszweck vereinbart, damit eine zweckwidrige Verwendung ausgeschlossen ist bzw. einen außerordentlichen Kündigungsgrund darstellt.

4.4.3   Kreditwürdigkeit

Bevor es zu einer Entscheidung über eine Kreditvergabe kommt, prüft der Kreditgeber die Kreditwürdigkeit des Schuldners. Gerade im Firmenkundengeschäft steht dahinter die Idee, dass die wirtschaftliche Situation des Kreditnehmers gewährleisten soll, dass gewährte oder neu zu gewährende Kredit störungsfrei bis zum Ablauf der Kreditbefristung entsprechend den Vereinbarungen zurückgezahlt werden können.[69] Die Kreditwürdigkeitsprüfung kann sich erstrecken auf:[70]

- die Kreditfähigkeit, die die rechtliche Fähigkeit beschreibt, Kreditnehmer zu sein
- die persönliche Kreditwürdigkeit, die abhängig von der persönlichen Vertrauenswürdigkeit des Kreditnehmers ist und

---

[68]   Vgl. Schmoll, F. genannt Eisenwerth, Basiswissen, S. 648.

[69]   Vgl. Gablers-Wirtschaftslexikon, Bd. 3, S. 1806.

[70]   Vgl. Perridon, L.; Steiner, M., Finanzwirtschaft (2002), S. 386.

- die wirtschaftliche Kreditwürdigkeit, deren Anknüpfungspunkt die Ertragskraft und die Qualität der Sicherheiten des Kreditnehmers ist.

Die persönliche Kreditfähigkeit wird vor allem nach dem Verhalten des Kreditnehmers in der Vergangenheit beurteilt. Sie ist neben den Eigenschaften einer Immobilie selbst von ausschlaggebender Bedeutung für eine Kreditvergabe.[71] Auskünfte von Banken oder anderen Informationsstellen bilden hier die Basis. Die Beurteilung des Managements erfolgt dabei nicht schematisch oder statistisch. Es werden überprüft: Alter, Belastbarkeit, Gesundheit, fachliche Kompetenz sowie persönliche Integrität der Inhaber oder Geschäftsführer des Unternehmens und die bisher im Verlauf der Geschäftsverbindung gemachten Erfahrungen. Weitere bedeutsame Faktoren sind das Betriebsklima im Unternehmen, das u.a. an der Fluktuationsrate festgemacht wird, sowie reibungslose organisatorische Abläufe, vor allem im Rechnungswesen und Controlling. Bei auf Unternehmerpersönlichkeiten abgestellte Unternehmen müssen zudem Nachfolgeprobleme erkennbar geregelt sein.[72]

Die wirtschaftliche Kreditfähigkeit fundiert auf Bilanzanalysen und es werden die Kreditsicherheiten genauestens überprüft. Bei einer Bilanzanalyse werden vor allem die Vermögensstruktur, die Kapitalstruktur und die horizontale Bilanzstruktur sowie die künftige Ertragslage überprüft. Bei der horizontalen Bilanzstruktur geht es vor allem um Finanzierungsregeln und Liquiditätsgrade.[73] Die vorgelegten Jahresabschlüsse, Zwischenzahlen und Pläne werden hinsichtlich positiver oder negativer Veränderungen untersucht, um ein möglichst realistisches Bild der voraussichtlichen Geschäftsentwicklung des Kreditkunden in den nächsten Jahren zu bekommen. Dabei geht es um die Hauptkriterien: Rentabilität, Kapitalverhältnisse und Liquidität vor dem Hintergrund der Branchenentwicklung.

Eine dynamische Kreditwürdigkeitsprüfung umfasst eine Abstellung auf die Ertragskraft des Kreditnehmers und entfernt sich insoweit von der Fokussierung auf Kreditsicherheiten. Die Ertragskraft wird anhand der Prognoseinstrumente des Unternehmens bewertet, also mit Hilfe von Planbilanzen, Gewinn- und Verlustrechnungen, Liquiditätsprognosen, Cash-Flow-Prognosen oder prospektiven Kapitalflussrechnungen. Typische Unterlagen, die der Prüfung der Kreditwürdigkeit dienen und damit dem Kreditantrag beizufügen sind, sind:[74]

- die letzten Jahresbilanzen
- Erläuterungen zu den letzten Jahresbilanzen, Erfolgsrechnungen und zwar testiert und unterschrieben
- Kreditstatus, d.h. bei welchen anderen Kreditinstituten sind Kreditverträge abgeschlossen, gegen welche Sicherheiten
- Zwischenbilanz zum Zeitpunkt des Antrags
- Prüfungsberichte von Wirtschaftsprüfern oder anderen Sachverständigen soweit vorhanden
- Registerauszüge, so aus dem Kataster, Grundbuch und Handelsregister
- Zahlen und Prognosen über Umsatzentwicklung, Unternehmenspläne, Investitionsabsichten

---

[71] Vgl. Paschedag, H., Hypothekenfinanzierung, S. 86.
[72] Vgl. Gablers-Wirtschaftslexikon, Bd. 3, S. 1806.
[73] Vgl. ausf. zu den Kennzahlen Kapitel 3.2.2.
[74] Vgl. Perridon, L.; Steiner, M., Finanzwirtschaft (2002), S. 386.

- eine Finanzplanung für die Kreditlaufzeit, zumindest für die Zinsfestschreibungsfrist bzw. bis zur ersten Kündigungsmöglichkeit
- ein Verzeichnis über die zur Verfügung stehenden Sicherheiten
- Wertermittlungen der Immobilien, soweit vorhanden und
- Vermögensaufstellungen über die Immobilien.

Die Bonität des Objekts wird vor allem festgemacht an dessen Werthaltigkeit und Kapitaldienstfähigkeit. Zunächst muss der Wert der Immobilie die Kreditsumme übersteigen. Die Marktgängigkeit der Immobilie wird häufig zusätzlich anhand von Markt- und Standortgutachten analysiert. Vor allem geht es darum, ob die geplanten Nutzungen am jeweiligen Standort zu den kalkulierten Erträgen führen können. Dabei spielt auch die Drittverwendungsfähigkeit der Immobilie eine besondere Rolle. Aus den nachhaltig erzielbaren Erträgen nach Abzug aller Kosten muss die Kapitaldienstfähigkeit sichergestellt sein. Bei Bauträgerobjekten müssen alle Projektkosten durch erwartete Verkaufserlöse gedeckt sein, bei eigengenutzen Wohnimmobilien ist die Kapitaldienstfähigkeit hingegen ein persönliches Kriterium.[75] Besonders wichtige Beurteilungskriterien für Immobilien sind im Folgenden aufgelistet:[76]

- Beurteilung der Makro- und Mikrolagefaktoren
- für Gewerbeimmobilien: Analyse der Kaufkraft, Einzugsgebiet, Wettbewerbsituation
- Belastungen
- Grundstücksbeschaffenheit
- Gebäude und Gebäudekonzeption
- alle Fakten zu den Mietern, den Mietvertraglaufzeiten bzw. der Verweildauer im Objekt, den Fluktuationsraten, Mieterbonität, Miethöhen im Vergleich zum Marktmietniveau
- Bewirtschaftung bzw. Management
- Drittverwendungsfähigkeit usw.

Die Bank verlangt in der Regel eine Geschlossenheit der Finanzierung, um zu vermeiden, dass nach der Kreditzusage Deckungslücken auftreten. Die Vertragskonditionen, die die Fremdkapitalkosten hauptsächlich bestimmen, werden Darlehenskonditionen im engeren Sinn genannt. Sie werden im Vertrag geregelt.

Aufgrund ihrer Langlebigkeit werden Immobilien regelmäßig langfristig finanziert. Die eigenbestandsverwaltenden Unternehmen brauchen entsprechend viel Kapital. In diesem Zusammenhang ist auf die besondere „Haftungsqualität" der Immobilienunternehmen einzugehen. Zwar bestehen im Gegensatz zu den Kreditinstituten keine branchenspezifischen gesetzlichen Vorschriften in Bezug auf das Vorhandensein eines Mindesthaftkapitals, zur Sicherung dienen jedoch in erster Linie Grundpfandrechte bis zu einer Beleihungsgrenze von i.d.R. 60 % des Objektwerts. Hinzu kommt häufig ein „stilles Haftungspotential" bzw. eine „versteckte Kapitalausstattung" in Form von Steigerungen des Objektwertes. Die Fremdkapitalaufnahme ist somit relativ unproblematisch, wenn Unternehmen bereits mehrere Objekte besitzen, deren Verschuldung unter der Beleihungsgrenze liegt. Basis für eine Kapitalvergabeentscheidung ist in der Immobilienwirtschaft neben der Unternehmerperson insbesondere

---

[75]   Vgl. Schmoll, F. genannt Eisenwerth, Basiswissen, S. 650.
[76]   Vgl. Paschedag, H., Hypothekenfinanzierung, S. 69ff.

die dingliche Sicherheit, welche die Immobilie bietet. Insofern bestehen die Finanzierungs-engpässe nicht primär in dem Fehlen dinglicher Sicherheiten, solange der Beleihungswert nicht überschritten wird. Für die Wohnungsunternehmen in den neuen Bundesländern sind diese Aussagen allerdings zu relativieren, da die meisten ihrer Bestände sanierungsbedürftig sind und zudem i.d.R. mit hohen Schulden belastet sind.

4.5 Kreditsicherheiten

4.5.1 Was sind Kreditsicherheiten?

Kreditsicherheiten haben den Zweck, einem Kreditgeber die Möglichkeit zu geben, sich aus ihnen zu bedienen, wenn der Kreditnehmer seinen Zahlungsverpflichtungen nicht nach-kommt. Dabei werden generell Personalsicherheiten und Realsicherheiten unterschieden. Die Hauptunterscheidungsmerkmale zeigt die folgende Tabelle.

	Personalsicherheit	Realsicherheit
Art der Ansprüche	schuldrechtlich	sachenrechtlich
Haftung	neben dem Kreditnehmer haftet eine dritte Person	Kreditnehmer ist durch Vermö-genswerte gesichert
Formen	Bürgschaft, Garantie	im Immobilienbereich vor allem Begründung von Rechten an Grundstücken

4.3 Unterschiede zwischen Personal- und Realsicherheiten

Zudem unterscheidet man fiduziarische und akzessorische Sicherheiten. Fiduziarische Si-cherheiten zeichnen sich dadurch aus, dass sie von der gesicherten Forderung unabhängig sind. Bei akzessorischen Sicherheiten besteht eine vollkommene Verknüpfung zwischen Sicherheit und der gesicherten Forderung.

4.5.2 Bürgschaft

Definition:
Eine **Bürgschaft** ist ein Vertrag, in dem sich ein Bürge gegenüber dem Gläubiger eines Dritten verpflichtet, für die Verbindlichkeiten einzustehen (§ 765 ff. BGB).

Eine Bürgschaft ist eine akzessorische Sicherheit, das bedeutet, dass sich Bestand und Höhe der Forderung nach der jeweiligen Hauptschuld richten. Wenn der Bürge die Forderung des Gläubigers bezahlt, geht diese auf ihn über. Kreditinstitute verlangen in der Regel **selbst-schuldnerische Bürgschaften**. Damit verzichtet der Bürge auf die Einrede der Vorausklage.

Definition:
Die **Einrede der Vorausklage** beinhaltet das Recht des Bürgen, die Befriedigung des Kreditgebers zu verweigern, wenn dieser nicht die Zwangsvollstreckung gegen den Kre-ditnehmer erfolglos versucht hat.[77]

---

[77] Vgl. Perridon. L.; Steiner, M., Finanzwirtschaft, S. 387.

Eine Ausfallbürgschaft führt demgegenüber nur dazu, dass ein Bürge für Verluste einsteht, die nach der Zwangsvollstreckung noch bestehen. Ein Vollkaufmann kann eine Bürgschaft formlos eingehen, ansonsten gilt die Schriftform.

4.5.3   Bürgschaften der öffentlichen Hand

Die öffentliche Hand genießt beste Bonität. Damit können ihre Bürgschaften zur Senkung der Finanzierungskosten eingesetzt werden, wenn der erstrangige Bereich grundpfandrechtlicher Sicherheiten bereits ausgeschöpft ist. Sie werden besonders im Bereich der Förderung von Wohnungsbaukrediten eingesetzt und 1b-Darlehen genannt, weil das entsprechende Grundpfandrecht zwar den anderen Grundpfandrechten im Rang nachgeht, die Bürgschaft aber einem erstrangigen Grundpfandrecht gleichkommt. Für die öffentliche Hand sind solche Bürgschaften eine preiswerte Form der Subventionierung von Investitionen, da sie nur im Fall der Zahlungsunfähigkeit des Schuldners in Anspruch genommen wird; was nur bei einem Bruchteil der verbürgten Kredite der Fall ist.

4.5.4   Garantie

> Definition:
> Die **Garantie** ist eine Verpflichtung des Garantiegebers gegenüber dem Garantienehmer für einen bestimmten Erfolg einzustehen.

Die Garantie ist nicht akzessorisch und üblicherweise als Zahlungsversprechen ausgestattet. In der Immobilienwirtschaft häufig sind Gewährleistungsgarantien bei Neubauten, aber auch Bietungsgarantien. Garantien können formlos gegeben werden.

4.5.5   Verpfändung

Zur Sicherung von Krediten können bewegliche Vermögenswerte verpfändet werden. Im Immobilienbereich ist vor allem die Verpfändung von Grundpfandrechten, also Hypotheken oder Grundschulden gemäß § 1274 BGB üblich. Damit die Verpfändung wirksam ist, muss der Vermögensgegenstand übergeben werden, d.h. z.B. der Grundschuldbrief muss den Besitzer wechseln. Ebenso ist aber die Verpfändung von Wertpapieren denkbar, die bei der gleichen Bank im Depot gehalten werden, wobei bei der Beleihung ein Sicherheitsabschlag wegen möglicher Kursschwankungen gemacht wird.

4.5.6   Sicherungsabtretung

Die Sicherungsabtretung ist für Rechte und Forderungen das Pendant zur Sicherungsübereignung bei Sachen. Abtretbare Rechte in diesem Sinn können im Immobilienbereich z.B. Forderungen aus Miet- und Pachtverträgen oder auch aus Kaufverträgen über Immobilien sein.[78] Hier ist es z.B. üblich, dass der Verkäufer den vom Käufer geschuldeten Kaufpreis bereits vor dem Fälligkeitszeitpunkt an eine Bank abtritt (Vorausabtretung).

---

[78]   Vgl. hierzu auch das Kapitel 8.1.

4.5.7 Der Schuldbeitritt

Der Schuldbeitritt wird vor allem verlangt, wenn der Darlehensnehmer ein Unternehmen ist, dessen Haftung gesetzlich oder vertraglich begrenzt ist. Dies wird immer dann relevant, wenn entweder das Vermögen des Unternehmens nicht ausreicht oder aber kein erstrangiges Grundpfandrecht bestellt werden kann, so vor allem bei der GmbH und bei der GmbH & Co. KG.

4.5.8 Weitere Sicherheiten

Weitere Sicherheiten sind z.B.:

- die Lohn- oder Gehaltsabtretung, vor allem bei der Finanzierung eigengenutzter Wohnimmobilien
- die Abtretung von Forderungen aus Versicherungsverträgen oder
- die Abtretung von Miet- oder Kaufpreisforderungen (vor allem bei Bauträgerfinanzierungen).

4.5.9 Grundpfandrechte[79]

Einleitung

Um die Besonderheiten des Realkredits zu verstehen, muss man als immobilientypische Sicherung auch die Grundpfandrechte kennen und beurteilen können. Zu den Grundpfandrechten zählen:

- die Hypothek (§§ 1113 ff. BGB)
- die Grundschuld (§§ 1191 ff. BGB) und
- die Rentenschuld (§§ 1199 ff. BGB)[80].

Grundpfandrechte haben den Zweck, als Sicherung für Kredite zu dienen; sie sind dingliche Verwertungsrechte, weshalb der Gläubiger bestimmte Geldsummen notfalls im Wege der Zwangsversteigerung (§ 1147 BGB) durchsetzen kann. Diese muss der Grundstückseigentümer dulden. Wenn der Kreditnehmer seinen Verpflichtungen nicht nachkommt wird das Darlehen notleidend. Dann lassen sich Grundpfandrechte im Wege der Zwangsvollstreckung relativ einfach verwerten.[81]

Das Grundbuch

Grundpfandrechte werden in das Grundbuch eingetragen. Ihre Bestellung erfolgt notariell, wobei die Kosten hierfür in der Gebührenordnung der Notare festgelegt und damit nicht verhandelbar sind.[82]

---

[79] Vgl. Hellerforth, M., BWL, S. 122f.

[80] Vgl. ausf. zur hier nicht behandelten Rentenschuld: Müller, R., Recht, S. 354ff.

[81] Vgl. Bars, J., Risikomanagement, S. 456.

[82] Vgl. Vest, M., Immobilienfinanzierung, S. 350.

> Definition:
> Das **Grundbuch** ist ein amtliches öffentliches Verzeichnis von Grundstücken, das in schriftlicher oder elektronischer Form geführt werden kann und welches die Eigentumsverhältnisse sowie etwaige Rechte und Lasten des Grundstücks verbindlich erfasst. Es genießt öffentlichen Glauben, d.h. jeder kann sich auf die Eintragungen im Grundbuch verlassen.[83]

Jedes Grundstück besitzt ein eigenes Grundbuchblatt, auf dem zur Kennzeichnung des Grundstücks drei Abteilungen zu finden sind:

- 1. Abteilung: Erfassung der Eigentumsverhältnisse
- 2. Abteilung: Erfassung der Lasten und Beschränkungen mit Ausnahme der Grundpfandrechte
- 3. Abteilung: Erfassung der Grundpfandrechte.

> Beispiel:
> Grundschuld für die Bank Y von zweihunderttausend Euro verzinslich zu 15 % jährlich unter Bezugnahme auf die Bewilligung vom 18.07.2007.

Die Hypothek (Verkehrshypothek)

> Definition:
> Die **Hypothek** ist ein akzessorisches, d.h. ein vom Bestand einer Forderung abhängiges Grundpfandrecht. Mit ihr wird ein dinglicher Anspruch aus der Hypothek und ein persönlicher Anspruch aus dem Darlehen zugunsten des Darlehensgebers begründet. Sie ist geregelt in §§ 1113 ff. BGB.

Wenn mehrere Hypotheken auf einem Grundstück lasten, haben diese einen festen Rang, nach dem die Hypothekengläubiger befriedigt werden.

> Beispiel:
> Ein Realkredit in der Höhe von 500.000 Euro ist durch eine Hypothek abgesichert. Nach Gesamttilgungsleistungen über mehrere Jahre beträgt die Restforderung des Kreditinstituts 120.000 Euro. Damit beträgt der dingliche Anspruch aus der Hypothek wegen der Akzessorität ebenfalls nur noch 120.000 Euro.

Wegen ihrer Akzessorität eignet sich die Verkehrshypothek in der Praxis nur als Sicherung für Kredite, die in Darlehensform gewährt werden und damit durch regelmäßige Tilgungen zurückgeführt werden. Wenn der Kredit erneut in Anspruch genommen wird, lebt die Verkehrshypothek nicht wieder auf. Die Bedeutung der Hypothek tritt gegenüber der Grundschuld immer weiter zurück. Heute sind nur noch 20 % der Grundstücksbelastungen als Hypotheken bestellt.

---

[83]   Vgl. ausf.: Müller, R., Recht, S. 275ff.

Eine Hypothek entsteht durch Einigung zwischen dem Eigentümer und dem Inhaber der persönlichen Forderung und Eintragung der Hypothek in das Grundbuch.

Die Grundschuld

Definition:
Eine **Grundschuld** ist dem deutschen Sachenrecht zufolge – im Gegensatz zur Hypothek – das dingliche Recht, aus einem Grundstück oder einem Erbbaurecht die Zahlung eines bestimmten Geldbetrages zu fordern. Damit ist sie ein vom zugrunde liegenden Schuldverhältnis (Darlehensforderung) losgelöstes Grundpfandrecht, also abstrakt. Ihre gesetzliche Regelung findet sich in §§ 1191 ff. BGB.

Beispiel:
Ein Darlehen in Höhe von 500.000 Euro ist durch eine Grundschuld abgesichert. Nach Gesamttilgungsleistungen über mehrere Jahre beträgt die Restforderung des Kreditinstituts 120.000 Euro. Der dingliche Anspruch aus der Grundschuld beträgt wegen ihrer Abstraktheit weiterhin 500.000 Euro.

Die Grundschuld ist eine sehr beliebte Kreditsicherheit, da Einwendungen aus dem Grundgeschäft nicht erhoben werden können und eine Änderung des Schuldsaldos den Bestand der Grundschuld nicht berührt. Die Belastung des Grundstücks kann sich auch auf die Zinsen des Kredits erstrecken (Eintragung als **verzinsliche Grundschuld**).

Trotz dieser Unabhängigkeit der Grundschuld von einer Darlehensforderung wird in der Praxis die Grundschuld häufig zur Besicherung von Darlehen und Krediten eingesetzt. Dann sind Grundschuld und Darlehen durch eine Sicherungsabrede, der sogenannten **Zweckerklärung** für Grundschulden, miteinander verbunden.

Sicherheiten in der Praxis

Die wichtigste und im Regelfall übliche Besicherung einer Immobilienfinanzierung ist das Grundpfandrecht. Hinzu kommen Zusatzsicherheiten, z.B. Abtretungen oder Verpfändungen der Ansprüche aus Mietverträgen, Objektversicherungen, Mietkonten und Verpfändung der Geschäftsanteile einer möglichen Objektgesellschaft.[84] Ziel dieses Sicherheitspakets ist zum einen die Sicherung des Zugriffs der Bank auf das Objekt und dessen Einnahmen. Gleichzeitig wird die Refinanzierung durch die Bank gedeckt. Aus diesem Grund hat der Umfang der Besicherung auch Auswirkungen auf die Kreditkosten.

Beurteilung

Das Grundstück als Kreditsicherheit ist in Deutschland, u.a. aufgrund der historischen Erfahrung, dass Grundstücke langfristig betrachtet regelmäßig immer im Wert gestiegen sind und Inflationen bzw. Währungsreformen überstehen, sehr beliebt. Zudem sind das Grundstücks- und Grundbuchrecht an hohe Formanforderungen gebunden, so dass sichergestellt ist, dass weder über Inhaber oder Höhe noch über Rangstelle des Grundpfandrechts Zweifel aufkom-

---

[84] Vgl. Vest, M., Immobilienfinanzierung, S. 349.

men. Durch die Möglichkeit der Zwangsvollstreckung ist eine relativ leichte Verwertung von Grundstücken möglich.[85]

4.5.10 Das Aval

Definition:
Ein **Aval** stellt die Übernahme einer Bürgschaft oder Garantie durch ein Kreditinstitut im Auftrag eines Kunden (Avalkreditnehmer) gegenüber einem Dritten (Avalbegünstigter) dar. Im Rahmen des Avalkredits steht die Bank für die gegenwärtigen oder zukünftigen Verbindlichkeiten unterschiedlicher Art ihrer Kunden gegenüber Dritten ein. Der Avalkreditnehmer bleibt Hauptschuldner seines Gläubigers, und die Bank wird nur dann in Anspruch genommen, wenn der Avalkreditnehmer nicht zahlt, weshalb es sich für die Bank um eine **Eventualverbindlichkeit** handelt.

Die Bürgschaft, die die Bank übernimmt, ist selbstschuldnerisch, womit ihr die Einrede der Vorausklage nicht zusteht. Der Avalbegünstigte kann sich daher bei Zahlungsverzug des Avalkreditnehmers sofort an die bürgende Bank wenden, ohne vorherige Klageerhebung gegen den Hauptschuldner. Das Bankaval kann sich stets nur auf die Zahlung eines bestimmten Geldbetrages beziehen, nicht aber auf die Erbringung anderer Leistungen, wie etwa der Erfüllung einer Lieferung. Für die Einräumung eines Avalkredits berechnet die Bank eine Avalprovision, deren Höhe von der Laufzeit, dem Bürgschaftsbetrag und von einer etwaigen Sicherstellung des Avals abhängt.[86]

Bei der Immobilienfinanzierung werden Bankavale häufig zur Absicherung von Bauspardarlehen und Versicherungsdarlehen benötigt oder im Rahmen des Bauträgergeschäfts verwendet. Wohnungen werden im Bauträgergeschäft oftmals mit Mietgarantien verkauft. Hierfür steht eine Bank mit einem so genannten Mietaval ein. Vielmals fordern aber auch Hersteller von Fertighäusern eine Bürgschaft zur Absicherung der Verbindlichkeiten des Käufers. Avale werden auch als Mietkautionsbürgschaften eingesetzt oder als Anzahlungsbürgschaft bei der Erstellung größerer Immobilien, wenn der Kunde bereits Anzahlungen geleistet hat. Bietungsbürgschaften sind denkbar bei Ausschreibungen für Bauvorhaben, insbesondere bei öffentlich-rechtlichen Auftraggebern Der Bürgschaftsbetrag liegt zwischen einem und fünf Prozent der Auftragssumme. Je nach Ausschreibungsdauer läuft die Bürgschaft über drei bis sechs Monate.

4.5.11 Weitere Absicherungsinstrumente

Gewährleistungsbürgschaften werden benötigt, wenn eine Leistung (Bauleistung, Handwerkerleistung) abgenommen, der Kunde aber noch einen Gewährleistungsanspruch für den Fall hat, dass die gelieferte Leistung nicht die zugesicherten Eigenschaften besitzt oder Mängel hat.

---

[85]   Vgl. Schmoll, F. genannt Eisenwerth, Basiswissen, S. 653.
[86]   Vgl. h.u.i.F.: Gondring, H., Immobilienwirtschaft, S. 692f.

Eine Vertragserfüllungsbürgschaft sichert ab, dass ein Unternehmen den mit einem Geschäftspartner geschlossenen Vertrag ordnungsgemäß erfüllt. Die Bank haftet dann in Höhe des verbürgten Betrags, wenn der Vertrag nicht erfüllt wird.

Wenn Avale von einem Unternehmen häufiger benötigt werden, ist es möglich, einen entsprechenden Rahmenvertrag mit der Bank zu schließen.

4.6 Kurzfristige Finanzierungsformen

4.6.1 Die Vorfinanzierung bzw. das Vorschaltdarlehen

Unter einer Vorfinanzierung bzw. einem Vorschaltdarlehen versteht man eine Finanzierung während der Bauphase. Da für derartige Darlehen noch keine finanzielle Absicherung möglich ist, handelt es sich um Personalkredite, die mit einem entsprechend hohen Risikozuschlag versehen sind.

4.6.2 Der Kontokorrentkredit

Definition

> Definition:
> Unter **Kontokorrent** wird eine laufende Rechnung verstanden, bei der Plus- und Minusbewertungen stattfinden und von rechtlicher Bedeutung jeweils der Saldo ist, der durch die Verrechnung der wechselseitigen Ansprüche entsteht. Der Höchstbetrag, bis zu dem gemäß der Kreditzusage verfügt werden darf, ist die so genannte Kontotkorrentlinie. Wird diese überschritten, so wird zusätzlich zu den normalen Kreditzinsen ein Überziehungszuschlag berechnet.[87]

Der Kontokorrentkredit ist die klassische kurzfristige Kreditform und in §§ 355 ff. HGB geregelt. Seine Abwicklung erfolgt über Kontokorrenten – Girokonten. Er wird von der Bank in der Regel längstens für ein Jahr eingeräumt und zum Stichtag verlängert.

Besicherung
Früher verzichteten Banken – eine gute Bonität des Schuldners vorausgesetzt – häufig auf die Besicherung des Kontokorrentkredits. Dies hat sich mittlerweile geändert, wobei seine Besicherung durch sämtliche fiduziarische Kreditsicherheiten erfolgen kann, z.B. durch Sicherungsübereignungen, Abtretung von Forderungen, Verpfändung von Wertpapieren und Guthaben, Grundschulden und Bürgschaften als akzessorische Sicherheit.

Beurteilung
Der Kontokorrentkredit wird meist bei Grundstücksankäufen eingesetzt oder um bei der Finanzierung kurzfristige Deckungslücken zu überbrücken. Er ist ein sehr flexibel einsetzbares Instrument und stellt eine gute Liquiditätsreserve dar, ist aber eine sehr teure Kreditform.

---

[87] Vgl. Hellerforth, M., BWL, S. 121.

Dafür ist er aber nicht zweckgebunden, d.h. er steht für alle banküblichen Transaktionen, so Barabhebungen, Überweisungen und Scheckeinlösungen zur Verfügung. Wenn das Immobilienunternehmen die Kreditlinie nicht ausnutzt, stellt sie eine Liquiditätsreserve dar, wodurch das Unternehmen geringe liquide Mittel ersten Grades halten muss. Dadurch, dass Kreditbearbeitungen bei den Banken längere Zeit in Anspruch nehmen als früher bzw. an bestimmte Bedingungen geknüpft werden aber häufig mit Bauvorbereitungen begonnen werden muss, hat der Kontokorrentkredit eine große Bedeutung.

4.6.3   Die Kreditlinie

Die Kreditlinie ist eine auf die Immobilienwirtschaft zugeschnittene Form des Kontokorrentkredits. Ein Charakteristikum ist die variable Laufzeit von täglich bis über 4 Jahre sowie variable Zinsvereinbarungen. Angewendet wird die Kreditlinie z.B.:

- zur laufenden Liquiditätssteuerung, z.B. zum Ausgleich von Liquiditätsengpässen bei Investitionstätigkeit im Bestandsbau oder Neubau
- im Bauträgergeschäft als Bürgschaft im Sinne der Makler- und Bauträgerverordnung
- als Zwischenfinanzierungsform, wenn die Zinsbindungsfrist von Darlehen ausläuft
- als Zwischenfinanzierungsform beim Kauf von Objekten und
- als variable Finanzierungsform für einen begrenzten Betrag des Gesamtdarlehensportfolios, z.B. auf Basis des Euribors.

4.7   Langfristige Fremdfinanzierung – Kredite

4.7.1   Der Realkredit

Grundlagen

Definition:
Schon der § 11 des mittlerweile durch das Pfandbriefgesetz abgelöste Hypothekenbankgesetzes definierte **Realkredite** als Kredite, die innerhalb der ersten 60 % des Beleihungswertes liegen, d.h. es handelt sich um solche Finanzierungsmittel, die an erster Stelle im Grundbuch gesichert sind und zwar durch Vermögens- bzw. Sachwerte, so durch Hypotheken oder Grundschulden.

Im nachstelligen Finanzierungsraum werden dann Finanzierungsmittel gewährt, für die ein nachrangiges Grundpfandrecht eingetragen werden kann. Man bezeichnet diese als 2. Hypothek oder objektgesicherten Personalkredit.

Gesamtkosten 100 %

ca. 20 %

Eigenkapital

mindestens 20 %
Sicherheits-
abschlag

nachrangig gesicherte
Darlehen

Beleihungs-
wert,
80-90 %

ca. 30 %

Ib-Darlehen, z.B.
Bauspardarlehen

60 %-
Beleihungs-
grenze

erstrangig gesicherte
Darlehen

Ia-
Dar-
lehen

ca. 50 %

Ia-Darlehen

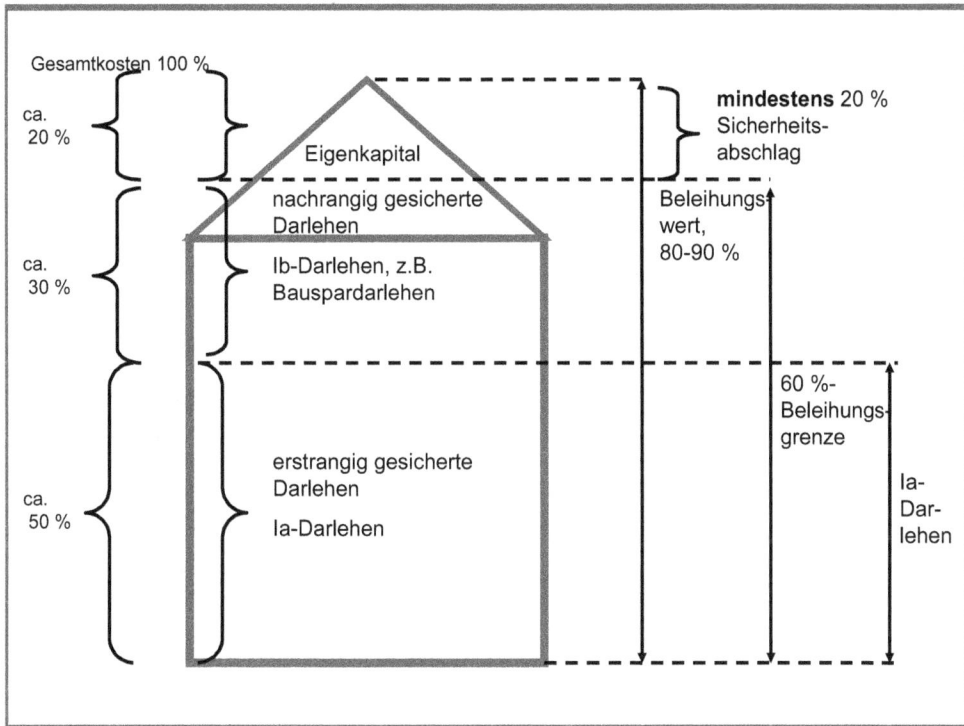

4.6 Beleihungsgrenzen für Kredite

Der Realkredit dient der Fremdfinanzierung von Immobilien. Er wird langfristig ausgegeben und ist durch Grundpfandrechte wie Hypotheken oder Grundschulden gesichert. Als Kreditsicherheit dienen der Grund und Boden und die mit ihm fest verbundenen Gebäude, hinter der die persönliche Zahlungsfähigkeit des Kreditnehmers zurücktritt.

Die Vorteile der Absicherung des Realkredits durch Grundstücke liegen darin, dass Boden nicht vermehrbar ist, was zu seiner relativen Knappheit und seiner Wertbeständigkeit führt. Selbst bei Zerstörung des Gebäudes bleibt der Boden erhalten. Die geringe Fungibilität des Grundstücks wird durch dessen schnelle Beleihungsmöglichkeit ausgeglichen. Die Zinsen für Realkredite liegen in der Regel niedriger als die für Kontokorrentkredite und ungesicherte Personaldarlehen.

Realkredite werden vergeben von:

- Realkreditinstituten (Spezialbanken, die Realkredite anbieten und sich durch Pfandbriefe im Passivgeschäft refinanzieren)
- Sparkassen
- Geschäftsbanken
- Genossenschaftsbanken
- Bausparkassen
- Lebensversicherungen.

Ein weiteres Merkmal des Realkredits ist, dass über die vereinbarte Zinsfestschreibungsfrist des Darlehens die Konditionen, also Zins- und Tilgung unverändert bleiben. Die Zusage bezieht sich jedoch nicht auf die gesamte Darlehenslaufzeit, sondern die Konditionen werden in gewissen – festgelegten – Abständen den aktuellen Kapitalmarktgegebenheiten angepasst

(**Abschnittsfinanzierung**). Damit trägt der Darlehensnehmer das Risiko von Zinsschwankungen. Zudem sind Sondertilgungen oder auch vorzeitige Rückzahlungsmöglichkeiten – kostenfrei – nur dann möglich, wenn dies ausdrücklich im Vertrag vereinbart ist.

Beispiel:
Immobilieneigentümer V kann ein Paket von drei Gewerbeimmobilien veräußern. Eine Anfrage bei den finanzierenden Banken ergibt, dass insgesamt Vorfälligkeitsentschädigungen von ca. 20 % des Gewinns, den er sich bereits ausgerechnet hatte, bei vorzeitiger Ablösung der Kredite zu zahlen sind.

Definition:
Ist ein Darlehensvertrag wirksam zustande gekommen, ist der Darlehensnehmer im Falle einer vorzeitigen Beendigung des Darlehensverhältnisses durch außerordentliche Kündigung oder durch Aufhebungsvereinbarung generell verpflichtet, der Bank den durch diese vorzeitige Beendigung entstehenden Schaden zu ersetzen, soweit das Darlehen grundpfandrechtlich besichert ist (§ 490 Abs. 2 S. 3 BGB). Diese Zahlung bezeichnet man als **Vorfälligkeitsentschädigung**.[88]

4.7.2   Exkurs: Was ist der Beleihungswert?

Definition:
Der **Beleihungswert**[89] ist der Wert, den der Kreditgeber dem Beleihungsobjekt für eine Immobilienfinanzierung beimisst, wobei nur die dauerhaften Eigenschaften eines Grundstücks berücksichtigt werden dürfen und der bei ordnungsgemäßer Bewirtschaftung nachhaltig erzielbare Ertrag.

Damit stellt der Beleihungswert eine zeitraumbezogene Größe dar, der die Erwartungen hinsichtlich der Wertentwicklung widerspiegelt. Deshalb muss der Wertermittler alle wertbeeinflussenden Faktoren berücksichtigen. Dies geschieht unter Zuhilfenahme der in der Wertermittlungsverordnung und den Wertermittlungsrichtlinien vorgeschriebenen bzw. näher erläuterten Verfahren unter Einbeziehung der Prämissen der Beleihungswertverordnung, nämlich:

- dem Vergleichswertverfahren
- dem Sachwertverfahren und
- dem Ertragswertverfahren.

Der Beleihungswert wird von Kreditinstituten für die Beurteilung zu finanzierender Immobilien ermittelt. Für Hypothekenbanken und Lebensversicherungen bildet das Pfandbriefgesetz die Rechtsgrundlage der Beleihung, hinzu kommen bankinterne Richtlinien. Die öffentlich-rechtlichen Sparkassen bedienen sich zur Ermittlung des Beleihungswertes eigener, von ihrer obersten Aufsichtsbehörde erlassener Beleihungsgrundsätze. In der Praxis wird der Beleihungswert nach dem Verkehrswert ermittelt und ein entsprechender Risikoabschlag vorgenommen.

---

[88]   Vgl. Hertel, C.; Edelmann, H., Immobilienfinanzierung, S. 153.
[89]   Vgl. Rüchardt, K., Bewertung, S. 159.

Merksatz:
Durch die Ermittlung des Beleihungswertes soll die langfristige und beständige Wertunter-
grenze für das jeweilige Grundstück festgestellt werden, die sich dadurch auszeichnet, dass
sie im Verkaufsfall auch unter ungünstigen Bedingungen am Immobilienmarkt realisiert
werden kann.[90]

Bei der Feststellung des Beleihungswertes kommt es auf die künftige Wertentwicklung und
nicht auf den Wert am Bewertungsstichtag an. Da Hypothekenbanken zur Finanzierung von
Krediten langfristige Pfandbriefobligationen herausgegeben, müssen die ausgeliehenen Gelder auch langfristig vom Kreditgeber gesichert sein. Der Beleihungswert stellt einen risiko-
geminderten Verkehrswert dar. Da die Wertentwicklung einer Immobilie unter Berücksichtigung der künftigen wirtschaftlichen Entwicklung besonders auf dem Immobilienmarkt
schwer zu prognostizieren ist, stellt die Festsetzung der Höhe des im jeweiligen Fall ange-
brachten Risikoabschlages ein besonderes Problem bei der Beleihungswertermittlung dar,[91]
weshalb oft 55 %−60 %[92] des Verkehrswertes als Vielfaches angesetzt werden.

Dieser durch einen Sachverständigen festgestellte Beleihungswert bildet die Grundlage für
die **Beleihungsgrenze**. Bedingt durch gesetzliche und satzungsrechtliche Vorschriften ist die
Beleihung eines Objektes in voller Höhe des Beleihungswertes durch Hypotheken ausgeschlossen. So werden beispielsweise:

- 60–80 % des Beleihungswertes bei Hypothekenbanken
- 80–90 % des Beleihungswertes bei Banken und Sparkassen
- 45 % des Beleihungswertes bei Lebensversicherungen
- 80 % des Beleihungswertes bei Bausparkassen

bei Wohnungsbaufinanzierungen als Obergrenze der Fremdfinanzierung festgesetzt.[93]

---

[90] Vgl. Schmoll, F. genannt Eisenwerth, Basiswissen, S. 653.
[91] Vgl. Murfeld, E. (Hrsg.), Betriebswirtschaftslehre, S. 199.
[92] Vgl. Gottschalk, G.-J., Immobilienwertermittlung, S. 483.
[93] Vgl. Murfeld, E. (Hrsg.), Betriebswirtschaftslehre, S. 199.

Verkehrswert	-	Risikoabschlag	=	Beleihungswert

Eintragung in Abt. II des Grundbuchs	Eintragung in Abt. III des Grundbuchs	„unsichtbare Vorlasten"
- Auflassungsvormer-kungen u. sonst. Verfügungsbeschrän-kungen - Grunddienstbarkeiten - beschränkt persönliche Dienstbarkeiten - Reallasten - Rentenrechte	- Hypotheken - Grundschulden	- Altlasten - Anliegerkosten - Baulasten - Mieterdarlehen - Wasserrechte - schuldrechtlicher Bergschadensverzicht

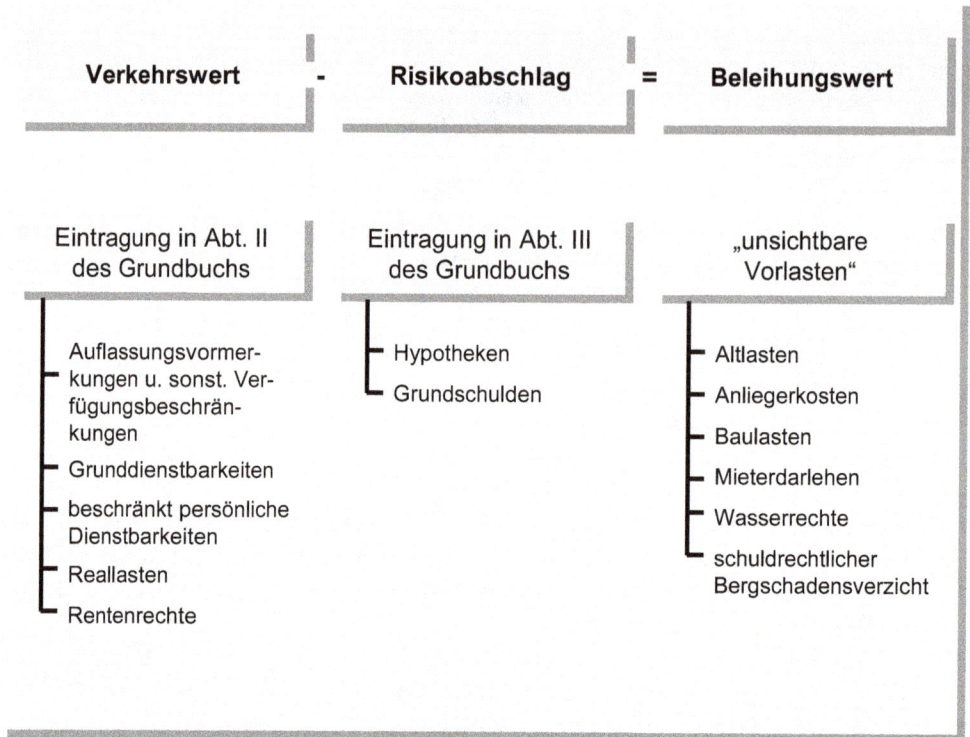

4.7 Übersicht über den Ablauf einer Beleihungswertermittlung[94]

> Definition:
> Die **Beleihungsgrenze** ist der Teil des Beleihungswerts, bis zu dessen Höhe Kredite ausgelegt werden dürfen. Sie richten sich nach gesetzlichen und institutsspezifischen Vorschriften.

Die Beleihungsgrenze liegt unterhalb des Beleihungswerts, weil dieser Abschlag als Puffer für konjunkturelle (systematische) Risiken und durch die Immobilie bedingte (unsystematische) Risiken dienen soll. Damit ist ein Wesensmerkmal des Realkredits dessen hoher Sicherheitsabschlag.[95] In Zeiten ruhiger Marktentwicklung relativiert sich die Bonität des Kreditnehmers; demgegenüber gewinnt sie in durch Marktschwankungen geprägten Zeiten überproportional an Bedeutung.

Nachrangige Darlehen liegen jenseits der Beleihungsgrenze von 60 %. Sie sind damit durch ein höheres Kreditausfallrisiko gekennzeichnet, womit die Relevanz der persönlichen Haftung des Kreditnehmers zunimmt. Insoweit ist eine nachrangige Finanzierung wegen des größeren Risikos mit höheren Finanzierungskosten verbunden.

Der Betrag bzw. der Prozentsatz, bis zu dem ein Grundstück tatsächlich mit einem Pfandrecht belastet ist, bezeichnet man als Beleihungsauslauf.

---

[94]   Vgl. Kleiber, W.; Simon, J.; Weyer, G., Verkehrswertermittlung, S. 335.
[95]   Vgl. Maier, K.W., Risikomanagement, S. 119.

> Beispiel:
> Ein Grundstück hat einen Beleihungswert von 2 Mio. Euro. Die Beleihungsgrenze liegt somit
> bei 1.200.000 Euro. An erster Rangstelle in Abteilung III des Grundbuchs steht eine Grund-
> schuld in Höhe von 1.000.000 Euro zugunsten der Bank A, an zweiter Rangstelle eine Hypo-
> thek in Höhe von 400.000 Euro zugunsten der Bank B. Der Beleihungsauflauf liegt insge-
> samt bei 70 %. Die Grundschuld der Bank A läuft bei 50 % aus und liegt vollständig im erst-
> stelligen Beleihungsraum (**Realkredit im engeren Sinn**). Die Hypothek der Bank B liegt zur
> Hälfte jenseits des erststelligen Beleihungsraums. Der damit besicherte Kredit ist also nicht
> mehr vollständig als Realkredit anzusehen (**Realkredit im weiteren Sinn**).

4.7.3   Konditionengestaltung

Einführung

Die wesentlichen Merkmale der Konditionengestaltung und damit der Kosten des Darlehensnehmers sind:[96]

- Nominalzins und Effektivzins
- Zinsbindungsfrist
- Damnum oder Disagio
- Nominalbetrag des Darlehens
- Kurs einer Darlehensschuld
- sonstige Kosten wie Provisionen und Gebühren
- Tilgungsmodalitäten, einschließlich eventueller Sondertilgungsmöglichkeiten
- Anzahl der Zinsperioden pro Jahr und
- Art der Zins- und Tilgungsverrechnung.

Tilgung langfristiger Kredite

In der Praxis finden sich im Wesentlichen drei Tilgungsvarianten:

- das Annuitätendarlehen,
- das Abzahlungs- oder Ratendarlehen und
- das endfällige Darlehen.

Zudem gibt es noch flexible Tilgungsvereinbarungen.

Beim Annuitätendarlehen zahlt der Schuldner eine gleich bleibende Jahresrate, die aus einem
Zins- und einem Tilgungsanteil besteht. Während der Kreditlaufzeit sinkt der Zinsanteil und
der Tilgungsanteil steigt. Die Höhe der Annuität errechnet sich aus dem Produkt von Kreditsumme und Annuitätenfaktor. Die hierzu notwendige Berechnung beruht auf der Annahme,
dass ein Annuitätendarlehen finanzmathematisch als der Barwert einer nachschüssigen Rente
interpretiert werden kann, wobei die Annuität der Rentenrate entspricht.

---

[96]   Vgl. Maier, K.W., Risikomanagement, S. 124.

$$\text{Annuität} = K_0 \times \frac{(1+i)^n \times i}{(1+i)^n - 1}$$

mit:

K_0 = nomineller Kreditbetrag

i = Nominalzins p.a. von Hundert

n = Gesamtlaufzeit des Kredits

A = Annuität

$$A = K \times \text{Annuitätenfaktor}$$

4.8 Formel zur Errechnung der Annuität

Daten:

nomineller Kreditbetrag = 100.000 €

Nominalzins p.a. von Hundert = 5 %

Gesamtlaufzeit des Kredits = 20 Jahre

$$\text{Annuität} = 100.000 \times \frac{(1+0,05)^{20} \times 0,05}{(1+0,05)^{20} - 1} = 7.919,52 \text{ €}$$

4.9 Beispiel zu Errechnung der Annuität

Soll nach m Jahren die Restschuld eines Annuitätendarlehens ermittelt werden, kann folgende Formel angewandt werden:

$$K_m = \frac{i^n - i^m}{i^n - 1}$$

4.10 Ermittlung der Restschuld bzw. des Entschuldungseffekts

Daten:
nomineller Kreditbetrag: 100.000 € als Annuitätendarlehen
Nominalzins: 8 %
Tilgung: 1 %

Berechnung der Restschuld am Ende des Jahres 10

$$K_{10} = 100.000 \times \frac{1,08^{20} - 1,08^{10}}{1,08^{20} - 1} = 68.343,66\ €$$

4.11 Beispiel zur Ermittlung der Restschuld

Die gesamten Zinskosten eines Annuitätendarlehens lassen sich als Differenz zwischen geleisteter Annuität und der Darlehnsschuld errechnen.

Zinskosten insgesamt = (A x n) - K_0

4.12 Gesamte Zinskosten eines Annuitätendarlehens

Es gelten die Daten des vorherigen Beispiels. Dann beträgt die Annuität:

$$A = 100.000 \times 1,08^{20} \times \frac{1,08 - 1}{1,08^{20} - 1} = 10.185,22\ €$$

Zinskosten insgesamt: 10.185,22 € x 20 – 100.000 €
= 103.704,40 €

4.13 Beispiel zur Errechnung der gesamten Zinskosten eines Annuitätendarlehens

Der wichtige Entschuldungseffekt beim Annuitätendarlehen, das nicht zuletzt das Zinsänderungsrisiko am Ende der Zinsbindungsfrist beeinflusst, wird bestimmt von der Höhe der Tilgung und von dem Zinssatz. Dabei gilt: Je höher die Tilgung oder der Kreditzins, desto kürzer ist die Laufzeit, da die Summe der ersparten Zinsen bei hohem Zinssatz zu einem überproportionalen Anstieg des Tilgungsanteils führt.

Das Ratendarlehen

Beim Abzahlungs- oder Ratendarlehen erfolgt die Tilgung in jährlich gleichbleibenden Raten. Die Zinsen werden nur auf die verbleibende Restschuld berechnet. Damit nimmt die jährlich zu zahlende Gesamtleistung ab.

Das endfällige Darlehen

Beim endfälligen Darlehen fallen während der Darlehenslaufzeit lediglich Zinszahlungen an, während die Tilgung bis zum Ende der Laufzeit ausgesetzt wird. Diese Darlehensform wird meist zur Finanzierung von Immobilien durch eine Hypothek in Kombination mit einem Bauspar- oder Lebensversicherungsvertrag angewandt. Gerade in der Ansparphase werden diese nur gering verzinst.

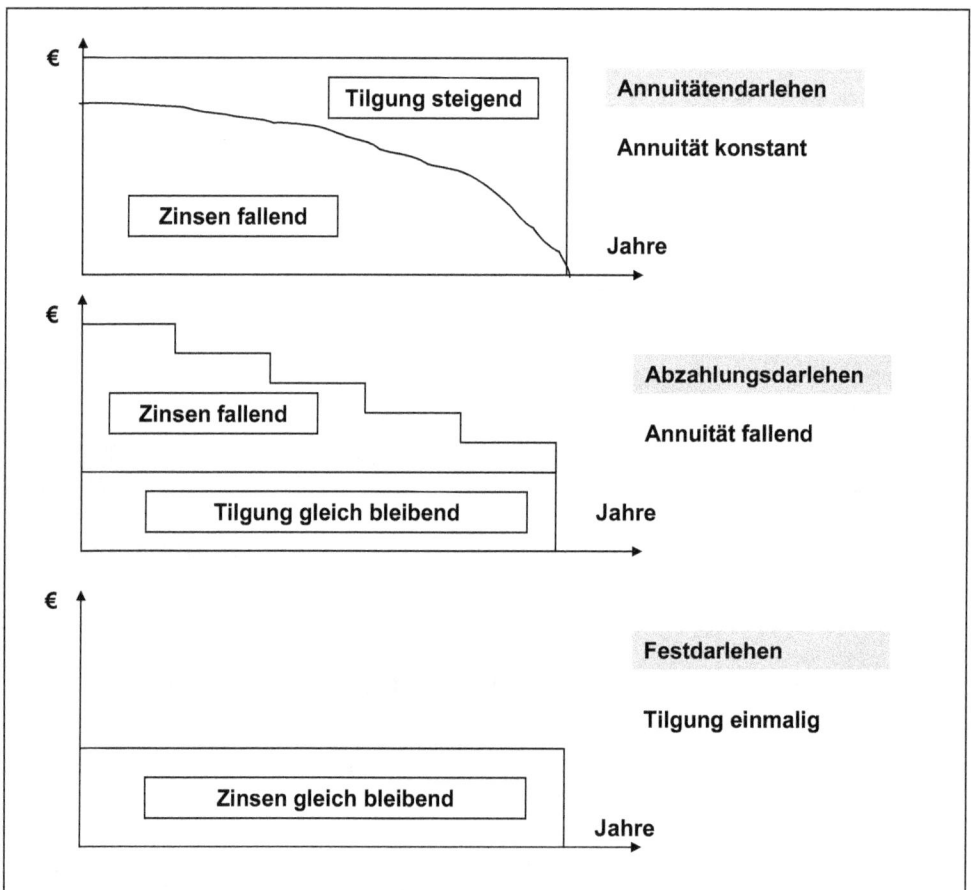

4.14 Bindungsverläufe unterschiedlicher Darlehensformen

Rechnerisch sind die Bindungsverläufe der unterschiedlichen Darlehensformen in Abbildung 4.15 dargestellt.

Beispielsdaten: Die Bank gewährt einen Kredit über nominal 100.000 € mit einer Auszahlung von 100 % und einem Nominalzins von 5%. Die Laufzeit beträgt 20 Jahre. Die Zins-

und Tilgungsverrechnung erfolgt monatlich. Die Angaben in den Tabellen erfolgen in Euro und beziehen sich auf das jeweilige Gesamtjahr.

Annuitätendarlehen					
Jahr	Restschuld (Jahresanfang)	Zinsen	Tilgung	Kapitaldienst	Restschuld
1	100.000,00	4.932,17	2.978,35	7.919,52	97.012,65
2	97.012,65	4.779,32	3.140,20	7.919,52	93.872,45
3	93.872,45	4.618,66	3.300,86	7.919,52	90.571,59
4	90.571,59	4.449,77	3.469,75	7.919,52	87.101,84
5	87.101,84	4.272,25	3.647,27	7.919,52	83.454,57
...		...	...	...	...	...
18	22.018,50	942,47	6.977,05	7.919,52	15.041,45
19	15.041,45	585,51	7.334,01	7.919,52	7.707,44
20	7.707,44	212,08	7.707,44	7.919,52	0
ges.		53.388,59	100.000,00	158.338,59	

Abzahlungsdarlehen					
Jahr	Restschuld (Jahresanfang)	Zinsen	Tilgung	Kapitaldienst	Restschuld
1	100.000,00	4.885,46	5.000,00	9.885,46	95.000,00
2	95.000,00	4.635,45	5.000,00	9.635,45	90.000,00
3	90.000,00	4.385,45	5.000,00	9.385,45	85.000,00
4	85.000,00	4.135,45	5.000,00	9.135,45	80.000,00
5	80.000,00	3.885,45	5.000,00	8.885,45	75.000,00
...		...	...	...	...	...
18	15.000,00	635,42	5.000,00	5.635,42	10.000,00
19	10.000,00	385,42	5.000,00	5.385,42	5.000,00
20	5.000,00	134,62	5.000,00	5.134,62	0
ges.		50.207.94	100.000,00	158.388,59	

Festdarlehen					
Jahr	Restschuld (Jahresanfang)	Zinsen	Tilgung	Kapitaldienst	Restschuld
1	100.000,00	5.000,00	0	5.000,00	100.000
2	100.000,00	5.000,00	0	5.000,00	100.000
3	100.000,00	5.000,00	0	5.000,00	100.000
4	100.000,00	5.000,00	0	5.000,00	100.000
5	100.000,00	5.000,00	0	5.000,00	100.000
...		...	...	...	...	...
18	100.000,00	5.000,00	0	5.000,00	100.000
19	100.000,00	5.000,00	0	5.000,00	100.000
20	100.000,00	5.000,00	100.000	105.000,00	0
ges.		100.000	100.000,00	200.000	

4.15 Bindungsverläufe unterschiedlicher Darlehensformen im Vergleich

Flexible Tilgung

Die flexible Tilgung steht für vertragliche Sonderformen der Tilgung, die – soweit sie Bestandteil des Kreditvertrages sind – keine Vorfälligkeitsentschädigung kosten. Denkbar sind z.B.:[97]

- Tilgungsaussetzungen für einen bestimmten Zeitraum
- Tilgung erst nach einer bestimmten Frist oder
- hohe Sondertilgungen.

Damit lassen sich theoretisch die Zahlungsströme aus Tilgung und Zinszahlung an die voraussichtlichen Cash-Flow-Ströme aus der Immobiliennutzung anpassen. In der Regel ist jedoch zu beachten, dass derartige Gestaltungsvarianten für Banken erst ab einem bestimmten Volumen attraktiv sind, so dass bei kleinvolumigen Finanzierungen nur die Vereinbarung von Sondertilgungen in Frage kommt.

4.7.4   Nominal- und Effektivverzinsung

Einführung: Wesen des Zinses

Für den Kreditnehmer ist der Zins der Preis, den er für die zeitliche befristete Nutzung fremden Geldes bezahlen muss; für den Kreditgeber hingegen der Preis für einen Konsumverzicht für einen bestimmten Zeitraum. Den Nominalzins kann man aufspalten in:

- eine risikolosen Anteil – Marktzins genannt und
- einen Risiko tragenden Teil – die Risikoprämie.

Die Risikoprämie wiederum hängt von mehreren Determinanten ab, so:

- dem Inflationsrisiko
- dem Zinsänderungsrisiko
- dem Laufzeitrisiko
- dem Bonitätsrisiko und
- sonstigen Einflussfaktoren.

Im Marktzinsniveau schlägt sich das gesamtwirtschaftliche Umfeld einer Volkswirtschaft nieder, so das Wirtschaftswachstum, die Geldmengenentwicklung, die Beschäftigungssituation und die Wechselkursentwicklung:

- Je höher der erwartete Kaufkraftverlust, d.h. die Inflationserwartungen, umso höher ist die Prämie, die der Kreditgeber für die Erhaltung der Kaufkraft seines Geldes fordert.
- Je volatiler - schwankungsintensiver – der Kreditgeber das Zinsniveau einschätzt, um so höher ist die Prämie, die er für diese Risikoübernahme fordert.
- Je länger die Laufzeit bzw. die Zinsbindungsdauer, umso höher ist – einen normalen Verlauf der Zinsstrukturkurve vorausgesetzt – die Prämie, die der Krediteber für einen Verzicht auf kurzfristige Liquidität seiner Anlage fordert (Liquiditätspräferenztheorie).
- Je höher die Bonität des Kreditnehmers, umso weniger Bonitätsrisikoprämie wird der Kreditgeber fordern, wie sich durch die Diskussion über die „risikoadjustierte Bepreisung" von Krediten zeigt.

---

[97]   Vgl. Paschedag, H., Hypothekenfinanzierung, S. 77.

Darstellung der Nominal- und Effektivverzinsung

Um die tatsächlich mit der Kreditaufnahme bestehende Belastung vergleichen zu können, reicht keine Gegenüberstellung des Nominalzinses, sondern es muss der Effektivzins ermittelt werden, der vom Nominalzins abweichen kann, wenn z.B. ein Diasgio vereinbart ist. Die Effektivverzinsung des Darlehens ergibt sich durch die Ermittlung des internen Zinsfußes der Zahlungsreihe gemäß folgender Formel (Abb. 4.16):

$$a_0 - \sum_{t=1}^{n} \frac{R_t}{(1 + i_{eff})^t} = 0 = \left(1 - \frac{d}{100}\right) K_0$$

mit:

a_0 = Auszahlungsbetrag des Kredits im Zeitpunkt 0

d = Disagio oder Damnum in Prozent

K_0 = nomineller Kreditbetrag

R_t = Zins- und Tilgungszahlung am jeweiligen Periodenende

n = Gesamtlaufzeit des Kredits

i_{eff} = (gesuchter) Effektivzins

4.16 Formel zur Ermittlung des Effektivzinses

Daten des Beispiels: Die Bank gewährt einen Kredit über nominal 10.000 €. Die Auszahlung beträgt 95 % und der Nominalzins 4 % bei einer Laufzeit von 5 Jahren. Die Tilgung erfolgt in 5 gleichen Jahresraten jeweils am Ende der Periode (Ratentilgung).

Jahr	Restschuld	Tilgung	Zinsen	Kapitaldienst
1	10.000	2.000	400	2.400
2	8.000	2.000	320	2.320
3	6.000	2.000	240	2.240
4	4.000	2.000	160	2.160
5	2.000	2.000	80	2.080

Die Effektivzinskosten des Kredits lassen sich dann durch Einsetzen der Werte aus der Tabelle in die Formel aus Abbildung 4.16 bestimmen. Dazu muss eine Gleichung nten-Grades gelöst werden, was durch Einsetzen von Probezinsfüßen und anschließender Interpolation erfolgt. Ebenso ist eine Lösung durch die Anwendung von Näherungsformeln möglich.

$$9.400\,€ - \frac{2.400\,€}{(1+i_{eff})} - \frac{2.320\,€}{(1+i_{eff})^2} - \frac{2.240\,€}{(1+i_{eff})^3} - \frac{2.160\,€}{(1+i_{eff})^4} - \frac{2.080\,€}{(1+i_{eff})^5} = 0$$

Näherungsformel für die Ermittlung der Effektivverzinsung

$$i_{eff} = \frac{i_{nom} + \dfrac{d}{T}}{A}$$

$$T = \frac{t_1 + t_k}{2} = f + \frac{t+1}{2}$$

mit:

T = mittlere Kreditlaufzeit
t_1 = gesamte Kreditlaufzeit
t_k = Laufzeit bis zur ersten Tilgungsrate (Freijahre + Tilgungsjahre = f + t)
i_{nom} = Nominalzins p.a. in Prozent
d = Disagio, Damnum in Prozent
A = Auszahlungsprozentsatz = 100 - d

$$i_{eff} = \frac{4 + \dfrac{5}{3}}{95} = 0{,}0596 \qquad mit\ T = 0 + \frac{5+1}{2} = 3$$

4.17 Beispiel zur Ermittlung der Effektivverzinsung

Die Effektivverzinsung des Kredits beträgt somit 5,96 % und weicht damit vom Nominalzins ab.

Wenn in einem Darlehensvertrag unterjährige Zins- und Tilgungszahlungen vereinbart werden, wird der zu leistende monatliche, viertel- oder auch halbjährliche Zins auf die am Jahresanfang bestehende Schuld berechnet mit der Folge, dass die tatsächliche Belastung größer ist als der im Vertrag angegebene Nominalzins. Die Berechnung der Effektivverzinsung zeigt Abbildung 4.18.

$$i_{eff} = (1 + \frac{i}{m})^{m} - 1 \quad \text{mit:}$$

m = Anzahl der unterjährigen Perioden

i = Nominalzins p.a. in Prozent

Beispiel: Für einen Kredit sind monatliche Zinszahlungen vereinbart. Der Nominalzins beträgt 5 %.

$$i_{eff} = (1 + \frac{0.05}{12})^{12} - 1 = 0{,}0512$$

Einem Nominalzins von 5 % entspricht bei monatlicher Zins- und Tilgungszahlung ein Effektivzins von 5,12 %.

4.18 Effektivverzinsung bei unterjähriger Zins- und Tilgungszahlung

Beurteilung

Gemäß der Preisangabenverordnung (PangV) sind Kreditinstitute verpflichtet, in Angeboten und Darlehensverträgen alle relevanten Preise bzw. Kosten aufzuführen. Außerdem muss im Privatkundengeschäft auch der Effektivzinssatz für die Vergleichbarkeit von Finanzierungen angegeben werden und bei variabler Verzinsung der anfängliche effektive Jahreszins. Bei der Berechnung der Effektivverzinsung nach PangV sind zu berücksichtigen:

- der Nominalzins
- der Auszahlungskurs bei einem Disagio
- die Zinstermine
- der Modus der Tilgungsverrechnung sowie
- sonstige Nebenleistungen wie Bearbeitungs-, Verwaltungsgebühren und sonstige Kreditvermittlungskosten.

Die Qualität der Effektivzinsermittlung leidet jedoch darunter, dass nicht berücksichtigt werden:

- Schätzkosten zur Wertermittlung
- Bereitstellungszinsen
- Versicherungsbeiträge
- Kontoführungsgebühren und
- Kosten für den Einsatz von Sicherungsinstrumenten.

Abrechnungskurs und Damnum näher betrachtet

Zwischen dem Darlehensgeber und dem Darlehensnehmer werden neben den Zins- und Tilgungszahlungen häufig noch weitere Konditionen vereinbart, so einmalige bei Darlehensgewährung zu entrichtende Leistungen. Ein Abschlag von der Darlehenssumme wird Disagio (Abschlag) oder Damnum (Nachteil) genannt. Ein Damnum stellt „eine Manipulation der Zahlungsströme eines Hypothekarkredits"[98] dar und damit keinesfalls eine einmalige Gebühr. Denn das Damnum hat Auswirkungen auf Kreditkosten, Tilgung, Laufzeit und auf das Zinsänderungsrisiko. Das Wesen des Damnums ergibt sich aus der Formel in Abbildung

---

[98] Maier, K.M., Risikomanagement, S. 174.

4.19. Ein Damnum ist die Differenz zwischen dem Nominalbetrag (K_0) des Darlehens und dessen Abrechnungs- und Auszahlungskurs (K'_0) für ein Annuitätendarlehen.

Der Kurs eines Annuitätendarlehens ohne Disagio ergibt sich als

$$K_0 = (K'_0) = A \times \frac{q^n - 1}{q^n (q - 1)} = A \times \text{Rentenbarwertfaktor}$$

Wenn die Laufzeit des Darlehens gegeben ist gilt:

$$A = K_0 \times \frac{q^n (q - 1)}{q^n - 1} = K_0 \times \text{Annuitätenfaktor}$$

4.19 Formel für den Kurs eines Annuitätendarlehens

Bei dieser Kursbestimmung wird die Annuität mit dem Nominalzins des Darlehens berechnet. Im Rentenbarwertfaktor findet jedoch der Effektivzins bei der Abzinsung Verwendung. Dieser Effektivzins spiegelt das Marktzinsniveau wider. Wenn der Nominalzins aber unter dem Effektivzins liegt, ist der Zinsfaktor (q) zur Berechnung der Annuität geringer als der Zinsfaktor im Rentenbarwertfaktor (q'). Dann ist der Auszahlungskurs (K'_0) kleiner als der Nominalbetrag (K_0) des Darlehens. Deshalb muss der Kurs einer Annuitätenschuld unter Berücksichtigung eines Disagios wie in der Abbildung 4.20 erfolgen.

Der Kurs eines Annuitätendarlehens mit Disagio ergibt sich als

$$K'_0 = K_0 \times \frac{q^n (q - 1)}{q^n - 1} \times \frac{q^n - 1}{q'^n (q' - 1)}$$

4.20 Formel für die Berechnung des Kurses einer Annuitätenschuld unter Berücksichtigung eines Disagios

Beispiel:[99]
Nominalbetrag des Darlehens (K_0) = 100
Laufzeit: 20 Jahre

---

[99]   Vgl. Maier, K.M., Risikomanagement, S. 175.

Variante 1: Nominalzins = Marktzins = 6 %

Kursberechnung:

$$K'_0 = 100 \times \frac{1,06^{20} \times (1,06 - 1)}{(1,06 - 1)} \times \frac{1,06^{20} \times (1,06 - 1)}{(1,06 - 1)} = 100\ \%$$

$$K'_0 = K_0$$

Variante 2: Nominalzins = 6 %, Marktzins = 7 %

Kursberechnung:

$$K'_0 = 100 \times \frac{1,06^{20} \times (1,06 - 1)}{(1,06 - 1)} \times \frac{1,07^{20} \times (1,07 - 1)}{(1,07 - 1)} = 92,36\ \%$$

$$K'_0 < K_0$$

Damnum = $K_0 - K'_0$ = 100 % - 92,36 % = 7,64 %

4.21 Beispielrechnung

Die Disagiofalle

Zur Diasgiofalle kann es immer dann kommen, wenn der Kreditnehmer das Damnum nicht durch Eigenkapital deckt, sondern durch ein weiteres Darlehen, in der Regel in der Form eines Tilgungsstreckungsdarlehens. Dann kann nach Ablauf der Zinsbindungsfrist das Restdarlehen unter Umständen sogar noch über dem ursprünglichen Kapitalbedarf liegen; es sei denn man erhöht die ursprüngliche Tilgungsleistung. Zudem kann die Belastung aus der Anschlussfinanzierung deutlich höher sein, soweit diese ohne Berücksichtigung des Disagios geplant ist.[100]

Beispiel:

Ein Kreditnehmer hat zum Kauf einer Eigentumswohnung einen Fremdkapitalbedarf von 100.000 €. Es gibt folgende Kreditalternativen:

	Angebot 1	Angebot 2
Nominalzins	7,78	6
Marktzins	7,78	7,78
Zinsfestschreibung	5 Jahre	5 Jahre
Tilgungssatz	1 %	1 %
Auszahlungskurs	100	93
Damnum	0 %	7 %

---

[100] Vgl. Reifner, U. (Hrsg.) Risiko, S. 80ff; Maier, K.M. Risikomanagement, S. 176f.

	Angebot 1	Angebot 2
Effektivzins	7,78	7,78
Finanzierungsbedarf	100.000	100.000
Nominalbetrag	100.000	100.000
Auszahlungsbetrag	100.000	93.000
zusätzlicherEigenkapitaleinsatz	0	7.000
Restschuld nach 5 Jahren	94.162	94.362
jährlicher Kapitaldienst	8.780	7.000

4.22 Vergleich der Darlehensverläufe

Bei beiden Darlehen ist nach 5 Jahren ein Kapitalbedarf zu decken, der etwas über 94.000 Euro liegt. Der jährliche Kapitaldienst ändert sich bei Angebot 1 kaum. Beim zweiten Darlehen hingegen kommt es – soweit kein weiteres Disagio vereinbart wird – z.B. weil kein Eigenkapital vorhanden ist, zu einem plötzlichen Anstieg der Belastung, im Beispiel um über 18 % von bisher 7.000 € auf 8.285 €. Je höher das Disagio ist, desto höher ist dieses negative Zinsänderungsrisiko.[101]

4.7.5   Weitere Faktoren, welche die Kapitalkosten beeinflussen

Der Effektivzins wird durch Umfinanzierungen beeinflusst sowie durch sämtliche Änderungen des ursprünglich geplanten Cash Flows, so z.B. bei verspäteter Abnahme des gesamten Kredits oder von Kreditbestandteilen oder bei vorzeitiger Kredittilgung.

Verrechnung von Zins und Tilgung
Die Frage nach der Verrechnung von Zins und Tilgung dreht sich um die Anzahl der jährlichen Zins- und Tilgungstermine. Jährlich nachschüssig bedeutet beispielsweise. am 31.12. eines jeden Jahres, unterjährig bedeutet mehrere Raten pro Kalenderjahr, z.B. halbjährig, vierteljährlich oder monatlich. Eine Anhebung des Tilgungssatzes bzw. eine Erhöhung der Anzahl der jährlichen Raten führt zu einer Verteuerung des Kredits.

> Beispiel:
> Bei einem Nominalzinssatz von 8 % bedeutet eine halbjährliche Zahlungsweise einen Effektivzinssatz von 8,15 %, bei vierteljährlicher Zahlungsweise, liegt dieser bei 8,27 %.

Bereitstellungszinsen oder –provisionen
Bereitstellungszinsen, auch als „stand by fee" bezeichnet, werden immer dann in Rechnung gestellt, wenn sich die Auszahlung des Kredits verzögert. Für den Schaden, der dem Kreditgeber daraus erwächst, kann er drei bis sechs Monate nach der Darlehenszusage Bereitstellungszinsen verlangen. Nimmt der Kreditnehmer das vereinbarte Darlehen nicht ab, wird eine Nichtabnahmeentschädigung fällig, die sich wie eine Vorfälligkeitsentschädigung berechnet.

---

[101]   Vgl. Maier, K.M. Risikomanagement, S. 169.

> Beispiel:
> Ein Bauträger beginnt mit einer geplanten Baumaßnahme aufgrund von Nachbarstreitig-keiten 8 Monate später.
> Ein Bauträger entschließt sich wegen mangelnder Resonanz beim Verkauf einer geplanten Neubaumaßnahme dazu, diese nicht durchzuführen, sondern die Grundstücke einzeln zu verkaufen.

Vorfälligkeitsentschädigung

Die Vorfälligkeitsentschädigung wird auch als „early repayment fee" bezeichnet. Es handelt sich hierbei um ein Pendant zur Sicherheit, die der Kreditnehmer durch eine Festzinsverein-barung erhält; demgegenüber steht die fristenkongruente Refinanzierung des Kreditgebers bei dinglich gesicherten Darlehen. Bei variabel verzinslichen Darlehen, die mit dreimonatiger Frist bzw. jederzeit kündbar sind, fällt keine Vorfälligkeitsentschädigung an. Ebenso kommt es zu keiner Vorfälligkeitsentschädigung nach Ablauf der Zinsbindungsfrist, dann ist eine Kündi-gung mit einmonatiger Frist möglich. Bei einer Zinsbindungsfrist von mehr als 10 Jahren ist zum Ende der Zinsbindungsfrist eine Kündigung jederzeit mit sechsmonatiger Frist möglich.

Die Möglichkeit einer vorzeitigen Kündigung bei dinglich gesicherten Darlehen besteht erst seit 1997, um sozialen und wirtschaftlichen Härtefällen zu begegnen.[102]

> Beispiel:
> Ein Kreditnehmer verkauft sein Grundstück. Dann hat er ein berechtigtes Interesse an einer vorzeitigen Beendigung seines Kreditvertrags. Er muss dafür jedoch den der Bank entstan-denen Zinsschaden ersetzen.

Der Kreditgeber soll durch die Vorfälligkeitsentschädigung so gestellt werden als ob der Vertrag ordnungsgemäß abgewickelt worden wäre. Besteht auf keiner Seite ein Kündigungs-recht, kann der Kreditgeber den Vertrag mit dem Kreditnehmer einvernehmlich aufheben. Dann muss der Kreditnehmer ein Aufhebungsentgelt bezahlen, welches frei verhandelbar ist, in der Höhe aber nicht sittenwidrig sein darf (§ 138 BGB).

Es gibt zwei Methoden zur Berechnung der Vorfälligkeitsentschädigung, die der Kreditgeber anwenden darf:

- die Aktiv-Aktiv-Methode und
- den Aktiv-Passiv-Vergleich.

Die Aktiv-Aktiv-Methode basiert auf einem Darlehenskonditionsvergleich. Der Kreditneh-mer muss dem Kreditgeber den Zinsschaden, d.h. seinen entgangenen Gewinn, und den Zinsmargenschaden ersetzen. Der Zinsmargenschaden entsteht, wenn Darlehensmittel nur zu einem niedrigeren Zins ausgereicht werden können, als ursprünglich vereinbart.

---

[102] Vgl. BGB, U. XI ZR 267/96 u. XI ZR 197/96.

Das üblich angewandte Verfahren ist der Aktiv-Passiv-Vergleich. Dabei wird der vertraglich vereinbarte Zinssatz mit dem Zins für Hypothekenpfandbriefe entsprechender Restlaufzeit verglichen.[103] Damit entsprechen die Kosten der Rekonstruktion des ursprünglich vereinbarten Cash Flows mit Hypothekenpfandbriefen dem angesetzten Schaden. Der Kreditgeber muss zudem die ersparten Verwaltungs- und Risikokosten berücksichtigen. Für die Ermittlung der Vorfälligkeitsentschädigung darf er eine Bearbeitungsgebühr berechnen.

	Zinsschaden	Darlehenszinsen minus der Rendite für Pfandbriefe unter Beachtung der Laufzeitenkongruenz
–	eingesparte Verwaltungskosten	Schätzgröße
–	entfallende Risikokosten	0,05 – 0,14 %
+	Bearbeitungsgebühr	300 – 500 €
=	Vorfälligkeitsentschädigung	

4.23 Berechnung des Zinsschadens gemäß einem Aktiv-Passiv-Vergleich

Die wichtigste Determinante der Vorfälligkeitsentschädigung ist damit die Höhe des Zinsschadens, der sich aus der Subtraktion des Wiederanlagezinses von den Darlehenszinsen ergibt. Wenn die Darlehenszinsen unter den Wiederanlagezinsen liegen, entsteht für den Kreditgeber kein Zinsschaden, womit sich die Vorfälligkeitsentschädigung eigentlich auf Bearbeitungsgebühren beschränken müsste.

Sondertilgungsrecht

> Definition:
> **Sondertilgungen** sind Leistungen, die über die vertraglich vereinbarte Tilgungshöhe hinausgehen.

Ein Sondertilgungsrecht besteht nur, wenn dies im Kreditvertrag vereinbart ist. Die Option, ein Sondertilgungsrecht auszuüben, ist bei sinkenden Zinsen interessant, bei steigenden Zinsen wertlos. Der Wert des Sondertilgungsrecht ist insgesamt abhängig von:

- der Zinsentwicklung (Volatilität der Zinsen)
- der Laufzeit des Darlehens und
- der möglichen Höhe der Sondertilgung.

Arten der Verzinsung

Bei den Zinssätzen unterscheidet man grundsätzlich zwischen variablen und festen Zinssätzen sowie Gleitzinsvereinbarungen (Roll-over-Vereinbarungen). Bei einem Festzinsdarlehen werden die Zinsen für einen bestimmten Zeitraum (Abschnittsfinanzierung) oder – bei langfristigen Immobilienkrediten nie – die gesamte Laufzeit festgeschrieben. Damit sind die Belastungen für einige Jahre überschaubar bzw. die Zahlungen als feste Größe kalkulierbar. Wenn es zu einer Anschlussfinanzierung kommt, besteht für den Darlehensnehmer ein Zinsänderungsrisiko.

---

[103]   Vgl. Steiner, P.; Uhlir, H., Wertpapieranalyse, S. 157.

Bei zinsvariablen Darlehen wird der Zins jeweils an die Zinsentwicklung des Kapitalmarktes angepasst. Zur langfristigen Finanzierung von Immobilien eignen sich variabel verzinsliche Darlehen weniger; sie können von einem risikofreudigen Investor eingesetzt werden, wenn eine berechtigte Aussicht auf sinkende Zinsen besteht. Wenn diese dann eingetreten ist, kann der Investor eine Festzinsvereinbarung eingehen. Es besteht auch die Möglichkeit der variablen Verzinsung kombiniert mit einem Zinsswap oder auch eine Zinscap-Vereinbarung.[104]

Zinssicherungsinstrumente
Bei Gleitzinsvereinbarungen erfolgt eine zeitnahe Anpassung des Zinssatzes an die Entwicklung des allgemeinen Marktzinsniveaus. Ein Investor hat nun die Möglichkeit Zinssicherungsinstrumente einzusetzen, um das Risiko sich verändernder Zinsen einzuschränken. Die ist möglich durch einen Zinscap, einen Zinsswap oder ein Forward Rate Agreement bzw. ein Forward Darlehen.

Definition:
Ein **Zinscap** ist eine vertragliche Vereinbarung, bei der ein Kreditinstitut einem Kreditnehmer gegen Zahlung einer Prämie eine Zinsobergrenze garantiert. Der Zinscap kann jederzeit zum aktuellen Wert veräußert werden.
Eine Zinsbegrenzung nach unten, d.h. eine spiegelbildliche Vereinbarung zum Cap nennt sich **Floor**.
Eine Kombination aus Cap und Floor wird als **Collar** (Kragen) bezeichnet, weil man derart den Zins auf eine bestimmte Bandbreite festlegt.

---

[104]   Vgl. Vest, M., Immobilienfinanzierung, S. 350.

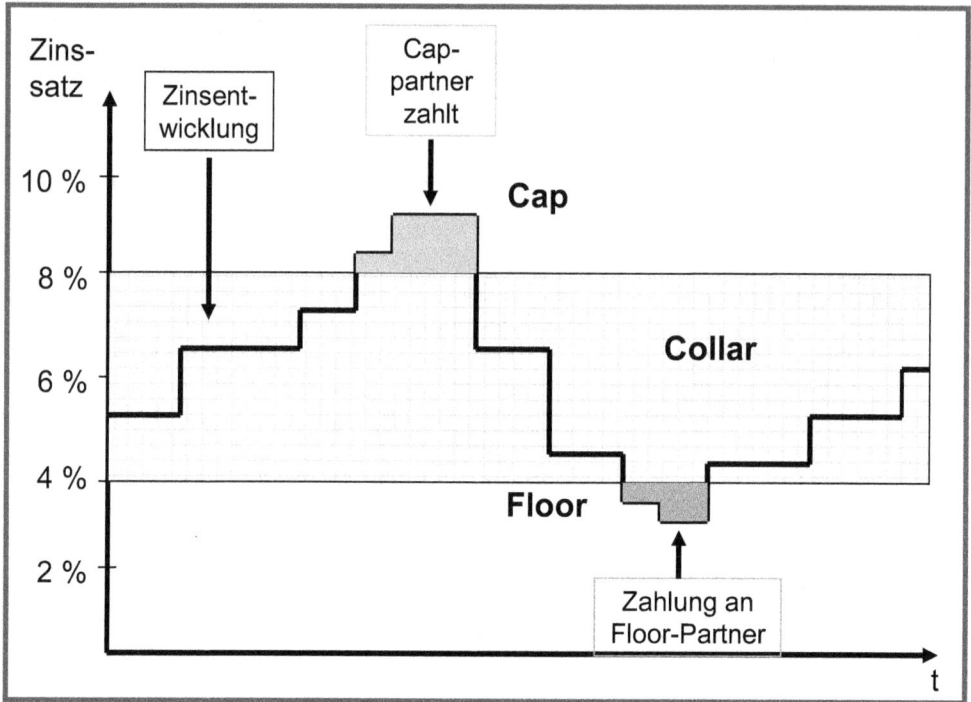

4.24 Zinssicherungsinstrumente im Überblick[105]

Beispiel:[106]
Immobilienunternehmen Wohntreu kauft ein Wohn- und Geschäftshaus in der Kölner In-
nenstadt, für das es zunächst ein variabel verzinsliches Darlehen aufgenommen hat. Der
Finanzmanager der Wohntreu erwartet, dass die Geldmarktzinsen auf dem aktuellen Ni-
veau stabil bleiben bzw. sinken. Der Geschäftsführer möchte die Immobilie demnächst zu
günstigen Zinsen langfristig finanzieren, ist aber vorsichtig und möchte sich gegen einen
unerwarteten Zinsanstieg absichern.

Im obigen Szenario definiert der Geschäftsführer seine Zinsobergrenze auf Geldmarktbasis,
bis zu der er bereit ist, an Zinsänderungen zu partizipieren. Diese wird als vertraglicher Bestandteil des Zinscaps neben Laufzeit, Starttermin und Volumen unter Berücksichtigung des
zugrunde liegenden Kredits individuell vereinbart. Damit ist der Zinscap als Versicherungs-
prämie gegen steigende Zinsen zu werten, dabei bleibt die Chance niedriger Zinsen gewahrt,
was gegenüber symmetrischen Absicherungsinstrumenten von Vorteil sein kann.[107]

---

[105]   Vgl. Schmoll, F. genannt Eisenwerth, Basiswissen, S. 663.
[106]   Vgl. Hellerforth, M., BWL, S. 129.
[107]   Vgl. Becker, M.; Butz, P., Hedging, S. 396.

> Definition:
> Ein **Zinsswap** ist ein Tausch von festen und variablen Zinsverpflichtungen auf zwei nominellen Kapitalbeträgen für einen festgelegten Zeitraum, um Zinsänderungsrisiken aktiv zu managen.

Glaubt ein Immobilieninvestor, dass die Zinsen kurzfristig fallen, kann er ein Darlehen mit einer variablen Zinsbindung vereinbaren und dann den Kredit mit einer langfristigen Zinsfestschreibung abschließen. Wenn ein Investor das Geld bei der Erwartung steigender Zinsen heute noch nicht benötigt, besteht die Möglichkeit das Zinsniveau mit Hilfe eines **Forward-Darlehens** schon heute zu fixieren. Forward Darlehen sind ein Zinssicherungsinstrument, welches auch im Bereich von Standard-Finanzierungen Anwendung findet.[108] Sie sind geeignet in Niedrigzinsphasen unter der Annahmen, dass die Zinsen steigen.

Wenn ein Investor mit steigenden Zinsen rechnet, das Geld aber heute noch nicht benötigt, kann er ein **Forward Rate Agreement (FRA)** abschließen. Käufer und Verkäufer eines Forward Rate Agreements fixieren einen Zinssatz unter Zugrundelegung einer Referenzgröße wie den Drei-Monats-EURIBOR. Zudem vereinbaren sie einen bestimmten fiktiven Kapitalbetrag, einen determinierten in der Zukunft liegenden Termin und eine bestimmte Laufzeit.[109]

> Funktionsweise:
> Der Käufer schließt damit eine Versicherung gegen steigende Zinsen ab, denn er erhält vom Verkäufer am festgelegten Termin bei einer Steigung des Referenzzinsatzes über den FRA-Satz eine Ausgleichszahlung in Höhe der Zinsdifferenz bezogen auf den Kapitalbetrag und die Laufzeit.

Der Verkäufer will sich demgegenüber gegen fallende Zinsen absichern: Er profitiert dann, wenn der Referenzzinssatz unter den FRA-Satz fällt. Rechte und Pflichten sind damit bei einem FRA gleich verteilt, was ihn von einem Cap unterscheidet.

4.7.6 Förderdarlehen bzw. öffentliche Darlehen

Förderdarlehen haben im Allgemeinen folgende Merkmale:

- verbilligter Zinssatz, unter dem Kapitalmarktniveau bis hin zu zinslosen Darlehen
- Tilgung über einen Zeitraum von 35 bis 100 Jahren, d.h. der Prozentsatz beträgt 0,5 bis 1 Prozent p.a.
- in Abhängigkeit vom Förderprogramm ist eine tilgungsfreie Zeit vorgesehen
- Grundbuchliche Besicherung an nachrangiger Stelle
- keine Übernahme von Baulasten ohne Zustimmung des Förderungsgebers.

---

[108] Vgl. Padschedag, H., Hypothekenfinanzierung, S. 76.
[109] Vgl. Perridon, L.; Steiner, M., Finanzwirtschaft, S. 357.

Der Bund und die Länder legen Kreditfinanzierungsprogramme auf, die der gezielten regionalen Wirtschaftsförderung dienen sollen, indem sie zinsgünstige Sonderkreditmittel bereitstellen. Innerhalb der Gesamtfinanzierung eines Bau- oder Kaufvorhabens, aber auch bei Sanierungen und Modernisierungen können die Fördermittel mit einem Darlehen kombiniert werden.

Durch günstiges Fremdkapital kann für das Immobilienunternehmen eine auf Kapitalmarktbasis berechnete unrentable Investition u.U rentabel werden, womit sich Möglichkeiten der Portfolioverbesserung erschließen, häufig in der Form von KfW-Mitteln, deren Abwicklung durch die Hausbanken erfolgt.

4.7.7   Schuldscheindarlehen

> Definition:
> Ein **Schuldscheindarlehen** ist ein langfristiger Kredit mit standardisierten Merkmalen, so einem Volumen zwischen 10 und 100 Mio. Euro. Dieser Kredit wird mit einer besonderen Urkunde – dem Schuldschein –, der den Darlehensvertrag ersetzt, unterlegt.

Aufgrund der hohen Volumina werden Schuldscheindarlehen nicht für Einzelfinanzierungen eingesetzt. Das Schuldscheindarlehen ist in den letzten Jahren neben die herkömmlichen Unternehmensfinanzierungsformen wie dem Bankkredit und der Anleihe getreten. Darlehensnehmer eines Schuldscheindarlehens sind Unternehmen einwandfreier Bonität, sowie öffentliche Stellen.

Für die Immobilienwirtschaft ist das Schuldscheindarlehen eine mögliche Finanzierungsform, welche jedoch keine Vorteile gegenüber einem normalen Darlehen bietet. Es erfordert mehr Know-how auf Seiten des Unternehmens und führt in der Regel zu einem höheren Bearbeitungs- und Berichtsaufwand. Demgegenüber ergibt sich der Vorteil, dass die Bank als Geschäftspartner ausgeschaltet werden kann, soweit es gelingt, das Schuldscheindarlehen bei anderen Geldgebern zu platzieren.

> Beispiel:[110]
> Schuldscheindarlehen wurden für die Umschuldung sogenannter Altschulden der Wohnungsunternehmen in den neuen Ländern und Ost-Berlin eingesetzt, die 2003 zur Prolongation oder Umschuldung anstanden. Einige große Berliner Wohnungsunternehmen haben mit einem institutionellen Investor Schuldscheindarlehen vereinbart, die annuitätisch getilgt und festverzinst werden, sowie eine zehnjährige Laufzeit haben, nach der die Restvaluta fällig wird. Besichert sind die Darlehen durch eine Bürgschaft des Landes Berlin.

---

[110]   Vgl. Schmoll, F. genannt Eisenwerth, Basiswissen, S. 683.

4.7.8 Anleihen (Schuldverschreibungen)

> **Definition:**
> **Anleihen**, Bonds oder Schuldverschreibungen sind von einem Unternehmen ausgegebene Wertpapiere, mit denen es sich Fremdmittel beschaffen kann.

Schuldverschreibungen sind im Gegensatz zu Schuldscheinen handelbar und werden in einzelne Beträge aufgeteilt, die man als Teilschuldverschreibungen bezeichnet und können auch zum Börsenhandel zugelassen werden. Die bis 1991 bestehende staatliche Genehmigungspflicht ist mittlerweile aufgehoben. Die Emission erfolgt häufig durch eine Bank, die dann die Wertpapiere übernimmt und auch vertreibt. Die Emission von Anleihen ist mit relativ hohen Kosten verbunden und lohnt sich deshalb nur für große Finanzierungsvolumina. Für das Unternehmen handelt es sich um einen Kredit, der Anleihekäufer ist nicht Teilhaber des Unternehmens, sondern es wird das Recht auf Rückzahlung und Zinsen verbrieft. Die Konditionen von Anleihen sind frei vereinbar und deshalb sehr unterschiedlich.

Es handelt sich um kein objektbezogenes, sondern um ein unternehmensbezogenes Finanzierungsinstrument, Anleihen können jedoch grundpfandrechtlich besichert sein. Zumindest für ein breites Publikum ist es schwierig, den Wert eines Immobilienunternehmens sowie die Qualität seines Immobilien- und Portfoliomanagements zu beurteilen. Zudem stehen die Unternehmensanleihen in Konkurrenz zu den fast risikolosen Schuldverschreibungen der öffentlichen Hand, weshalb sie bessere Konditionen aufweisen müssen, d.h. in der Regel höhere Zinsen. Für Immobilienunternehmen sind Anleihen nicht unbedingt eine preiswerte Refinanzierungsmöglichkeit.[111]

4.7.9 Versicherungsdarlehen

Arten von Versicherungsdarlehen[112]
Versicherungsgesellschaften, insbesondere Lebensversicherungsunternehmen, stellen Mittel zur Immobilienfinanzierung und zwar bevorzugt für Wohnimmobilien, zur Verfügung. Dies erfolgt auf der Grundlage des § 54 des Gesetzes über die Beaufsichtigung von Versicherungsunternehmen (VAG). Neben dem Erwerb von Immobilien gehört auch die Gewährung von Hypothekendarlehen zu ihrer Geschäftätigkeit, wobei in der Regel der erstrangige Beleihungsspielraum nicht überschritten wird. Eine sehr übliche Konstruktion bei der Vergabe eines Realkredits durch eine Lebensversicherungsgesellschaft ist die Kopplung eines Hypothekarkredits mit einer kapitalbildenden Lebensversicherung, bei der Immobilienfinanzierung von Unternehmen also in der Sphäre des Unternehmenseigners oder Kreditnehmers. Während der Laufzeit zahlt der Kreditnehmer Zinsen für das Darlehen und wirtschaftlich gesehen einen Tilgungsersatz in Form der Lebensversicherungsprämie.

Grundsätzlich werden unterschieden:

- Policendarlehen
- dinglich gesicherte Festdarlehen einer Versicherungsgesellschaft und
- dinglich gesicherte Festzinsdarlehen eines Kreditinstituts.

---

[111] Vgl. Schmoll, F. genannt Eisenwerth, Basiswissen, S. 685.
[112] Vgl. Hellerforth, M., BWL, S. 132.

Bei einem **Policendarlehen** gewährt die Lebensversicherungsgesellschaft einem Versicherungsnehmer, der bereits eine Kapitallebensversicherung abgeschlossen hat, ein (zinsgünstiges) Darlehen bis zur Höhe des Rückkaufswerts. Der Rückkaufswert ist der Betrag, den die Versicherungsgesellschaft bei einer Kündigung des Versicherungsvertrags an den Versicherten auszahlen müsste. Spätestens mit der Auszahlung der Versicherungssumme wird das Darlehen getilgt.

Wenn eine Versicherung ein Festdarlehen gewährt und der Darlehensnehmer gleichzeitig eine neue Kapitallebensversicherung abschließt, spricht man von einem **dinglich gesicherten Festdarlehen einer Versicherungsgesellschaft**. Der Darlehensnehmer zahlt während der Laufzeit für das Festdarlehen nur Zinsen. Statt der Tilgungsbeträge zahlt er die Prämien für die Kapitallebensversicherung. Am Ende der Laufzeit wird das Darlehen dann mit der Versicherungssumme und den erwirtschafteten Überschüssen getilgt[113] – ggf. müssen Deckungslücken ausgeglichen werden.

Im Falle eines **dinglich gesicherten Festzinsdarlehens eines Kreditinstituts** gewährt ein Kreditinstitut das Festdarlehen. Der Darlehensnehmer schließt gleichzeitig eine Kapitallebensversicherung ab. Während der Darlehenslaufzeit bezahlt er Zinsen an die Bank und Prämien an die Versicherungsgesellschaft. Den Auszahlungsanspruch auf die Versicherungssumme muss der Darlehensnehmer an das Kreditinstitut abtreten. Am Ende der Laufzeit überweist die Versicherungsgesellschaft den Betrag zur Darlehenstilgung an das Kreditinstitut.[114]

Die Rückzahlungsmodalitäten bei einer Versicherungshypothek und einem banküblichen Tilgungs- und Annuitätendarlehen unterscheiden sich insofern, dass bei der Versicherungshypothek die Darlehensschuld konstant bleibt, während beim Tilgungsdarlehen die Restschuld permanent sinkt. Beim Versicherungsdarlehen hat der Kreditnehmer nur begrenzt und erst ab dem 60. Lebensjahr bei der Auszahlung den Vorteil der steuerlichen Anrechnungsfähigkeit der Prämienzahlungen als Vorsorgeaufwendungen und der Geltendmachung von Zinsen für das Versicherungsdarlehen. Die Zinsen über die Gesamtlaufzeit sind beim Versicherungsdarlehen höher als bei üblichen Darlehen, da sie sich während der gesamten Darlehenslaufzeit auf die ungetilgte Kreditsumme berechnen. Zudem liegt die Verzinsung der Sparraten meist unter den Sollzinsen für das Darlehen.[115]

Beurteilung

Strenge gesetzliche Vorschriften sorgen dafür, dass Lebensversicherungsdarlehen nur im erstrangigen Beleihungsraum bis zu 40 bis 50 % des Beleihungswerts vergeben werden können. Damit sind die Einsatzmöglichkeiten von derartigen Darlehen eingeschränkt. Demgegenüber besteht der Vorteil der finanziellen Absicherung im Todesfall. Die Darlehensschuld bleibt im Gegensatz zum Annuitätendarlehen unverändert, das heißt der Zinssatz auch. Soweit die Zinsschranke nicht greift, besteht damit nur bei Fremdvermietung ein Vorteil. Da die Darlehenssumme gleich bleibt, besteht ein höheres Zinsänderungsrisiko als dies beim Annuitätendarlehen der Fall ist. Die Konstruktionen wurden zu Zeiten entwickelt, zu denen die Beiträge für Kapitallebensersicherungen steuerlich hoch begünstigt waren. Damit konnte der Steuervorteil zur Verbilligung der Finanzierung eingesetzt werden. Zur Zeit ist es nur noch möglich, Versicherungsbeiträge im Rahmen der Sonderausgaben bis zu einem be-

---

[113] Vgl. Bosch, M., BWL-Praxiswissen, S. 106.

[114] Vgl. Gondring, H., Immobilienwirtschaft, S. 695.

[115] Vgl. ebenda, S. 696.

stimmten Höchstbetrag von der Einkommensteuer abzuziehen, weshalb die Modelle an Attraktivität verloren haben.[116] Nur wenn die Erträge aus der Lebensversicherung größer sind als die Darlehenskosten, ist dieses kombiniere Finanzierungsinstrument von Vorteil. Dabei muss beachtet werden, dass bei einer Lebensversicherung häufig auch Nachfinanzierungen drohen, soweit die Überschussbeteiligungen korrigiert werden und bei hohen Abschlusskosten.

4.7.10 Fremdwährungsdarlehen

Bei einem Fremdwährungsdarlehen werden Mittel in fremder Valuta aufgenommen, um Chancen wahrzunehmen, jedoch auch unter bewusster Inkaufnahme von Verlustgefahren.

> Beispiel:
> Immobilieneigentümer Kosmopolit nimmt ein Fremdwährungsdarlehen in Yen auf, um von den günstigeren Zinsen zu profitieren und weil er auf eine Abwertung des Euro hofft.

Bei Fremdwährungsdarlehen sollten die Finanzierungskonditionen aufgrund der mit diesen Engagement verbundenen Unsicherheit in Hinblick auf Laufzeit und Zinsbindungsfristen flexibel gestaltet sein. Zudem erscheint es sinnvoll über eine Absicherung nachzudenken, z.B. durch herkömmliche derivate Termingeschäfte.

> Beispiel:
> Herr Kosmopolit kauft die per Kasse verkauften Devisen per Termin zum Tilgungszeitpunkt zurück. Die Differenz zwischen Kassa- und Terminkurs (Swapsatz) gleicht die Zinsdifferenz zwischen heimischer Währung und fremder Valuta aus.
> Damit hat sich Herr Kosmopolit zwar eine Währungsabsicherung geschaffen, deren Kosten gleichen die Vorteile aus dem Zinsunterschied i.d.R. wieder aus.

Als innovative Absicherungsinstrumente sind denkbar:

- Devisenswaps
- Devisenoptionen oder
- Devisenfutures.

4.7.11 Gesellschafterdarlehen

Gesellschafterdarlehen – auch als Gesellschafterfremdfinanzierung bezeichnet - sind ein spezielles, bei Kapitalgesellschaften einsetzbares, Instrument der Außenfinanzierung. Für Gesellschafter von Kapitalgesellschaften ist es u.a. aus steuerlichen Überlegungen interessant, „ihrer" Kapitalgesellschaft ein Darlehen zu geben, denn es wird steuerlich genauso behandelt wie das Fremdkapital eines außen stehenden Gläubigers. Es ist damit als Betriebsausgabe abzugsfähig; und reduziert das Einkommen und damit die Einkommensteuerbelastung der Gesellschaft. Zudem erhöhen die zu zahlenden Zinsen den Gewerbeertrag nur um 50 %, es sei denn § 8 a KStG greift, der eine komplexe Regelung zur Missbrauchsver-

---

[116] Vgl. Schmoll, F. genannt Eisenwerth, Basiswissen, S. 682.

hinderung darstellt und zudem ständig Änderungen durch die Rechtsprechung unterworfen ist.[117]

Der noch gültige § 32 a GmbHG sieht vor, dass im Insolvenzfall ein vom Gesellschafter an die GmbH gegebenes Darlehen nicht als Forderung geltend gemacht werden kann und damit wie Eigenkapital behandelt wird, wenn es in einer Krise, d.h. zu einem Zeitpunkt zugeführt wird, zu dem „ordentliche Kaufleute Eigenkapital zugeführt hätten". Man spricht in diesem Zusammenhang von einem „eigenkapitalersetzenden Darlehen".[118] Bei der Bestimmung einer haftungsrechtlich gebotenen Eigenkapitalausstattung stößt man an Grenzen, die man durch die Formulierung bestimmter Finanzierungsregeln oder durch Branchenkennzahlen zu überwinden versucht.[119]

4.8   Kundenfinanzierung

4.8.1   Bauspardarlehen

Begriffe

Definition:
Bausparen ist staatlich gefördertes, vertragliches Zwecksparen zur Eigenheimfinanzierung und Anlage der vermögenswirksamen Leistungen des Arbeitgebers. Die Spargelder werden von der Bausparkasse verwaltet. Nach der Ansparung von 40 % oder 50 % der Bausparsumme (Ansparzeitraum etwa 8 Jahre, je nach Höhe der Einzahlungen auch kürzer) erhält der Bausparer neben seinem Sparkapital den Unterschiedsbetrag bis zur Bausparsumme als Bauspardarlehen zu einem günstigen Zinssatz mit Festschreibung über die gesamte Laufzeit.

Das Bauspardarlehen ist in der Regel ein nachrangiger, grundpfandrechtlich gesicherter Hypothekarkredit, dessen Beleihungsauslauf bei 80 % des Beleihungswerts liegt, der in der Form eines Annuitätendarlehens gewährt wird und dessen Laufzeit wegen der ca. 7 % Tilgung selten länger als 12 Jahre ist.

Bausparen ist damit Zwecksparen für wohnungswirtschaftliche Maßnahmen; in der Regel zur Finanzierung eigengenutzten Wohnraums. Der Bausparer konnte früher die Vergünstigungen der staatlichen Sparförderung des prämienbegünstigten Sparens in Anspruch nehmen.

---

[117]   Vgl. Rotke, N. B., Immobilienzyklen, S. 376.

[118]   Der § 32 a GmbHG wird wahrscheinlich ersatzlos gestrichen, an seine Stelle tritt eine rechtsformneutrale Regelung über Gesellschafterdarlehen in der Insolvenzordnung, wodurch die Grenze zwischen kapitalersetzenden und sonstigen Gesellschafterdarlehen wahrscheinlich aufgehoben wird.

[119]   Vgl. Perridon, L.; Steiner, M., Finanzwirtschaft, S. 165.

Definition:
Prämienbegünstigtes Sparen wurde um die private Sparlust anzuregen bereits kurz nach der Währungsreform als Steuerbegünstigung eingeführt, die 1959 durch das Sparprämien-Gesetz abgelöst wurde. Der Grundgedanke war: wer langfristig spart, soll belohnt werden. Im Rahmen staatlicher Sparmaßnahmen wurde Ende 1980 die Sparprämie für neue Bankverträge gestrichen; seither gibt es nur noch für Bausparverträge gekürzte staatliche Prämien. Als Ersatz bieten die Banken Sparverträge mit einer Bonus-Zahlung am Ende der Laufzeit an.

Höhe
Zum einen kann ein Arbeitnehmer die Arbeitnehmersparzulage (vermögenswirksame Leistungen) in Anspruch nehmen, wenn er z.B. in Bausparverträge investiert und nicht über 17.900 € (Verheiratete: 35.800 €) zu versteuerndes Einkommen hat. Sie beträgt 18 % der definierten vermögenswirksamen Leistungen, auf maximal 400 € jährlich.

Die Wohnungsbauprämie beträgt maximal 8,9 % der Aufwendungen für Bausparverträge, soweit diese 50 € überschreiten, jedoch maximal 512 € (1.024 € bei Verheirateten), wobei Einkommensgrenzen von 25.600 € (51.200 €) für Verheiratete gelten. Pro Kind erfolgt eine Reduktion des Einkommens um 5.808 €.

Normalerweise zahlen Bausparkassen auf das Guthaben nur geringe Basiszinsen von 1 bis 3 Prozent, von denen noch Abschlussgebühren, mitunter auch jährliche Kontoführungsgebühren abgezogen werden. Verzichtet der Bausparer aber auf ein Darlehen und lässt sich das Guthaben auszahlen, stocken die Kassen die Zinsen nachträglich um einen Bonus von 1,00 bis 2,75 Prozent auf. Einige erstatten in diesem Fall auch noch die Abschlussgebühr.

Regelungen
Bauspardarlehen sind für wohnungswirtschaftliche Zwecke zu verwenden (§ 1 Abs. 3 BSpKG). Dazu gehören:

- der Neubau, Kauf, Modernisierung, Umbau eines Hauses oder einer Eigentumswohnung
- die Ablösung diesbezüglicher Verbindlichkeiten
- die Auszahlung von Miterben
- der Erwerb einer Altersheimwohnung.

Grundlage des Bausparens ist ein Vertrag zwischen dem Sparer und einer Bausparkasse über eine bestimmte Bausparsumme. Mit diesem Vertrag verpflichtet sich der Sparer, ein Mindestguthaben anzusparen. Nach Erreichung dieses Mindestsparguthabens hat der Bausparer unter Wahrung bestimmter Wartezeiten einen Rechtsanspruch auf ein Bauspardarlehen. Die Höhe des Darlehens entspricht der Differenz zwischen angespartem Guthaben und der Bausparsumme.

Merksatz:
Damit ist Bausparen eine zeitlich gestaffelte enge Verknüpfung eines u.U. staatlicherseits subventionierten Sparvorgangs mit einem Finanzprozess.

§ 1 Abs. 1 Bausparkassengesetz (BSpG) verdeutlicht den Unterschied zwischen Banken, Sparkassen, Versicherungsanstalten und Bausparkassen. Die Refinanzierung der Realkreditanstalten erfolgt hauptsächlich durch die Ausgabe von Pfandbriefen und Kommunalschuldverschreibungen. Zwischen den Sparern (Pfandbriefkäufern) und den Darlehensnehmern besteht i.d.R. keine Identität, vor allem hat der Sparer keinen Rechtsanspruch auf eine Hypothek.[120]

Im Unterschied dazu baut das Bausparsystem auf dem Kollektivsystem auf. Der Bausparer schließt mit der Bausparkasse einen Bausparvertrag über eine bestimmte Vertragssumme ab, z.B. 70.000 €. Hierauf hat der Bausparer einmalig oder regelmäßig die vertraglich festgelegten Sparraten zu zahlen (Vorsparen), z.B. entsprächen 40 % einem Sparguthaben von 28.000 €. Wenn das Mindestsparguthaben, die Mindestsparzeit (häufig 18 oder 24 Monate) und eine ausreichend hohe Bewertungsziffer erreicht sind, wird der Bausparvertrag zuteilungsreif. Nach Zuteilungsannahme durch den Bausparer, zu der er aber nicht verpflichtet ist, hat er einen Rechtsanspruch auf Auszahlung sowohl des angesammelten Sparguthabens einschließlich der Zinsen als auch auf das Bauspardarlehen in Höhe des Unterschiedsbetrags zwischen der Vertragssumme und dem Bausparguthaben. Ein Vorteil der Bauspardarlehens liegt darin, dass Bausparkassen der zweite Rang im Grundbuch ausreicht und die Darlehen bis zu 80 % des Beleihungswerts gewährt werden.

Kauf der Immobilie vor Zuteilung

Probleme ergeben sich für den Bausparer immer dann, wenn ein Haus vor der Zuteilung gekauft werden soll, weil dann Überbrückungskredite aufgenommen werden müssen. Derartige Kredite sind Festdarlehen mit kapitalmarktabhängiger Konditionsgestaltung. Die Tilgung erfolgt bei der Zuteilung des Vertrags mit der ausgezahlten Bausparsumme. Unterschieden werden:[121]

- eine Zwischenfinanzierung, die immer dann erforderlich wird, wenn das Mindestsparguthaben zwar erreicht wird, aber noch keine Zuteilung erfolgt ist
- eine Vorfinanzierung, die in Anspruch genommen wird, wenn das Mindestsparguthaben noch nicht erreicht ist oder
- eine Sofortfinanzierung, die direkt nach Abschluss des Bausparvertrages in Anspruch genommen wird, so dass der Abschluss des Bausparvertrages und die Aufnahme des Überbrückungskredits zusammenfallen (Sofortauffüllung des Bausparvertrags).

Beurteilung

Bereits wenn der Bausparvertrag abgeschlossen wird, legt sich der Bausparer auf einen bestimmten Bauspartarif fest, d.h. auf die Sollzinsen und die Habenzinsen, womit Konditionensicherheit besteht. Überbrückungskredite führen zu einer Verteuerung des Gesamtprojekts „Immobilienerwerb". Zudem steht der genaue Zeitpunkt der Darlehenszuteilung nicht fest.[122] In der heutigen Zeit ist Bausparen weitgehend unattraktiv geworden, mit zu hohen Kosten verbunden und es werden nur Zuschüsse für niedrige Einkünfte gewährt. Zudem ist die Verzinsung in der Ansparphase sehr gering.

---

[120]   Vgl. Gondring, H., Immobilienwirtschaft, S. 694.
[121]   Vgl. Maier, K.M. Risikomanagement, S. 128.
[122]   Vgl. ebenda, S. 129.

4.8.2 Versicherungen für Kunden

Einführung

Versicherungen für den Kunden eines Immobilienunternehmens sind zwar keine eigenen Finanzierungsprodukte, sie dienen aber der Absicherung der Finanzierung und damit einer verbesserten Möglichkeit, Kunden zu finanzieren, weshalb ein grundlegendes Wissen um die Instrumente vorhanden sein sollte. Dabei werden die Restschuld- und die Hypothekenversicherung unterschieden.

Restschuldversicherung

Darstellung

Die Restschuldversicherung, auch Restkreditversicherung genannt, eignet sich für die Absicherung von Krediten bei der Bau- und Immobilienfinanzierung. Sie sichert sowohl den Kreditnehmer als auch der Gläubiger ab und zwar in Abhängigkeit vom Tarif vor dem Risiko der Zahlungsunfähigkeit durch Tod, Krankheit, Unfall oder Arbeitslosigkeit. Bei einer Restschuldversicherung handelt es sich eigentlich um eine Risikolebensversicherung, deren Versicherungssumme und Beiträge aber entsprechend der Tilgung abnehmen. Aufgrund dieser Eigenart ist die Restschuldversicherung günstiger als eine reguläre Risikolebensversicherung mit fester Versicherungssumme und gleich bleibenden Beiträgen, was bei Abschluss beachtet werden sollte.

Beurteilung

Die Restschuldversicherung stellt eigentlich ein optimales Produkt zur Absicherung des Kunden des Immobilienunternehmens gegen bestimmte Risiken dar, auch für kleinere Anleger.

Hypothekenversicherung

Darstellung

Neben der Restschuldversicherung wird in letzter Zeit ein zweites Sicherungsprodukt im Kreditbereich häufig erwähnt: Die Hypothekenversicherung als ein Sicherungsmittel, welches ausschließlich im Bereich der Immobilienfinanzierung angewandt wird. Die Kreditnehmer selbst können keine Hypothekenversicherungen abschließen. Zielgruppe der Hypothekenversicherung sind vielmehr die Banken, die Immobilienkredite vergeben. Diese sollen sich mit dem Produkt gegen Zahlungsausfälle im Bereich der Immobilienfinanzierung absichern können. Der Anbieter der Hypothekenversicherung übernimmt im Fall der Zahlungsunfähigkeit den Teil der Darlehenssumme, der nicht durch die Versteigerung oder den Verkauf der Immobilie gedeckt werden konnte. Kreditinstitute können von Kunden die durch die Hypothekenversicherung abgesichert sind, einen geringeren Eigenkapitalanteil verlangen und sich somit einen größeren Kundenkreis erschließen. In der Regel verlangen Kreditinstitute bei einer Immobilienfinanzierung einen Eigenkapitalanteil von 20 Prozent. Durch die Hypothekenversicherung kann dieser Anteil auf bis zu 5 Prozent gesenkt werden, da die Hypothekenversicherung das größere Risiko durch den geringeren Eigenkapitalanteil wieder ausgleicht.

Beurteilung

In den USA und in Großbritannien ist die Hypothekenversicherung bereits seit längerem fester Bestandteil der Immobilienfinanzierung. In Deutschland hat dieses Sicherungsmittel noch keine größere Bedeutung erlangt.[123] Da die Banken diese Versicherungen abschließen kosten sie den Kunden direkt nichts, er trägt die Kosten aber indirekt über einen höheren Zins.

---

[123] Zu Einzelheiten vgl:. Dous, M., Hypothekenversicherung, S. 20–25.

5 Einige Besonderheiten der Bauträgerfinanzierung

5.1 Risikoanalysen

5.1.1 Risikoanalyse eines Bauträgers[124]

> Definition:
> Ein **Bauträger** erwirbt, bebaut und verkauft Grundstücke auf eigene Rechnung und auf eigenes Risiko an Anleger oder Eigennutzer und finanziert diese Maßnahmen mit Eigen- oder Fremdmitteln.

Eine detaillierte Risikoanalyse ist deshalb erforderlich, weil Projektentwicklungen aufgrund der relativ langen Umschlagsdauer des Kapitals sowie des hohen Kapitaleinsatzes, verbunden mit einer großen Unsicherheit über zukünftige Nachfrage, zu den risikoreichsten unternehmerischen Aktivitäten überhaupt zählen. Zudem lässt sich feststellen, dass Immobilienprojektentwickler[125] weit weniger Gebrauch von den Instrumenten des Risikomanagements (z.B. Entscheidungstheorie) machen als andere Branchen, was zum größten Teil darauf zurückgeführt wird, dass es sich oft um kleine und mittelgroße Unternehmen handelt.[126] Das Projektrisiko hängt neben den Umfeldbedingungen stark von der Professionalität des Projektentwicklers ab.[127]

Insgesamt unterscheidet man – nicht überschneidungsfrei – folgende Risikoarten:[128]

Das **Entwicklungsrisiko**, welches in einer nicht marktkonformen Projektkonzeption besteht und das umso größer ist, je weiter sich der Projektentwickler von seinem angestammten Marktsegment entfernt. Hier kommt es darauf an, dass der Developer die nachhaltige Marktaufnahmebereitschaft zum Vermietungs- bzw. Verkaufszeitpunkt unter Berücksichtigung der Standortqualität und des Nutzungskonzepts realistisch einschätzt. Auch der demographische Faktor führt in diesem Zusammenhang zu einer Risikoausweitung. Das **Zeitrisiko** ist einer der größten Risikofaktoren innerhalb der Projektentwicklung und umfasst das Überschreiten der geplanten Entwicklungs- oder Vermarktungsdauer mit der Folge zusätzlicher Zinsbelastungen. Gründe dieses Risikos können sowohl interner Natur sein, z.B. durch mangelhafte

[124] Vgl. Hellerforth, M., Risiko, S. 29ff.
[125] Die Begriffe „Bauträger", „Projektentwickler" und „Developer" werden synonym verwendet.
[126] Vgl. Isenhöfer, B., Management, S. 93.
[127] Vgl. Graf, K. H., Projektdevelopment, S. 661.
[128] Vgl. Isenhöfer, B., Management, S. 94ff.

Organisation des Projektteams, oder externer Natur: Hier sind insbesondere langfristige Genehmigungsverfahren zu nennen. Dieses Risiko ist gravierender in seinen Auswirkungen, wenn Fertigstellungstermine oder Festpreise garantiert sind.[129] Das Zeitrisiko umfasst auch das Risiko, dass sich ehemals günstige Rahmenbedingungen hinsichtlich der Nachfrage- oder Wettbewerbsituation verschlechtern.[130] Das **Genehmigungsrisiko** besteht weniger darin, dass die Baugenehmigung verweigert wird, als dass sie mit Auflagen versehen wird, die die Wirtschaftlichkeit des Projekts in Frage stellen. Ebenso geht es um weitere notwendige öffentlich-rechtliche Genehmigungen.[131] Das **Finanzierungsrisiko** besteht im Wesentlichen aus dem Zinsänderungsrisiko und dem Risiko, dass aufgrund des hohen Fremdkapitalanteils und einer unzureichenden Eigenkapitalausstattung des Bauträgers der Kapitaldienst eventuell nicht aufzubringen ist, insbesondere wenn es zu Verzögerungen kommt. Des weiteren besteht ein **Boden- und Baugrundrisiko**, welches nur durch detaillierte Analysen vor Beginn des Projekts weitgehend ausgeschaltet werden kann, sowie – als Folge der langen Entwicklungsdauer – ein **Kostenrisiko**, das hinreichend genaue Kostenprognosen in einem frühen Stadium des Projektentwicklungsprozesses erheblich erschwert. Hinzu kommen in der Praxis häufig ungenaue Ausschreibungen, Pläne und Anforderungsprofile.[132]

5.1.2   Risikoanalyse durch die Banken

Banken sehen als besondere Bauträgerfinanzierungsrisiken:[133]

- das technische Herstellungsrisiko bei der Bauwerkserstellung
- das Verkaufsrisiko hinsichtlich einzelner Einheiten
- das Kostenrisiko im Rahmen der Kalkulation und
- das Terminrisiko in Bezug auf die geplante Fertigstellung.

Aus der Sicht der Banken liegen die Hauptinsolvenzgründe der Bauträger in folgenden Faktoren:

- mangelndes Eigenkapital
- Fehler in der Unternehmensführung, so auch unzureichende Kalkulation
- zunehmender Wettbewerb
- labiler Konjunkturverlauf und
- sinkende Erträge bei steigenden Kostenbelastungen
- mangelhaftes Marketing
- mangelnde Marktanalyse
- Fehler bei der Finanzierung sowie
- Koordinationsprobleme bei den Bauhandwerkern mit der Folge hoher Gewährleistungsverpflichtungen und Insolvenzen der Bauhandwerker und
- Bauzeitverlängerung und Überschreitung des Kostenrahmens.

---

[129] Vgl. Falk, B. (Hrsg.), Fachlexikon 1996, S. 505.

[130] Vgl. Vernor, J. D., Introduction, S. 10.

[131] Vgl. Falk, B. (Hrsg.), Fachlexikon 1996, S.505; ausf.: Hellerforth, M., Risiko, S. 31.

[132] Vgl. Abrahams, F., Estate, S. 23.

[133] Vgl. Reisach, K.-H., Bauträgerrecht, S. 285.

5.2   Einige Finanzierungsbesonderheiten

5.2.1   Grundlagen

Die Finanzierung einer Bauträgermaßnahme ist gleichbedeutend mit der Bereitstellung eines Kontokorrentrahmens, der durch die Verkaufserlöse aus dem Projekt zurückgeführt werden soll. Es müssen Grundstücksankauf, Baukosten, Nebenkosten und Bauzeitzinsen vorfinanziert werden, ein Geschäft, das für ein Kreditinstitut zeit-, beratungs- und betreuungsintensiv ist und im Vergleich zur Endfinanzierung von Immobilien risikoreicher.[134] Zudem zeichnen sich Bauträgerfinanzierungen durch ein breites Spektrum aus und umfassen die Erstellung eines Eigenheims, von Wohnbauten, Gewerbeimmobilien oder auch gemischt genutzten Immobilien im Wert von bis zu mehreren hundert Millionen Euro.

Eine typische Ausprägung des Finanzierungsrisikos ist, dass Bauträger häufig nur mit einem geringen Eigenkapitalanteil arbeiten. Die Hauptfinanzierungsquelle sind damit Darlehen und die Kundenzahlungen, die gemäß der Makler- und Bauträgerverordnung (MaBV) während des Baufortschritts sukzessive zu leisten sind.[135] Damit kann ein Bauträger ceteris paribus dann am preisgünstigsten anbieten bzw. den höchsten Ertrag erzielen, wenn er in einer frühen Phase der Projektentwicklung möglichst viele Einheiten verkaufen kann. Der Bauträger kann gemäß § 3 Abs. 2 MaBV bis zu sieben Teilbeträge während des Bauablaufs entgegennehmen oder sich zu deren Verwendung ermächtigen, wie die folgende Abbildung 5.1 darstellt. Die Abbildung 5.2 zeigt die Umsetzung dieser Vorschrift als Auszug eines Bauträgerbetrags.

30 %	wenn das Eigentum an einem Grundstück übertragen werden soll	nach Beginn der Erdarbeiten
20 %	wenn ein Erbbaurecht bestellt oder übertragen werden soll	
40 %	nach Rohbaufertigstellung, einschließlich Zimmererarbeiten	
8 %	für die Herstellung der Dachflächen und Dachrinnen	
3 %	für die Rohinstallation der Heizungsanlagen	
3 %	für die Rohinstallation der Sanitäranlagen	
3 %	für die Rohinstallation der Elektroanlagen	
10 %	für den Fenstereinbau, einschließlich Verglasung	
6 %	für den Innenputz, ausgenommen Beiputzarbeiten	
3 %	für den Estrich	
4 %	für die Fliesenarbeiten im Sanitärbereich	
12 %	nach Bezugsfertigkeit und Zug um Zug gegen Besitzübergabe	
3 %	für die Fassadenarbeiten	
5 %	nach vollständiger Fertigstellung	

5.1 Die Teilbeträge gemäß § 3 der MaBV

---

[134] Vgl. Reisach, K.-H., Bauträgerrecht, S. 191.
[135] Vgl. Hellerforth, M, Risiko, S. 35.

§ 5 Zahlung des Kaufpreises

1. Der Gesamtkaufpreis ist wie folgt zahlbar:

a)	ein Teilbetrag in Höhe von 30 %	nach Beginn der Erdarbeiten
b)	ein Teilbetrag in Höhe von 28 %	nach Rohbaufertigstellung, einschließlich Zimmererarbeiten
c)	ein Teilbetrag in Höhe von 9,8 %	nach Herstellung der Dachflächen und Dachrinnen, Rohinstallation der Heizungs- und Sanitäranlagen
d)	ein Teilbetrag in Höhe von 9,1 %	nach Rohinstallation der Elektroanlagen und Fenstereinbau einschließlich Verglasung
e)	ein Teilbetrag in Höhe von 9,1 %	nach Innenputz, ausgenommen Beiputz- und Estricharbeiten
f)	ein Teilbetrag in Höhe von 10,5 %	nach Bezugsfertigkeit einschließlich Fassadenarbeiten und Zug um Zug gegen Besitzübergabe
g)	ein Teilbetrag in Höhe von 3,5 %	nach vollständiger Fertigstellung einschließlich der gemäß Baubeschreibung vorgesehenen Außenarbeiten

5.2 Die Umsetzung des § 3 MaBV in einen Bauträgervertrag

5.2.2   Das Sicherungsproblem und die Struktur der Finanzierung

Bei einem Kauf nach MaBV entsteht für den Erwerber ein Sicherungsproblem, da Grundstück und entstehendes Gebäude sich noch im Eigentum des Bauträgers befinden und zwar bis zur grundbuchrechtlichen Umschreibung, die vom Bauträger aber erst nach der Fertigstellung der Immobilie beantragt wird, da er ebenfalls eine Sicherheit benötigt. Die MaBV löst dieses Sicherungsproblem für private Erwerber jedoch weitgehend; Kaufleute und Körperschaften des Öffentlichen Rechts können hingegen Abweichendes vereinbaren.

Die MaBV besagt, dass der Bauträger nur Zahlungen in Raten von vorgeschriebener Höhe verlangen kann oder weitere Sicherheiten stellen muss (§§ 3-6 MaBV). Des Weiteren muss der Bauträger die Zahlungen über ein besonderes Konto für das jeweilige Bauvorhaben des Erwerbers verbuchen (Zweikontenmodell). Die Verfügung über beide Konten erfolgt ausschließlich durch Überweisungen, die vom zuständigen Bankmitarbeiter freigegeben werden müssen.[136]

Eine Alternative sieht der § 7 MaBV vor, demzufolge der Bauträger eine Bankbürgschaft oder Versicherung über die volle Vertragssumme stellen kann. Hieraus resultiert auch die Struktur der Bauträgerfinanzierung, wie in Abbildung 5.3 gezeigt.

---

[136]   Vgl. Reisach, K.-H., Bauträgerrecht, S. 213.

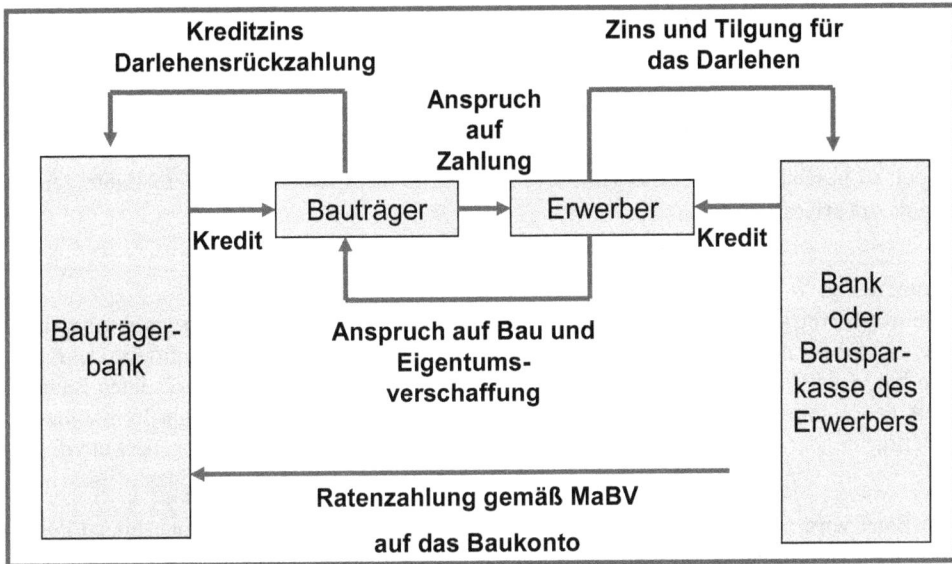

5.3 Struktur der Bauträgerfinanzierung[137]

Deutlich wird, dass die Raten gemäß MaBV so bemessen sind, dass der Bauträger in Vorleistung treten muss, was die Notwendigkeit einer weiteren Mittelaufnahme begründet. Die Darlehen, die der Bauträger hierzu in der Regel aufnimmt, werden aus den Zahlungen der Erwerber zurückgeführt und müssen während der Entwicklungs- und Bauphase nur verzinst, nicht aber regelmäßig getilgt werden. In Abhängigkeit vom Institut und der Risikoeinschätzung gegenüber dem Bauträger enthält der Zinssatz eine höhere Risikomarge, hinzu kommen häufig Bearbeitungsgebühren. In einigen Fällen wird auch zusätzlich eine Beteiligung am Bauträgergewinn vereinbart. Der Bauträger muss – wie dargestellt – die Zahlungen der Erwerber auf Sonderkonten verbuchen; oft übernimmt die Führung dieser Konten auch seine Bank; teilweise überwacht sie auch die Kreditverwendung, indem sie selbst nach entsprechenden Bestätigungen des Baufortschritts durch einen unabhängigen Gutachter, die Zahlungen der Rechnungen der Handwerker selbst übernimmt, was eventuell weitere Gebühren auslöst.

Der Erwerber finanziert sich über Banken oder Bausparkassen und muss aufgrund des mit seinem Institut bestehenden Kreditvertrages ebenfalls Zins- und Tilgungsleistungen erbringen. Es kann zwischen dem Bauträger und dem Erwerber vereinbart werden, dass die Zahlungen direkt von der Bank des Erwerbers auf das Bausonderkonto des Bauträgers geleistet werden.

Zur Sicherheit kann sich der Bauträger vom Erwerber auch den Anspruch auf Auszahlung seines Darlehens, den er gegenüber seiner Bank oder Bausparkasse hat, abtreten lassen. Dabei ist zu beachten, dass sich die Bank des Bauträgers in der Regel eine Grundschuld auf das zu bebauende Grundstück eintragen lässt. Gemäß § 3 MaBV muss sie dem Erwerber gegenüber erklären, dass sie das Grundpfandrecht dann freigeben wird, wenn der Bauträger alle Leistungen erbracht hat. Ein Grundstück mit dem noch nicht fertig gestellten Gebäude ist aus Sicht der Bank keine ausreichende Sicherheit für einen Bauträgerkredit, weshalb sie sich zusätzlich den Zahlungsanspruch des Bauträgers gegenüber dem Erwerber abtreten lassen wird.

---

[137] In Anlehnung an: Schmoll, F. genannt Eisenwerth, Basiswissen, S. 707.

5.2.3 Sicherheitenstellung bei der Bauträgerfinanzierung und Abwicklung

Wenn der Bauträger – wie erwähnt – eine Bürgschaft nach § 8 MaBV stellt, können die Zahlungen des Erwerbers eigentlich auch direkt an den Bauträger erfolgen. Die Bürgschaft muss jedoch so beschaffen sein, dass sämtliche Ansprüche des Erwerbers aus dem Bauträgervertrag davon erfasst werden.

Anmerkung:
Derartige Bürgschaften sehen regelmäßig vor, dass die bürgenden Banken einen Anspruch des Erwerbers mit den vom Bauträger erbrachten Leistungen aufrechnen dürfen. Dann hat die bürgende Bank im Fall eines nicht fertig gestellten Baus oder eines insolventen Bauträgers das Wahlrecht, dem Erwerber ein lastenfreies Grundstück mit unfertiger Immobilie zu übertragen oder den Kunden auszuzahlen und das Grundstück anderweitig zu verwerten.

Die Bank wird auch im Fall einer Bürgschaft verlangen, dass die Zahlungen über Bausonderkonten laufen, damit sie einen Überblick über die Zahlungsvorgänge behält. Wenn eine Bürgschaft vereinbart wird, muss der Bauträger zusätzlich zu den Kreditzinsen eine Bürgschaftsgebühr (Avalzins) an die bürgende Bank zahlen.

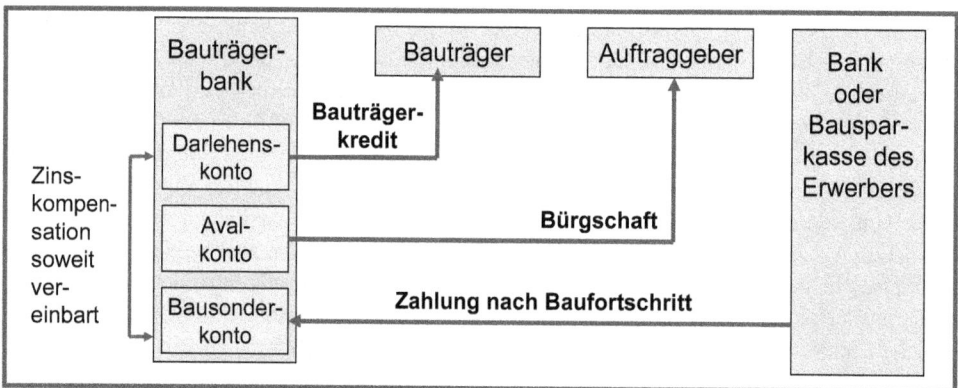

5.4 Abwicklung einer Bauträgerfinanzierung[138]

Die Bank des Bauträgers wickelt das Geschäft über zwei – bei der Bürgschaftsvariante über drei – Konten ab. Im Soll des Darlehenskontos des Bauträgers stehen die von ihm in Anspruch genommenen Mittel. Das treuhänderisch für die Erwerber geführte Bausonderkonto, zeigt im Haben die von dem Erwerber geleisteten Ratenzahlungen. Der Kreditbedarf des Bauträgers ergibt sich aus der jeweils aktuellen Differenz zwischen den fälligen Bau- und Handwerkerrechnungen und den geleisteten Erwerberzahlungen. Diese zwei Konten werden erst aufgelöst, wenn das Gesamtvorhaben abgerechnet wird, was insbesondere dann, wenn es zu Streitigkeiten zwischen den Erwerbern und dem Bauträger und daraus folgend der Zurückhaltung von Zahlungen kommt, relativ lange dauern kann. Damit erleidet der Bauträger

---

[138] Vgl. Schmoll, F. genannt Eisenwerth, Basiswissen, S. 709.

einen Zinsverlust, denn er zahlt höhere Sollzinsen über den gesamten jeweils in Anspruch genommenen Darlehensbetrag und erhält dafür lediglich niedrigere Habenzinsen für die Guthaben auf den Bausonderkonten. Bei guter Kundenbeziehung zwischen Bank und Bauträger ist es möglich, eine monatliche Zinskompensation zu vereinbaren, mit der Folge, dass lediglich der Differenzbetrag zwischen den Salden des Darlehens- und des Bausonderkontos verzinst werden muss. Der Differenzbetrag erhöht den Kreditsaldo maximal bis zur Ausschöpfung des Kreditrahmens. Bei Grundstücksankaufskrediten oder bei Erschöpfung des Kreditrahmens müssen die Zinsen tatsächlich gezahlt werden.[139]

Im Bürgschaftsmodell gibt es ein drittes Konto: das Avalkonto über die Bürgschaftssumme, welches die gesamte Vertragssumme des Bauträgervertrags umfasst. Eine faktische Inanspruchnahme der Bank ist jedoch auf die Differenz zwischen den Zahlungen der Erwerber und den Leistungen des Bauträgers begrenzt.[140]

5.2.4 Besondere Anforderungen von Seiten der Banken an die Bauträger

Aufgrund des hohen Fremdkapitalanteils bei der Bauträgerfinanzierung und dem für die Banken damit verbundenen Risiko wird gerade hier ein besonderes Augenmerk auf Risikominderung gelegt.

Eine Kreditwürdigkeitsprüfung des Bauträgers beginnt mit einer Brancheneinschätzung und der Projektion der Ergebnisse dieser auf das geplante Bauvorhaben und den Bauträger. Die Bank setzt die Risiken des Engagements ins Verhältnis zur erzielbaren Rendite. Dabei werden detaillierte Risikountersuchungen durchgeführt.[141]

5.3 Finanzbedarf

Wenn hinsichtlich der Kreditanfrage positiv entschieden werden könnte, werden die Kredithöhe, der zu fordernde Verkaufsstand und weitere Auszahlungsvorrausetzungen festgelegt. Die Kreditlinie bestimmt sich nach der Höhe der Gesamtkosten aus Grundstück, Gebäude, Neben- und Finanzierungskosten, abzüglich vorgesehener Eigenmittel, die mindestens 10 bis 30 % der angemessenen Gestehungskosten betragen sollten. Die während der Bauphase eingehenden Käuferzahlungen werden bei der Ermittlung der Kredithöhe nicht berücksichtigt. Dann stehen – zumindest betragsmäßig – Finanzierungsmittel für die vollen Kosten bereit, nicht hinzugerechnet werden ein kalkulierter Gewinn und das einzubringende Eigenkapital.

Der Bauträger belegt den Verkaufsstand anhand wirksam geschlossener Bauträgerverträge inklusive eines Finanzierungsnachweises seiner Kunden. Der Eigenmitteleinsatz, der häufig bereits zum Zeitpunkt des Grundstücksankaufs, spätestens aber zum Beginn der Baumaßnahme erfolgen soll, kann – außer durch liquide Mittel – aufgebracht werden durch:

- werthaltige Grundschulden am Firmen- oder Privatbesitz eines Unternehmers oder
- die Verpfändung von Wertpapieren oder von Festgeldern.

---

[139] Vgl. Reisach, K.-H., Bauträgerrecht, S. 213.
[140] Vgl. Schmoll, F. genannt Eisenwerth, Basiswissen, S. 709.
[141] Vgl. Reisach, K.-H., Bauträgerrecht, S. 189

Den Banken fällt die Kreditvergabe leichter, wenn die Kalkulation des Bauträgers schlüssig ist und ein realisierbarer Bauzeiten- bzw. Geldispositionsplan aufgestellt wird. Dabei hat eine typische Kostenkalkulation folgenden schematischen Aufbau (vgl. Abb. 5.5).

Grundstückskosten (Fläche je m² × €/m²)	€
Erwerbsnebenkosten	
Notar- und Grundbuchkosten	
Vermessungskosten	
Maklerprovisionen	
Grunderwerbsteuer	€
Räumungs-, Erschließungs- und Gutachterkosten	
Abriss	
Gutacherkosten (z.B. bei Altlastenverdacht)	
Kosten der technischen Erschließung	€
begleitende Kosten der Erschließung	
Bau- und Baunebenkosten (m³ umbauter Raum × €/m³)	
Garagen und Stellplätze	€
Kosten der Außenanlagen	
Zuwegung	
Einfriedungen	
Anpflanzungen	€
Sonstige Nebenkosten	
Architekten- und Statikerleistungen	
Kosten des Baugenehmigungsverfahrens	
Finanzierungskosten	
Vertriebskosten	€
Gesamtkosten	€
Verkaufserlöse	
m²-Wohnfläche × Quadratmeterpreis	
Garage / Stellplatz × Preis je Einheit	€
Bruttogewinn	€

5.5 Schema einer Kostenkalkulation eines Bauträgers

Da die Mittelabflüsse innerhalb eines bestimmten Zeitrahmens erfolgen und während dieser Zeit die vorgesehenen Geldispositionen (Soll) mit den tatsächlichen Verfügungen (Ist) verglichen werden müssen, ist zusätzlich ein Bauzeitenplan (vgl. Abb. 5.6) erforderlich. Nur so kann die Bank feststellen, ob das Bauvorhaben im Soll liegt und ob der Kreditrahmen reicht. Insoweit werden laufende Anpassungen des Kostenplans notwendig sein.

	März	April	Mai	Juni	Juli	Aug.	Sept.	Okt.	Nov.	Dez.
Baustellen-einrichtung	———									
Baugruben-aushub	—									
Sohlplatte	—									
Keller		—								
Anfüllung		—								
1. OG			—							
2. OG			—							
3.OG			—							
Dach-geschoss				—						
Zimmerer-arbeiten				—						
Dachdecker					—					
Trockenbau					——					
Klempner					——					
Fenster					—					
Elektro					——					
Heizung						——				
Sanitär						—				
Putz innen					——					
Wärmedämm-putz						—				
Estrich						——				
Schlosser-arbeiten							—			
Fliesen						—				
Innentüren							——			
Maler							—			
Bodenbelag					——————					
Außenanlagen										—
Baureinigung										—

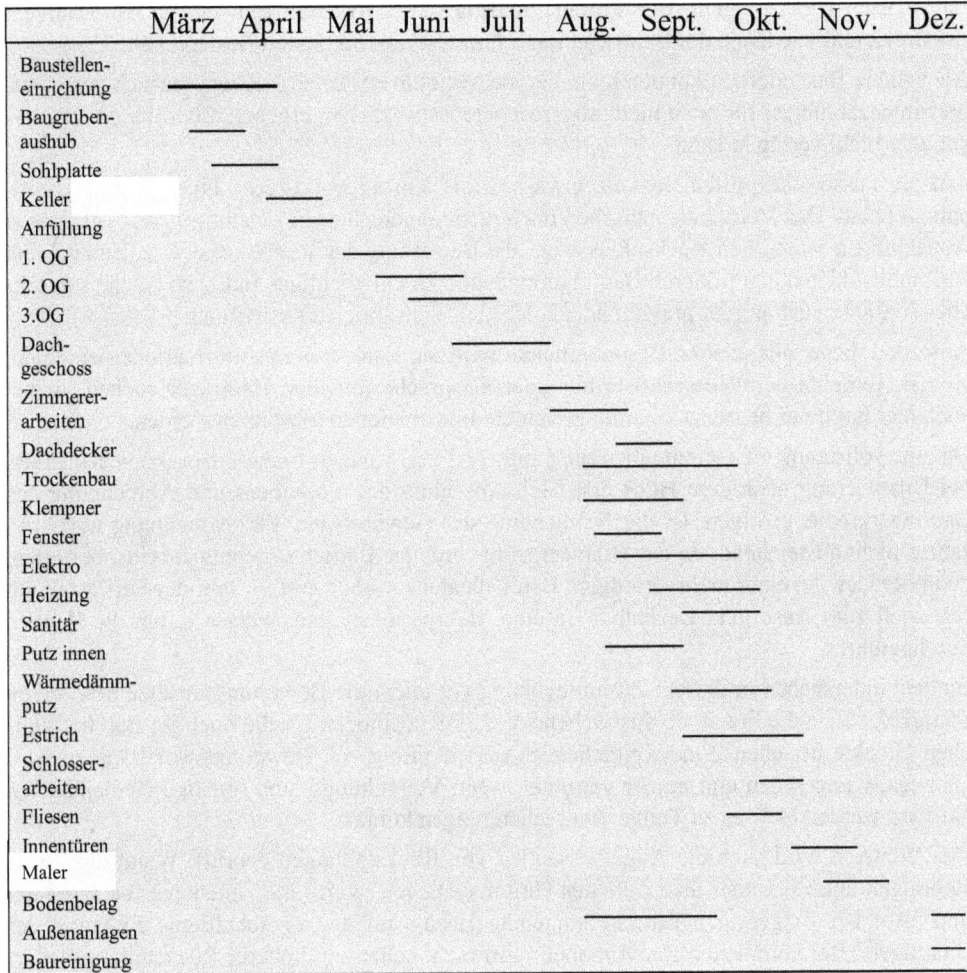

5.6 Schema eines Bauzeitenplans[142]

5.4 Bauträgerbilanzen und deren Auswertung durch Banken

Aufgrund der relativ langen Zeit, die von der ersten Projektidee bis zum Vertrieb der letzten Einheit einer Bauträgermaßnahme bzw. deren Fertigstellung vergeht, gibt es einige Besonderheiten in Bauträgerbilanzen. So werden zum Verkauf oder zur Bebauung bestimmte Grundstücke im Umlaufvermögen als Vorräte aktiviert. Deshalb sollte bei einer Bilanzbetrachtung geklärt werden, wie sich die bilanzierten Maßnahmen hinsichtlich Bautenstand und Verkaufsstand entwickelt haben und welche Maßnahmen seit dem Bilanzstichtag begonnen wurden, die sich in Anschaffungs- und Herstellungs-, Planungs- und Finanzie-

---

rungskosten widerspiegeln. Bei Vorratsgrundstücken analysieren Banken, ob das Baurecht geklärt ist und wie lange der Bauträger diese Grundstücke bereits im Bestand hält.[143]

Als weitere Besonderheit können hohe liquide Mittel in der Bilanz stehen, die sich aus Kaufpreisratenzahlungen für noch nicht abgerechnete Bauvorhaben ergeben, über die der Bauträger aber nicht verfügen kann.

Auf der Passivseite prüfen Banken, inwieweit die Vorratsgrundstücke eigen- oder fremdfinanziert sind. Das Verhältnis zwischen noch nicht abgerechneten Leistungen und geleisteten Anzahlungen ermöglicht Rückschlüsse auf die Bewertung der Vermögenswerte. Zudem sind Verbindlichkeiten aus früheren Bauträgermaßnahmen ein wichtiges Indiz, so solche steuerlicher Art, aber auch immer gravierender solche aus Gewährleistungshaftung.

Aufgrund dieser bilanziellen Besonderheiten wird die Bank weitere Informationen einholen, so z.B. Berichte der Wirtschaftsprüfer oder Gespräche mit dem Bauträger suchen, wobei auch hierdurch nur begrenzt zukunftsgerichtete Informationen gewonnen werden.

Da eine vollständige Gewinnrealisierung aufgrund des strengen Imparitätsprinzips des HGBs bei Bilanzierung nach dem HGB erst nach Abschluss des Vorhabens und Abrechnung des Bauträgerkredits erfolgen, ist die Betrachtung der Gewinn- und Verlustrechnung nur eines Jahres nicht ausreichend, da das Bilanzergebnis und das Betriebsergebnis auseinanderfallen, denn der Gewinn einer mehrperiodigen Baumaßnahme kommt erst im Jahr der Fertigstellung bilanziell zum Ausdruck. Deshalb wird eine Mehrperiodenbilanzanalyse durch die Banken durchgeführt.

Banken untersuchen in diesem Zusammenhang vor allem die Bewertungsansätze bzw. deren Stetigkeit sowie die Frage, ob ausreichend Vorsorgepositionen für die noch im Bau befindlichen Objekte bestehen. Eine weitgehende Ausschöpfung von Bewertungsspielräumen wird als negativ angesehen und immer vermutet, wenn Verwaltungs- und sonstige Gemeinkosten aktiviert werden bzw. es zu Teilgewinnrealisierungen kommt.

Des Weiteren wird auch die Angemessenheit von Rückstellungen geprüft. Wenn die Rückstellungen unter 0,5 oder über 5 % des Umsatzes liegen, wird i.d.R. intensiver nachgefragt, und zwar bei zu geringen Rückstellungen in Bezug auf die wirtschaftliche Situation des Bauträgers. Bei komplexen Bauvorhaben wird nicht selten ein höherer Rückstellungsbedarf gesehen.

---

[143]   Vg. h.u.i.F.: Reisach, K.-H., Bauträgerrecht, S. 259ff.

6 Veränderungen des Kapitalmarkts und dessen Folgen – Innovative Finanzierungsinstrumente

6.1 Eigenkapitalvereinbarungen nach Basel II und deren Folgen

6.1.1 Grundlagen

1988 hat der in Basel bei der Bank für Internationalen Zahlungsaugleich ansässige Baseler Ausschuss erstmals Empfehlungen für die Eigenkapitalunterlegung von Kreditrisiken verabschiedet (Basel I).[144] Ziel des Ausschusses ist die Erfassung von Richtlinien zur grenzüberschreitenden Kontrolle von Banken um Kreditrisiken zu senken. Die Regelungen in Basel I waren jedoch nicht risikosensitiv ausgelegt. Die Risikoeinteilung richtete sich nach Klassen (Kredite an Privathaushalte, Hypothekengesicherte Wohnungsbaukredite, Interbankforderungen, Öffentliche Hand). Schuldner mit schlechter Bonität, aber einer guten Risikoklasse, sollten nicht weiter bevorteilt werden, indem sie gleiche Zinsen zahlten wie solche mit guter Bonität. Dies führte zur Ausarbeitung der Anforderungen nach Basel II,[145] die Anfang 2007 in Kraft traten.[146]

> Definition:
> **Basel II** richtet sich nicht an Kreditnehmer, sondern gibt einheitliche Regelungen zur Eigenkapitalunterlegung von Kreditrisiken für die großen internationalen Banken vor. Die Umsetzung erfolgte in Deutschland u.a. durch die Solvabilitätsverordnung (SolvV) und die Mindestanforderungen an das Risikomanagement (MaRisk).[147]

Basel II fußt auf drei Säulen, deren Zweck darin liegt, zu einem sicheren und soliden Finanzsystem beizutragen. Die erste Säule regelt die Mindestkapitalanforderungen: es wird festgelegt wie viel regulatorisches Eigenkapital für die jeweiligen Risiken vorzuhalten ist. Die 2. Säule regelt die „qualitative Aufsicht". Demnach müssen die Aufsichtsbehörden die Verfahren und Methoden überprüfen können, mit denen Banken ihre Risiken messen. Säule 3

---

[144] Vgl. Kälberer, W., Anforderungen, S. 371.
[145] Vgl. Bosch, M., BWL-Praxiswissen, S. 109.
[146] Vgl. Hellerforth, M., BWL, S. 134f.
[147] Vgl. Brenken, A.; Papenfuß, H., Unternehmensfinanzierung, S. 4–5.

beinhaltet Offenlegungsvorschriften und erweitert die Publizitätspflichten der Banken, mit der Hoffnung mehr Transparenz gegenüber der Öffentlichkeit zu erreichen.

Für Immobilienunternehmen – bzw. allgemein für Mittelständler – hat die 1. Säule die größte Bedeutung.

Kreditvolumensregel:

Wenn das Gesamt-Kreditvolumen unter 1 Mio. Euro liegt, werden die Kredite eines Unternehmens vom „Retail-Ansatz" erfasst, mit der Folge, dass es zu Vereinfachungen kommt, denn Banken, die den Standard-Ansatz anwenden, müssen Retail-Kredite nur noch mit 6 % (statt mit 8%) Eigenkapital unterlegen. Dies ist eine Senkung gegenüber Basel I. Immer wenn der Kredit als leistungsgestört gilt, steigt dessen Eigenkapitalunterlegung von 6 % auf 12 %. Dies ist für Bauträger ein zu geringes Gesamtkreditvolumen.

Wenn ein externes Rating besteht, kann die Kapitalunterlegung auf bis zu 1,6 % (bei „A–",: 4 %) absinken und beläuft sich bei „B+" auf 12 %.

Wenn Banken den IRB-Ansatz anwenden, mit anderen Worten also die Eigenkapitalunterlegung von Krediten anhand eigener, bankinterner Ratings ermitteln, erhalten Unternehmen mit einem Gesamtkreditvolumen von über 1 Mio. Euro und einem Jahresumsatz von bis zu 50 Mio. Euro einen gewissen Abschlag von der ansonsten geforderten Eigenkapitalunterlegung im Vergleich zu entsprechenden Engagements bei Großunternehmen (Jahresumsatz über 50 Mio. Euro).

Das tatsächliche Risiko wird in erster Linie durch die Einführung interner Rating-Ansätze zur Messung des individuellen Kreditrisikos sichergestellt. Mit Hilfe effizienter Instrumente zur Risikomessung, die von den Aufsichtbehörden zu genehmigen sind, soll für die Banken das notwendige Eigenkapital für ihr gesamtes Kreditportefeuille gesenkt werden.[148]

Bislang erfolgte in Deutschland eine relativ pauschale Kategorisierung der Kreditnehmer:[149]

- keine Hinterlegung bei bestimmten öffentlichen Kreditnehmern (0 %–8 %)
- für Kredite an Kreditinstitute müssen ca. 20 % von 8 % hinterlegt werden
- für alle übrigen Schuldner erfolgt eine vollständige (100 %) Hinterlegung des Eigenkapitals in Höhe von 8 % (Ausnahme: Hypothekendarlehen 4 %).

Beispiel:

Bei einer Kreditvergabe von 10 Mio. € hinterlegt die Bank beispielsweise 160.000 €. Dagegen müssen für Kreditnehmer der Gruppe „übrige" 800.000 € Eigenkapital hinterlegt werden.

Die Immobilienwirtschaft ist eine kapitalintensive Branche. Es werden drei Gruppen von Finanzierungen unterschieden:

- der wohnungswirtschaftliche Realkredit
- der gewerbliche Realkredit und
- die Projektfinanzierung.

---

[148] Vgl. Lauritzen, C., Auswirkungen, S. 1.
[149] Vgl. Krämer-Eis, H., Ratings, S. 22.

In Abhängigkeit davon, um welche Art von Immobilienfinanzierung es sich handelt, muss die Bank mehr oder weniger Eigenkapital hinterlegen, mit der Folge unterschiedlicher Finanzierungskosten. Hinzu kommt die Bonität des Schuldners als ein Beurteilungskriterium, zu deren Feststellung ein Rating durchgeführt wird.

Rating

Eine der wichtigsten Veränderungen, die auch die Immobilienwirtschaft betrifft, ist die Einführung des Ratings, denn die Bonität des Unternehmens hat Einfluss auf die Kreditkonditionen. Banken unterscheiden:[150]

1. das **Finanz-Rating** (Bilanzfaktoren, Finanzkennzahlen), welches zusammen mit dem
2. **qualitativen Rating** (qualitative Faktoren) das **Basis-Rating** ergibt.
3. Danach folgt eine **Rating-Abstufung** (Warnsignale), wobei man diese drei Stufen zum **Kunden-Rating** zusammenfasst.
4. Beim **Bonitätseinfluss** werden „Haftungsverbünde" betrachtet. Bezieht man hier das Kunden-Rating mit ein, ergibt sich das **integrierte Kunden-Rating**.

Risiken der Projektentwicklung

Der Risikoansatz der Banken, z.B. bei der Projektentwicklung geht davon aus, dass sich das Gesamtrisiko der Projektentwicklung aus der Aggregation der bestehenden Einzelrisiken ergibt. Diese sind vor allem:

- Entwicklungsrisiken
- Standortrisiken
- Objektrisiken und
- Nutzerrisiken.

Realisierung und Beurteilung

Die neuen Basel-II-Regelungen werden von den international tätigen Kreditinstituten („Basel-Banken") seit Januar 2007 (Standard- und Basis-Rating-Ansatz) bzw. seit Januar 2008 (fortgeschrittener Rating-Satz) angewendet. In Europa ist die Empfehlung über EU-Richtlinien in nationales Recht übertragen worden.[151]

Als Fazit ergibt sich, dass Basel II Vorteile für die Kreditinstitute bietet, die Kreditkosten für die Immobilienwirtschaft jedoch höher liegen als zuvor. Zudem muss der beurteilende Bankmitarbeiter sehr weitgehende Kenntnisse des Immobiliengeschäfts besitzen.[152]

> Anmerkung:
> Es gibt noch weitere bankenaufsichtrechtliche Regelungen, die häufig mit Basel II in einen Topf geworfen werden, so die Mindestanforderungen an das Kreditgeschäft (MAK) und die Neuregelung der Anrechnungsprivilegien für den Realkredit.

---

[150] Vgl. mwww.sskm.de/sskmwww_prod/sskmwww/firmenkunden/finanzieren, 2.5.2007.
[151] Vgl. Kälberer, W., Anforderungen, S. 371.
[152] Vgl. Hellerforth, M., BWL, S. 134ff.

6.1.2   Veränderungen in der Finanzierungslandschaft

Am Markt für Immobilienfinanzierungen hat sich Einiges verändert. Für die Banken wurde der Wettbewerb durch zahlreiche Bankenfusionen härter, der Markt ist kleiner geworden, es stehen weniger Alternativinstitute zur Verfügung, womit der Spielraum für Kreditnehmer enger wurde. Hinzu kommen erhöhte Anforderungen durch Basel I und II.

Eine Reaktion der Banken ist es, die Kredite nicht über ihre gesamte Laufzeit zu halten, sondern Kreditrisiken zu einem geeigneten Zeitpunkt („buy and sell") zu verkaufen und zur besseren Diversifizierung des eigenen Portfolios andere Kreditrisiken hinzu zu kaufen.

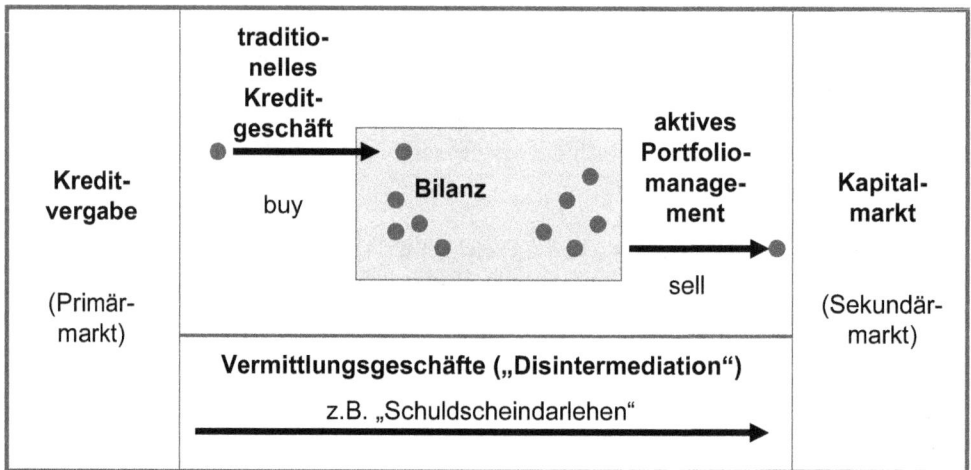

6.1 Aktives Portfoliomanagement und traditionelles Kreditgeschäft[153]

Derart können Banken Kunden auch weitere Lösungen anbieten, ohne ihre eigene Bilanz zu „belasten", indem sie nur vermitteln, bzw. Disintermediation betreiben. Damit generieren sie Provisionseinkommen. Immer wenn bei Transaktionen, Kredite über eine eigens gegründete Zweckgesellschaft und ohne Einschaltung einer Bank vergeben und direkt am Kapitalmarkt lanciert werden, entsteht ein neuer Finanzierungskreislauf.

6.1.3   Folgen für die mittelständischen Kreditnehmer der Immobilienwirtschaft

Die Hausbankenbeziehung wird neu definiert und auch neu ausgerichtet. Es geht weniger mit Handschlag, sondern die Eigenkapitalquote übernimmt die Rolle eines Risikopuffers und steht im Zentrum der Kreditentscheidung der Banken bzw. ist maßgeblich für das Ergebnis ihres internen Ratings und damit für die Bepreisung der Kredite.

---

[153]   Vgl. Brenken, A.; Papenfuß, H., Unternehmensfinanzierung, S. 6.

> Definition:
> Unter einem **internen Rating** versteht die Bank die Überprüfung der Wahrscheinlichkeit, dass ein Kunde ausfällt, also insolvent wird und seinen Kredit nicht zurückzahlen kann.

Insgesamt soll ein risikoadjustiertes Zinssystem erreicht werden, wobei aufgrund der geringen Eigenkapitalquote insbesondere kleinere Unternehmen mehr Finanzierungsprobleme haben werden als große und die Immobilienwirtschaft besonders betroffen sein wird. Banken verlangen nicht nur eine verbesserte Eigenkapitalquote, sondern auch mehr Informationen von den Kunden, mit der Folge eines erhöhten Aufwands für die Kreditnehmer, die ihre Informationspolitik den bankenspezifischen Vorgaben anpassen müssen. Diese schwanken von Bank zu Bank.

Kapitalmarkt statt Bankenkredit?
Was hat sich verändert? Zunächst einmal werden Kredite nicht mehr bis zu ihrer Endfälligkeit in der Bilanz einer Bank gehalten. Die Bank entwickelt sich damit vom Risikohalter zum Risikomanager. Die Kreditkonditionen hängen stärker als früher von der Bonität der Schuldner ab.

Dies führt dazu, dass Kapitalmärkte und Kreditmärkte enger zusammenwachsen, wodurch die Kapitalmärkte stärker auf die Kreditversorgung einwirken. Damit verändern sich die Finanzierungsbedingungen. Für Banken haben sich seit den 90er Jahren die Refinanzierungsmöglichkeiten stark verschlechtert, da Privatanleger ihre Spareinlagen verstärkt in Aktienanlagen umschichteten. Hinzu kam ein stärkerer Wettbewerb unter den Banken in Europa.[154] Einige Banken konnten ihr Rating nicht mehr halten, mit der Folge höherer Refinanzierungskosten. Dies wird an die Kreditnehmer weitergegeben. Damit ergibt sich als aktive Taktik eines Immobilienunternehmens zu versuchen, statt schlechterer Konditionen und schwieriger Kreditverhandlungen eigene Wege zum Kapitalmarkt – unter Ausschaltung der Banken – zu finden und zu gehen.

6.2 Innovative Finanzierungsinstrumente

6.2.1 Einführung in die „neue Welt"

Es gibt aus dem Bereich des Real Estate Investment Bankings kommend eine Reihe von Instrumenten, die auch zur Finanzierung von Immobilien eingesetzt werden können. Dies sind u.a. die Mezzanine Finanzierung sowie die Securitization.

> Definition:
> Unter **Real Estate Investment Banking** versteht man kapitalmarktbezogene Aktivitäten, bei denen im Gegensatz zum kommerziellen Bankgeschäft die Erzielung von Provisionserträgen im Vordergrund steht, so z.B. die Emission und Platzierung von Wertpapieren sowie der Handel am Sekundärmarkt.

---

[154] Vgl. Brenken, A.; Papenfuß, H., Unternehmensfinanzierung, S. 3.

Da die Rendite von Immobilieninvestments immer mehr in den Vordergrund tritt, zusammen mit der Betrachtung der Immobilie als handelbares Gut, welches einzeln oder als Portfolio auch kurz- und mittelfristig verkauft wird, hat sich der Zeithorizont der Finanzierungen verändert. Gefordert werden innovative Darlehenskonzepte, die individuell zugeschnitten werden.[155]

6.2.2   Verbriefung

Technik und Grundbegriffe

> Definition:
> **Verbriefung** oder englisch „**Securitization**" bedeutet die Schaffung handelbarer Wertpapiere aus Forderungen oder Eigentumsrechten. Im Bereich der Immobilienwirtschaft spielen vor allem Mortgage Backed Securities (MBS) eine Rolle, also mit hypothekarisch gesicherte Verbriefungen, aber auch Residental Mortgage Backed Securities (RMBS), d.h. solche auf Wohnimmobilien mit großer Risikostreuung[156] und Commercial Mortgage Backed Securities (CMBS), deren zugrundeliegenden Aktiva Büros, Handelsimmobilien und Spezialimmobilien sind.

Bei einer Verbriefungstransaktion veräußert der Verkäufer (Originator) zukünftige Zahlungsströme an einen Käufer. Der Käufer refinanziert diesen Kauf durch die Emission von Wertpapieren am Kapitalmarkt. Dabei werden immer ganze Portfolios von Zahlungsströmen verkauft, weshalb Rating-Agenturen durch die Vorgabe von Kriterien und Schwellenwerten das Risikoprofil des Portfolios festlegen.

Asset Backed Securities

> Definition:[157]
> Unter **Asset Backed Securities (ABS)** versteht man mit Vermögensgegenständen (assets) unterlegte (backed) Wertpapiere (securities). Sie ermöglichen einen Handel mit Kreditrisiken.

Damit wird durch die Verbriefung erreicht, dass aus illiquiden, nicht handelbaren Aktiva, handelbare Wertpapiere werden. Dies erfolgt, indem das Kreditrisiko vom zugrunde liegenden Kredit abgetrennt wird.[158] Verbriefende Banken können dadurch Kreditrisiken an Investoren weiterreichen, ohne ihre Kundebeziehung einzuschränken oder zu gefährden. Verbriefer können aber nicht nur Banken sein, sondern alle Institutionen, die über einen hinreichend diversifizierten Pool an Aktiva verfügen.

---

[155]   Vgl. Knobloch, B., Finanzierungsformen, S. 357.
[156]   Vgl. Kretschmar, T.; Damaske, M., Securitisation, S. 583.
[157]   Vgl. Kind, T., Asset, S. 31; Zoller, E.; Kiesl, B., Estate, S. 199ff.
[158]   Vgl. Brenken, A.; Papenfuß, H., Unternehmensfinanzierung, S. XIII.

Die Bezeichnung „Asset Backed Securities" wird sowohl als Oberbegriff für alle strukturierten Kreditprodukte als auch als Unterbegriff für hoch geratete, pfandbriefähnliche Verbriefungen von Hypothekendarlehen mit guter Bonität verwendet.

Zudem unterscheidet man synthetische von True-Sale-Verbriefungen.

Definition:
Synthetische Verbriefungen belassen die Kreditforderung in der Bankbilanz, es wird lediglich das Risiko gegen eine entsprechende Prämie ausplatziert. Es ergeben sich keine Auswirkungen auf den Darlehensnehmer. **True-Sale-Transaktionen** führen demgegenüber zu einer kompletten Veräußerung des Kredits, der dann am Kapitalmarkt gehandelt wird. Für den Darlehensnehmer ändert sich der Vertragspartner; die Notwendigkeit einer Abstimmung mit ihm ist in der Praxis rechtlich immer noch nicht abschließend geregelt.[159]

6.2 Darstellung des ABS-Segments

Der Orginator kann Forderungen gegen einen oder mehrere Darlehensnehmer haben. Entsprechend spricht man von einer Single Loan Transaction oder einer Multi Borrower Transaction.

---

[159]   Vgl. Rudolph, S., Immobilienfinanzierung, S. 15.

Zunächst muss ein geeignetes Portfolio an Aktiva ausgewählt werden, so bei einer Bank ein
Portfolio von Wohnungsbaukrediten. Andere geeignete Aktiva sind z.B.:

- Konsumentendarlehen
- Miet- oder Leasingforderungen
- Hypothekendarlehen
- Kreditkartenforderungen oder
- Handelsforderungen.

Dabei sind folgende Eigenschaften des zu veräußernden Forderungsbestands besonders
wichtig:[160]

- Diversifikation in Hinblick auf das Kreditrisiko
- prognostizierbare Cash-Flows
- Mindestgröße des Nennwerts des Forderungsbestands (mindestens 50 Mio. Euro) und
- Mindestanzahl der Kontrahenten sowie
- rechtliche Abtretbarkeit.

Das Portfolio wird dann an eine insolvenzferne Einzweckgesellschaft verkauft, die als Special Purpose Vehicle (SPV) bezeichnet wird, und die speziell für diese Transaktion gegründet
wird. Sie verfügt über keine eigenen Mittel und muss, um den Kauf des Portfolios zu finanzieren, Wertpapiere auf dem Kapitalmarkt emittieren. Diese sind Asset Backed Securities
bzw. „ausschließlich mit Forderungen besicherte Wertpapiere".

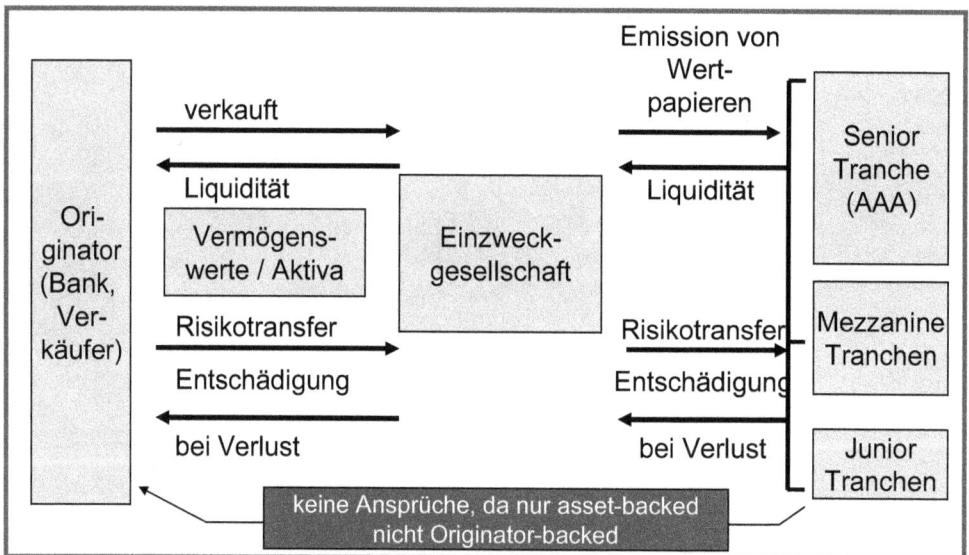

6.3 Typische Transaktionsstruktur einer Verbriefung[161]

---

[160] Vgl. Kind, T., Asset, S. 31.
[161] Vgl. Brenken, A.; Papenfuß, H., Unternehmensfinanzierung, S. 15.

Die Ansprüche der Investoren richten sich ausschließlich gegen das verbriefte Portfolio, nicht aber gegen den Originator. Ihre Forderungen werden damit nur durch die eingehenden Zahlungen aus den verbrieften Aktiva bedient. Ein besonders großer wirtschaftlicher Anreiz für die Verbriefung liegt darin, dass die Refinanzierung der SPV am Kapitalmarkt zu einem Zinssatz durchgeführt werden kann, der unter dem Zins liegt, den die SPV ihrerseits unter den erworbenen Forderungen erhält.[162]

Wie in der Abbildung 6.3 angedeutet, wird das Risiko in tranchierter Form ausplatziert. Dies ist ein wichtiger Bestandteil der Verbriefungstransaktion, da die Tranchen einen unterschiedlichen Risikogehalt haben. Die im Pool befindlichen Forderungen bleiben von der Tranchierung und Aufteilung in unterschiedliche Risikoklassen unberührt. Die Tranchierung erfolgt vielmehr auf der Ebene der Securities, auch „Notes" genannt.

Einzweckgesellschaft

Die Einzweckgesellschaft – auch als Special Purpose Vehicle (SPV) bezeichnet – hat die Funktion eines Intermediärs für eine einzige Transaktion. Sie soll sicherstellen, dass die verkauften Kredite oder Aktiva vom Originator rechtlich und wirtschaftlich getrennt werden. Damit haben die Gläubiger des Originators keinen Zugriff auf die verbrieften Aktiva. Der Originator löst sich zudem von allen Risiken die mit dem Portfolio verbunden waren. Die Forderungen der Investoren richten sich ausschließlich gegen die Investoren, nicht aber gegen den Originator. Um SPVs möglichst konkursfern auszugestalten und aus steuerlichen Gründen werden sie häufig in Off-Shore-Regionen gegründet.

Zusammenfassend lassen sich als wichtige Eigenschaften der Einzweckgesellschaft festhalten:[163]

- ihr Sitz befindet sich meist in einem steuerneutralen Umfeld
- Gesellschafter ist in der Regel ein Trust
- die Einzweckgesellschaft ist grundsätzlich insolvenzfern, d.h. im Insolvenzfall werden Dritte, so der Originator, insolvenzrechtlich nicht tangiert und
- am Ende der Transaktion werden Überschüsse an die Forderungsverkäufer ausgekehrt.

Beispiel und Wasserfallprinzip

Beispiel:[164]
Es wird ein kumulierter Verlust für ein Portfolio durch Ratingagenturen ermittelt, der bei 3–5% des Gesamtportfolios liegt. Bei 5 % würde jeder zwanzigste Kreditnehmer bzw. jede 20. Forderung ausfallen. Dies ist wahrscheinlich. Aufgrund historischer Erfahrungen ist es aber sehr unwahrscheinlich, dass jeder 10. Kreditnehmer bzw. jede 10. Forderung ausfällt. Diese unterschiedlichen Risikoprofile werden Investoren in Tranchen gegen angemessene Risikoprämien angeboten und an sie veräußert. So kann ein Investor das Risiko kaufen, dass mehr als 5 % und weniger als 7 % eines Portfolios verloren gehen. Er erhält dann eine Verzinsung auf sein Wertpapier solange weniger als 5 % des Portfolios ausfallen. Überschreitet der Verlust jedoch diese 5 %, wird der von ihm investierte Kapitalbetrag nicht mehr verzinst. Bei Verlusten von 7 % ist der Anlagebetrag verbraucht und er erhält weder Zinsen noch Kapitalrückzahlungen.

---

[162]   Vgl. Goepfert, A., Finanzierungsinstrument, S. 33.
[163]   Vgl. Kind, T., Asset, S. 31f.
[164]   Vgl. Brenken, A.; Papenfuß, H., Unternehmensfinanzierung, S. 17.

Die Realisierung dieser tranchierten Risikoeinteilung erfolgt dadurch, dass eingehende Zahlungen aus dem Portfolio nicht anteilsmäßig auf die Inhaber der Papiere umgelegt werden, sondern in einer bestimmten Reihenfolge oder Hierarchie der Ansprüche bzw. gemäß dem Rating bzw. der Seniorität der Tranche, die man als „Wasserfall" bezeichnet (Subordinationsstruktur). Generell unterteilt man:

- in die Tranche mit geringstem Risiko, die so genannte Seniortranche, die in der Regel ein AAA-Rating hat.
- In der Mitte der Kapitalstruktur befinden sich mezzanine Tranchen und
- am unteren Ende die hochriskanten Notes der Juniortranche, auch als First Loss Piece (FLP) bezeichnet bzw. als Eigenkapital oder „Equity" der Transaktion. Diese wird in der Regel nicht geratet und nicht selten vom Originator selbst behalten.

Erst wenn die Forderungsausfälle die gesamte Juniortranche aufgezehrt haben, übernehmen die Investoren der mezzaninen Tranchen weitere Verluste. Damit haben die Juniortranchen und die mezzaninen Tranchen die Bedeutung einen Schutz – credit enhancement – zu bieten. Eine Seniortranche ist damit genauso sicher wie eine Investition in die meisten staatlichen Schuldpapiere. Hier werden teilweise zusätzliche Sicherungsmechanismen wie externe Garantien eingesetzt.[165]

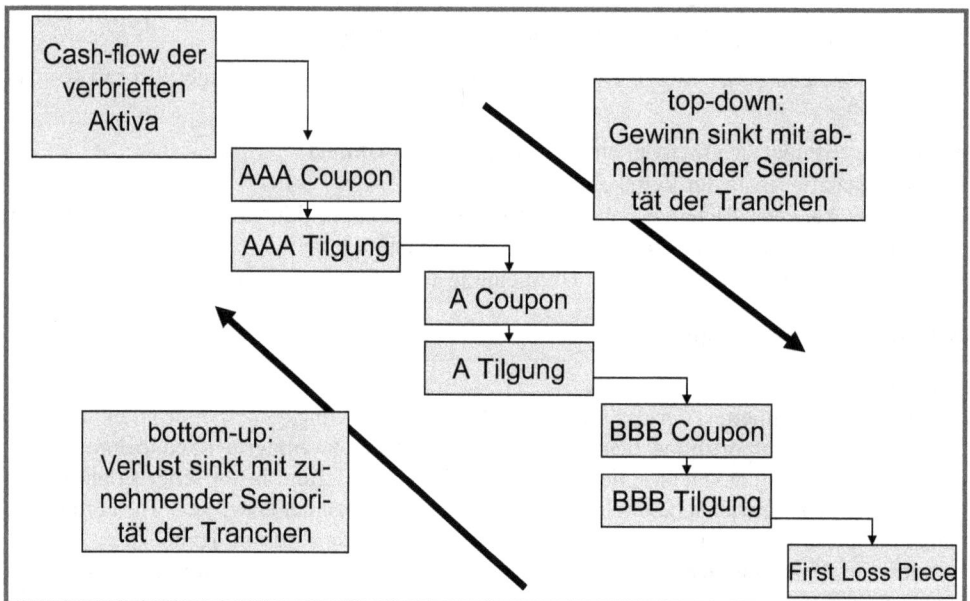

6.4 Wasserfall[166]

Bei Krediten ist das Transaktionsende erreicht, wenn alle Kredite zurückgezahlt wurden, d.h. bei einem Kreditpool schmilzt das ausstehende Poolvolumen im Laufe der Zeit ab. Eine Bonitätssicherungsmaßnahme neben diesem Vorrang-Nachrang-Prinzip könnte auch sein,

---

[165]   Vgl. Maier, K.M., Risikomanagement, S. 160.
[166]   Vgl. Brenken, A.; Papenfuß, H., Unternehmensfinanzierung, S. 18.

einen Reservefonds zu bilden, der bereits zu Beginn der Laufzeit voll oder aus Teilen der laufenden Zinsüberschüsse kontinuierlich aufgestockt wird. So können temporäre Verluste ausgeglichen werden, bevor die Nachrangsklasse Verluste tragen muss.[167]

Servicing der verbrieften Kredite

Das Servicing der verbrieften Kredite erfolgt in der Regel durch die Bank gegen ein Entgelt. Dies hat folgende Gründe:

- die Servicingstandards werden festgeschrieben und wie bisher durch die Bank eingehalten
- der Kreditsachbearbeiter erfährt nichts vom Verkauf des Kredits
- die Bank behält häufig das „First Loss Piece" selbst; dies wirkt ähnlich wie der Selbstbehalt bei einer KfZ-Versicherung
- der Originator wird sich um gutes Servicing bemühen, um einen Reputationsschaden zu vermeiden.

Typische Risiken einer ABS-Transaktion

ABS-Transaktionen verlangen eine relativ aufwändige Transaktionsstruktur, mit der Folge eines hohen Aufwands für das Informationsmanagement. Zudem sind detaillierte Informationen über den Forderungspool notwendig.

Für den ABS-Investor bestehen folgende Risiken:[168]

- gestaffeltes Ausfallrisiko, immer wenn die Schuldner der Forderungen ihren Verpflichtungen nicht ordnungsgemäß nachkommen
- Wiederanlagerisiko, das bei vorzeitiger Rückführung der Forderungen entsteht, soweit sich die Marktlage verändert hat
- Zinsrisiko und
- Rechtsrisiko aufgrund komplexer Vertragsstrukturen.

6.2.3   Property Securitization

Grundlagen

Die konzeptionelle Grundlage der Property Securitisation sind Asset Backed Securities. Charakteristikum ist, dass sich die Zahlungsansprüche direkt auf die Immobilien bzw. das Immobilienportfolio beziehen und durch dieses abgesichert sind. Damit werden Mieterbonität und –diversifikation die entscheidenden Risikodeterminanten der Property Securitisation. Mietausfallwahrscheinlichkeiten basieren dabei auf statistischen Verfahren, so z.B. der Monte-Carlo-Methode. Generell gilt, je geringer die Anzahl der Mieter ist, umso bedeutsamer ist deren Qualität (corporate rating). In den Vordergrund rückt die Bewertung der Immobilie selbst. Generell ist es möglich, jede Art von Immobilien zu verbriefen, soweit sie genug Cash Flow generiert, um den Kapitaldienstverpflichtungen nachzukommen. Bei einer Property Securitisation werden zwei Special Purpose Vehicles gegründet, nämlich eine Immobilienbesitzgesellschaft und eine Finanzierungsgesellschaft, die am Kapitalmarkt als Emittentin in

---

[167]   Vgl. Maier, K.M., Risikomanagement, S. 159.

[168]   Vgl. Kind, T., Asset, S. 34.

Erscheinung tritt. Zusätzlich hält sie die Rechte der Immobilien und ihr stehen auch die Mieteinnahmen zu.

Property Securitisation und Asset- bzw. Mortgage Backed Securities
Der Unterschied zwischen Property Securitisation und Asset- bzw. Mortgage Backed Securities liegt darin, dass die Property Securitisation ein Refinanzierungsinstrument der Immobilieneigentümer darstellt, während ABS und MBS der Refinanzierung von Banken dienen. Durch Property Securitisation werden Primärrechte an Immobilien verbrieft. ABS und MBS haben hingegen nur einen indirekten Bezug zu Immobilien, da sie Primärrechte an Darlehen bzw. Darlehensportfolios verbriefen. Die Zahlungsströme bei der Property Securitisation basieren auf Mieteinnahmen und Verkaufserlösen, bei ABS und MBS hingegen auf Zins- und Tilgungsleistungen.[169]

Real Estate Securitisation
Eine besondere Form der MBS-Verbriefung ist die Real Estate Securitisation. Dabei geht die Initiative in der Regel nicht von einer finanzierenden Bank aus, sondern vom Eigentümer der Objekte, der auf diesem Weg Zugang zu einer günstigeren Refinanzierung sucht. Zudem ist eine Real Estate Securitisation eine Transaktion für nur einen Kunden, nicht – wie bei normalen MBS – für mehrere Kredite mehrerer Kunden.[170] Insoweit ist die Real Estate Securitization identisch mit der Property Securitisation. Man spricht in diesem Zusammenhang auch von Real Esate Asset Backed Securities (RE-ABS), als Unterklasse der ABS.[171]

6.2.4   Vergleich zwischen dem Pfandbrief und Mortgage Backed Securities

> Defintion:
> **Pfandbriefe** sind Schuldverschreibungen, die von einer Pfandbriefbank herausgegeben werden. Sie sind als Anlagevariante sehr sicher, weil sie eine so genannte Deckungsmasse beinhalten. In dieser befinden sich Darlehensforderungen der Pfandbriefbanken, so dass dem Investor im Falle einer Insolvenz der Bank diese Deckungsmasse zur Verfügung steht.

Ein Pfandbrief dient der Finanzierung exakt definierter und registrierter Hypothekendarlehen des privaten und gewerblichen Wohnungsbaus durch die Verbriefung und die Unterlegung mit grundpfandrechtlich gedeckten Wertpapieren. Damit sind sich der Pfandbrief und Mortgage Backed Securities ähnlich, es gibt jedoch wesentliche konzeptionelle Unterschiede.

---

[169]   Vgl. Maier, K.M., Risikomanagement, S. 166.
[170]   Vgl. Lagemann, C., Immobilienkreditmarkt, S. 14.
[171]   Vgl. Rotke, N. B.; Gläsner, S., Glossar, S. 792.

Vergleichskriterium	Pfandbrief	Mortgage Backed Securities
gesetzliche Grundlage	unterliegt insbesondere in Bezug auf Emmissionsbesicherung und Deckung strengeren gesetzlichen Regelungen	es existiert nur ein Rundschreiben des BAK von 1997, es gibt aber keine gesetzlichen Vorgaben
Schuldner	Hypothekenbank	Sondervermögen (Special Puurpose Vehicle)
Kapitaldienst	wird aus dem gesamten Cash Flow der Hypothekenbank erbracht. Damit haben die Investoren ein Rückgriffsrecht auf die Hypothekenbank	wird aus dem Zahlungsstrom des MBS-Portfolios erbracht; das Special Purpose Vehicle ist vermögenslos
Portfoliozusammensetzung	bei substituierbaren Sicherheiten dynamisch und zeitlich nicht befristet	statisch und zeitlich befristet
Höhe	der grundpfandrechtliche Beleihungsauslauf zur Pfandbriefabsicherung ist auf 60 % des Beleihungswerts begrenzt	keine Einschränkung
Effekt auf die Bilanz	Pfandbriefe und Deckungsstock sind bei Hypothekenbanken bilanzwirksam	Verbriefung hat häufig einen off-balance-Effekt
Eigenkapitalunterlegung	regulatorische Eigenkapitalunterlegung bei Pfandbriefen mit einem Risikogewichtungskoeffizienten von 10 %	MBS-Anleihen in Abhängigkeit davon, ob erst- oder nachrangig 50 % oder 100 %
Ratinggegenstand	Bonität der Emissionsbank und die zugrunde liegende Sicherheit	Bonität des Portfolios, dessen Absicherung und ggf. eingebundene externe Garantiegeber
Laufzeit	5 bis 10 Jahre	15 bis 30 Jahre
Tilgung	endfällig	of nicht endfällig, sondern laufend
Emmittenten	benötigen Pfandbriefprivileg, d.h. müssen private Hypothekenbanken, gemischte Institute, Landesbanken oder Spezialkreditinstitute sein	kein Pfandbriefprivileg notwendig
Rendite	niedrige Rendite, hohe Sicherheit	bei entsprechender Strukturierung kann ein breites Rendite-Risiko-Profil abgedeckt werden

6.5 Vergleich der Pfandbriefe mit Mortgage Backed Securities[172]

Beurteilung der Verbriefungen in Deutschland

Die Verbriefung von Immobilienfinanzierungen über Securitization zum Zwecke der Refinanzierung steckt in Deutschland noch in den Kinderschuhen. Dies liegt zum einen daran, dass der Rentenmarkt preislich überlegen ist, aber auch daran, dass die Refinanzierung langfristiger Festzinskredite wegen des Zinsänderungsrisikos mit teuren Hedges verbunden ist. Allerdings ist im Rahmen der Globalisierung der Kapitalmärkte stärker mit Securitization zu rechnen, umso mehr, je häufiger Immobilienfinanzierungen auf variabler Basis durchgeführt werden. Dann entfällt nämlich die Problematik der Vorfälligkeitsentschädigung.

Ein Grund für den Wandel im Markt weg von klassischen Finanzierungen hin zu neuen Finanzierungsformen liegt darin, dass die Investoren nicht mehr die früher dominante „Buy-and-Hold-Strategie" in Bezug auf Immobilien durchführen, sondern „Buy-and-Manage-Portfoliostrategien" oder auch „Buy-hold-and-sell-Strategien", mit kürzeren Haltedauern der Immobilien und einem entsprechenden Ausschöpfen von Wertsteigerungspotenzialen. Daraus resultiert ein größerer Bedarf an Finanzierungen unterschiedlicher Strukturierung und Volumina; die klassischen langfristigen Hypothekendarlehen sind nicht flexibel genug. Auch

---

[172] Vgl. Hermann, M., Refinanzierung, S. 190f.

Banken orientieren sich mehr und mehr an der wirtschaftlichen Leistungsfähigkeit des zu finanzierenden Objekts.

Der Markt für Verbriefungen hat sich in Deutschland seit dem Jahr 2000 rapide entwickelt. Das Volumen des Verbriefungsmarktes hat im Jahr 2006 mehr als 66,7 Mrd. Euro erreicht (35 Mrd. Euro in 2005). Damit sind Verbriefungen neben dem Pfandbrief das wichtigste Finanzierungsmittel geworden. Obwohl es dabei einige „Jumbo-Verbriefungen" gegeben hat, die fast die Hälfte des Verbriefungsvolumens ausmachten, stieg die Zahl der Transaktionen auf 54, gegenüber 26 in 2005.[173] Trotzdem muss festgehalten werden, dass nur sehr große Immobilienunternehmen die kritische Masse erreichen können, ab der wirtschaftlich sinnvolle Verbriefungstransaktionen durchgeführt werden können. Es handelt sich um mindestens 150 Mio. Euro.[174] Für kleinere Unternehmen bietet sich nur die Teilnahme an Multi Seller Transaktionen.[175]

Zudem bleibt abzuwarten, wann sich der Verbriefungsmarkt von der Krise erholt hat und wie die Transaktionen dann anlaufen. Denkbar sind Verbriefungen zum Beispiel auch als Alternative zu einem Portfolioverkauf.

6.2.5   Conduit Transaktionen

Conduits sind ein hochspezialisertes Teilsegment des Verbriefungsmarktes neben der Real Estate Securitisation und den MSB. Es werden Kredite auf der Basis bereits definierter Auswahlkriterien und Covenants angekauft und typischerweise nur für kurze Zeit auf der Bankbilanz oder off-balance zwischengeparkt, um sie danach zu verbriefen. Die hierbei angewandten Kriterien sind die Rahmenbedingungen für das Zielportfolio, das Conduit. Die Vergabekonditionen der Kredite werden aus den erwarteten Platzierungsmöglichkeiten der ABS-Anleihen am Kapitalmarkt sowie weiteren Kostenkomponenten abgeleitet.[176]

Definition:

Ein **Conduit** ist eine Zweckgesellschaft, die Forderungen verschiedener Originatoren aufkauft, welche regelmäßig eine mittlere bis längere Laufzeit besitzen. Die Conduits finanzieren sich dann ihrerseits durch die Ausgabe fristeninkongruenter Securities, den Commercial Papers (CP), mit einer Laufzeit zwischen 30 und 90 Tagen.

Die Conduits finanzieren sich durch ein Ausnutzen der Differenz zwischen kurzfristig niedrigen Zinsen, welche die Zweckgesellschaft auf dem Kapitalmarkt zahlen muss und den langfristigen höheren Zinsen, die das Conduit für die Forderungen erhält.

D.h. ein Conduit funktioniert nur so lange, wie diese Zinsdifferenz besteht und der Markt für CPs ausreichend liquide ist. Als dies nicht mehr der Fall war, mussten die Sponsoring-Banken für das Conduit mit den für diese Zwecke zur Verfügung gestellten Liquiditätslinien einspringen, obwohl es keinen Forderungsausfall der Securities gab.

---

[173]   Vgl. Lagemann, C., Wandel, S. 38.
[174]   Vgl. Rudolph, S., Immobilienfinanzierung, S. 17.
[175]   Vgl. Kretschmar, T.; Damaske, M., Securitisation, S. 585.
[176]   Vgl. Goepfert, A., Finanzierungsinstrument, S. 34.

> Definition:
> **Covenants** sind vertragliche Zusicherungen des Kreditnehmers während der Laufzeit des Kreditvertrages. Es handelt sich um Nebenbestimmungen, die bestimmte spezifische Verhaltenspflichten betreffen und diese vorgeben. Hierzu gehören beispielsweise einzuhaltende Bilanzrelationen. Ein Abweichen der vereinbarten Bilanzrelationen kann zu einem außerordentlichen Kündigungsrecht durch den Kreditgeber führen.

Sie lassen sich unterteilen in:

- Finanzkennzahlen (Financial Covenants im engeren Sinne) wie Bilanzrelationsklauseln
- Non-Financial Covenants, wie Positiv-, Negativ- oder Gleichrangklauseln, welche die Sicherheitenstellung an andere Gläubiger verbieten, ohne dass der Kreditgeber gleichgestellt wird und
- Corporate Covenants (Financial Covenants im weiteren Sinn, z.B. das Verbot der Verfügung über wesentliche Betriebsgrundlagen, Einschränkungen bei konzerninternen Umstrukturierungen sowie Beschränkungen bei der Dividendenpolitik des Unternehmens).

Wird von den Covenants abgewichen, kann zu einem Anspruch auf einen höheren Kreditzinssatz entstehen oder auch ein außerordentliches Kündigungsrecht für den Kreditgeber. Zudem kann ein Abweichen von den vereinbarten Regelungen einen Anspruch auf Stellung zusätzlicher Kreditsicherheiten bedingen (sog. Nachbesicherungsrecht).

Mittlerweile ist entschieden worden, dass bei der Vereinbarung von (Financial) Covenants, welche die Merkmale eines Knebelungsvertrages haben, die Klausel und damit gegebenenfalls der gesamte Kreditvertrag unwirksam sind. Dies ist dann der Fall, wenn die Vereinbarungen sehr einschränkend und weitgehend sind, so dass sich der Kreditgeber in die Geschäftsführung des Kreditnehmers einmischen kann.

Bei der Vereinbarung von Covenants sind die Kosten für den Überwachungsaufwand aus der unterjährigen Offenlegung wirtschaftlicher Verhältnisse in Beziehung zur Risikoentlastung zu setzen. Covenants machen nur Sinn bei Kreditnehmern mit einem gewissen Ausfallrisiko (schlechterem Rating) oder bei einem Fehlen werthaltiger Sicherheiten. Dies ist gerade im Bauträgergeschäft sehr häufig der Fall.

In letzter Zeit ist festzustellen, dass der Marktanteil der Conduits gegenüber der klassischen Verbriefung steigt, was man darauf zurückführt, dass die Kredite aus dem Bankportfolio nicht nach dem Zufallsprinzip ausgewählt werden und dann über eine Zwischengesellschaft ausgelagert werden um sie zu verbriefen, sondern dass die Kredite von vornherein feststehen und bei Leistungsstörungen so gut wie kein Verhandlungsspielraum mit der Bank besteht, sondern vorab vertraglich in den Covenants festgeschriebene Sanktionen zum Tragen kommen. Nach Überwinden der Krise wird erwartet, dass die Anforderungen an die Qualität der verbrieften Portfolios und an die Transparenz der Rating-Kriterien steigen.

6.2.6   Die Krise

Die ABS-Krise hat ihren Ursprung am US-Immobilienmarkt, denn hier konnten Kunden geringer Bonität vor dem Hintergrund steigender Zinsen und fallender Immobilienpreise ihre Hausbaukredite nicht mehr bedienen. Die Banken hatten aufgrund jährlich steigender Immobilienpreise – mit der Folge von Buchwertgewinnen – und historisch niedrigen Zinsen in nicht unerheblichen Umfang Immobiliendarlehen an Schuldner ausgegeben, deren Bonität gering war. Der Fachausdruck hierfür lautet Subprime Loans. Diese Subprime Loans wurden verbrieft und damit an den Kapitalmarkt weitergereicht, wobei das Rating dieser Papiere teilweise recht hoch angesetzt wurde, was mit der ständigen Wertsteigerung begründet wurde.

Im Zuge der sich verschärfenden Immobilienkrise sind zunächst solche ABS-Strukturen in Mitleidenschaft gezogen worden, die unmittelbar an den Risiken des amerikanischen Hypothekenmarktes teilhaben. Denn: die Kreditnehmer konnten ihre Kredite nicht mehr bedienen, womit die Zinszahlungen für die ausgegebenen Papiere ausblieben und es zu einem Verwertungsverfall hinsichtlich der Immobilien kam. Man geht davon aus, dass 20 % der 2006 am US-Markt ausgegebenen Subprime-Kredite in die Zwangsvollstreckung gehen werden und damit ausfallen. Damit einhergehen würde – je nach Verwertungsquote – ein Ausfall von fünf bis acht Prozent; der Preisverfall der ABS-Bonds ist aber ungleich höher.[177]

Der Sekundärmarkt trocknete aus, da sehr viele Investoren ihre ABS-strukturierten Anlagen verkaufen wollten. Eine der Folgen ist eine zunehmende Risikoaversion bei den risikobehafteten Anleiheklassen.

Entgegen der hier getroffenen Begriffsbestimmung, werden in Presseartikeln risikoreiche und illiquidere CDOs mit ABS in einen Topf geworfen, mit der Folge einer Vertrauenskrise, die den gesamten Markt betrifft. Europäische Hypothekenforderungen und US-MBS unterscheiden sich in ihrer Herkunft. Die zugrunde liegenden Hypotheken in Europa verfügen über eine deutlich höhere Bonität und die Hypothekenverbriefungen weisen eine höhere Liquidität als in den USA auf. Sie sind insoweit mit dem deutschen Pfandbrief vergleichbar; bislang gab es keine Zahlungsausfälle.[178]

CDOs sind strukturierte Kreditverbriefungen, die mit Finanzforderungen unterschiedlicher Art unterlegt sein können, und in der Form von Krediten (CLOs) oder in der Form von Bonds (CBOs) ausgegeben werden können. Daher weisen sie ein breites Spektrum unterschiedlicher Bonitäten auf.

Insgesamt ist die Marktentwicklung bei ABS in den verschiedenen Segmenten, Bonitätsklassen sowie in Abhängigkeit von der Herkunft der Forderung völlig unterschiedlich,[179] gleichwohl kam es zu einer Unsicherheit bei allen Banken, verbunden mit einem plötzlichen Misstrauen gegenüber den Rating-Agenturen hinsichtlich der Tranchierung der Securities und der Korrektheit der Risikoeinschätzung. Aufgrund des derart geschürten Misstrauens der Banken werden Gelder zur Zeit nur noch sehr kurzfristig zur Refinanzierung zur Verfügung gestellt oder zu Bedingungen, die für den Kreditnehmer unannehmbar sind. Insoweit ist der Markt für Verbriefungen momentan weitgehend eingeschlafen. Hinzu kommt eine restriktivere Kreditvergabe der Banken, die sowohl höhere Sätze als auch zusätzliche Sicherheiten verlangen.[180] Dies hat auch Auswirkungen auf den „klassischen" Kapitalmarkt bzw. die herkömmliche Kreditfinanzierung.

---

[177] Vgl. Goepfert, A., Finanzierungsinstrument, S. 34.
[178] Vgl. Union Investment.
[179] Vgl. Union Investment.
[180] Vgl. Beier, M., Subprime, S. 26.

6.3 Mezzanine Finanzierung

6.3.1 Begriff

Der Begriff des „Mezzanine-Kapitals" (Mezzanine = italienisch für Zwischengeschoss) steht für eine Vielfalt von Finanzierungsinstrumenten, die aufgrund der zurückhaltenden Kreditvergabe der Banken, z.B. durch Basel II, bei mittelständischen Unternehmen – auch der Immobilienwirtschaft – an Bedeutung gewinnen. Das Mindestvolumen für eine Mezzanine-Finanzierung beträgt 0,5 Mio. Euro.

> Definition:
> Das **Mezzanine-Kapital** ist eine „Eigenkapitalzwischenfinanzierung" mit Gewinnbeteiligung, welches die Finanzierungslücke zwischen dem zur Verfügung stehenden Eigenkapital und der Beleihungssumme der finanzierenden Bank schließt. Sie stellt den Teil einer Projekt- oder Akquisitionsfinanzierung dar, die weder durch Eigenkapital noch durch vorrangig besichertes Fremdkapital bereitgestellt wird.

Die Einbeziehung von Mezzanine-Kapital gewinnt nach und nach als Baustein erfolgreicher Immobilien- und Bauträgerfinanzierungen größere Bedeutung.[181]

Mezzanine–Finanzierungen gehören zu den speziellen Finanzierungsinstrumenten, die es ermöglichen, die Finanzierungsstruktur zu optimieren. Mezzanine-Kapital wird als nachrangiges Fremdkapital bzw. vorrangiges Eigenkapital bezeichnet, weil es von Drittinvestoren eingebracht wird. Dadurch wird versucht, das Verhältnis von Eigen- und Fremdkapital so auszutarieren, dass die Hebelwirkung auf die Eigenkapitalrendite des Immobilieninvestors möglichst groß ist und sich die Kreditaufnahmemöglichkeiten, infolge steigender Unternehmensbonität und sinkender Risiken der Banken verbessern.[182]

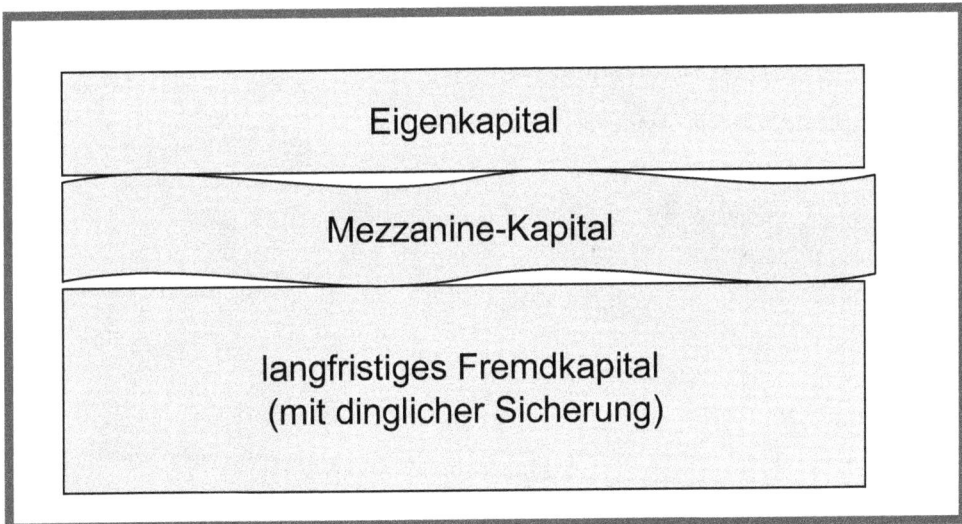

Eigenkapital

Mezzanine-Kapital

langfristiges Fremdkapital
(mit dinglicher Sicherung)

6.6 Mezzanine-Struktur

---

[181] Vgl. Fedele, F.; Brand, M., Estate, S. 720.
[182] Vgl. Knobloch, B., Finanzierungsformen, S. 359.

> Merksatz:
> Mezzanine-Finanzierungen werden vor allem gewählt, wenn eine weitere Aufstockung des Fremdkapitals aufgrund nur begrenzt vorhandener Eigenmittel oder einem von den Banken als zu hoch eingeschätztem Risiko nicht mehr möglich ist. Sie schließen demnach die Lücke zum erforderlichen Eigenkapital.[183]

Es handelt sich um eine verzinsliche Kapitalüberlassung auf Zeit, jedoch häufig mit längeren Überlassungsdauern als langfristiges Fremdkapital. Es ist zudem möglich, eine zusätzliche Beteiligung am Wertzuwachs des Unternehmens zu vereinbaren, z.B. durch die Gewährung einer Kaufoption auf einen definierten Anteil am Grundkapital des Unternehmens. Immer wenn ergebnis- bzw. wertzuwachsabhängige Entgeltkomponenten überwiegen (sogenannte „equity kickers") gehört das Mezzanine-Kapital eher zum nachrangigen Eigenkapital als zum vorrangigen Fremdkapital.[184] Daraus resultiert eine Gestaltungsvielfalt, die beim Quasi-Fremdkapital beginnt (Dept Mezzanine) und beim Quasi-Eigenkapital aufhört (Equity Mezzanine).[185]

Generell investieren private und institutionelle Investoren in die Mezzanine-Finanzierung und zwar aufgrund kurz- bzw. mittelfristiger Anlagestrategien. Eine Beteiligung erfolgt überwiegend in Form eines Private-Placements und zwar für ein spezielles Immobilienprojekt für den Zeitraum der Projektdauer. Besichert wird die Finanzierung mit dem Return on Investment (ROI) aus dem Immobilienprojekt.[186]

> Definition:
> Der **Return on Investment (ROI)** ist eine Renditekennzahl, die definiert ist als Relation einer erwirtschafteten Gewinngröße zu dem dafür eingesetzten Kapital.[187]

6.3.2   Arten von Mezzanine-Kapital

Man unterscheidet folgende Arten von Mezzanine-Kapital:

- Genusskapital
- Optionsanleihen
- Wandelanleihen
- stille Beteiligungen und
- partiarische Darlehen.

---

[183]   Vgl. Maier, K.M., Risikomanagement, S. 134.
[184]   Vgl. ebenda, S. 143.
[185]   Vgl. Fedele, F.; Brand, M., Estate, S. 727.
[186]   Vgl. Gondring, H., Immobilienwirtschaft, S. 821.
[187]   Vgl. ausführlich: Feucht, M., Return-on-Investment, S. 216–218 und Kapitel 3.2.2 dieses Buches.

Genussrechtskapital

Definition:
Ein **Genussrecht** bezeichnet einen schuldrechtlich begründeten Anspruch auf wiederkeh-
rende Leistungen aus dem Gewinn oder Verlust eines Unternehmens als Gegenleistung für
die Überlassung des Genussrechtskapitals.

Das Genussrechtskapital ist gesetzlich nicht geregelt, weshalb es eine Vielzahl von Ausges-
taltungsformen gibt, die sich zudem in Abhängigkeit von der Rechtsform des Unternehmens
unterschiedlich darstellen. Genussrechtskapital kann durch Verluste aufgezehrt werden. Es
wird gegenüber allen Gläubigerformen nachrangig bedient, aber vorrangig vor dem Eigenkapital. Neben einer festen Zinskomponente kann ein Anspruch auf Gewinnbeteiligung oder an
einem Anteil des Liquidationserlöses eines Unternehmens bestehen. Wegen der geschilder-
ten Haftungskonstellation ist Genussrechtskapital ökonomisch dem Eigenkapital zuzuordnen,
steuerlich wird es jedoch als Fremdkapital behandelt, soweit ein Anspruch am Liquidationserlös ausgeschlossen ist.[188]

Optionsanleihen

Definition:
Optionsanleihen sind verzinsliche Wertpapiere mit Zusatzrechten bzw. eine „Zugabe". Sie
verbriefen Anlegern das Recht zum Erwerb von Aktien oder auch anderer vertretbarer (han-
delbarer) Vermögenswerte in einem von der Anleihe abtrennbaren Optionsschein (englisch:
warrant). Dieser Optionsschein kann selbstständig an der Börse gehandelt werden.

Das Instrument der Optionsanleihen steht Aktiengesellschaften offen. Zusätzlich zu einem
Anspruch auf Verzinsung und einer Rückführung des Kapitals zum Nennbetrag beinhalten
sie das Recht auf die Ausübung einer Option, d.h. sie bedingen einen festgelegten Anspruch,
der durch einen Optionsschein verbrieft ist. Derartige Ansprüche können sein:[189]

- das Recht auf Konditionsänderung
- das Recht zum Bezug von Genussscheinen
- das Recht zum Bezug anderer (zukünftiger) Anleihen des Emittenten oder
- das Recht zum Bezug von Aktien.

Der Optionsschein fixiert die Optionskonditionen, insbesondere die Optionspreise und die
Optionstermine. Optionsanleihen sind aufgrund der „Zugabe" in der Regel niedriger verzinst
als marktüblich. Der Investor kombiniert dafür die Vorteile einer festverzinslichen Anleihe
mit dem spekulativen Element eines Optionsscheins.

Der Emittent hat vergleichsweise günstige Finanzierungskosten und die Perspektive einer
Kapitalerhöhung, soweit die Erwartungen in Bezug auf die Unternehmensentwicklung eintreten und die Konditionen dem Investor passen.

---

[188] Vgl. Maier, K.M., Risikomanagement, S. 143.
[189] Vgl. ebenda, S. 144f.

Wandelanleihen

> Definition:
> **Wandelschuldverschreibungen, -anleihen** oder **convertible bonds** sind gemäß § 221 AktG Schuldverschreibungen, bei denen den Gläubiger ein Umtausch- oder Bezugsrecht auf Aktien eingeräumt wird. Auf Wandelschuldverschreibungen haben die Aktionäre ein Bezugsrecht.

Wandanleihen werden nur von Aktiengesellschaften begeben und geben dem Investor neben dem Anspruch auf Zins- und Tilgung zum Nennwert der Anleihen ein Wandlungsrecht zum Bezug einer bestimmten Anzahl von Aktien.

Bei der „Wandlung" wird der schuldrechtliche Anspruch also gegen Aktien getauscht. Soweit es sich nicht um Zwangswandelanleihen handelt, muss die Wandlung jedoch nicht durchgeführt werden. Die Rendite bei Wandelanleihen ist niedriger als marktüblich; damit ist der Erfolg desjenigen, der die Anleihe ausgibt, das wichtigste wirtschaftliche Entscheidungsparameter für den Investor.

Der Anleihegeber kann sich mit Hilfe von Wandelanleihen relativ preiswert refinanzieren; dafür kann er aber nur in begrenztem Umfang abschätzen, in welcher Höhe er Aktien ausgeben muss, sollten Wandlungen vollzogen werden.

Stille Beteiligungen

> Definition:
> Die besondere Bedeutung der **stillen Gesellschaft** liegt - wie der Name sagt - in der Möglichkeit ihrer Geheimhaltung. Während bei einer OHG oder Kommanditgesellschaft die Beteiligungsverhältnisse nach außen (durch Handelsregistereintragung) bekannt gemacht werden müssen, braucht der Inhaber eines Handelsgewerbes, der einen stillen Gesellschafter an seinem Unternehmen beteiligt, dieses Gesellschaftsverhältnis nicht näher offenzulegen. Die stille Gesellschaft wird nicht zum Handelsregister angemeldet.

Stille Beteiligungen sind nicht rechtsformabhängig und in vielfältiger Form denkbar.

> Beispiel:
> Ein Einzelkaufmann, der einen stillen Gesellschafter beteiligt, bleibt Einzelkaufmann. Er muss die stille Beteiligung lediglich in der Bilanz auf der Passivseite ausweisen, jedoch ist keine Nennung der Identität des still Beteiligten notwendig.

Typisch ist eine Einlage in Unternehmensvermögen durch einen Investor, wodurch er eine Ergebnisbeteiligung und meist gewisse Kontrollrechte bekommt, nach außen aber nicht auftritt. Generell unterscheidet man zwei Formen:

- die typische stille Gesellschaft und
- die atypische stille Gesellschaft.

Die typische stille Gesellschaft begründet einen Anspruch am Gewinn und Verlust des Unternehmens, wobei man eine Verlustbeteiligung jedoch auch ausschließen kann (§ 231 HGB). Bei der atypischen stillen Gesellschaft wird auch ein Anspruch auf Änderungen des Vermögenswerts des Unternehmens bzw. der stillen Reserven erworben. Da es sich bei der stillen Gesellschaft um den Erwerb einer Beteiligung handelt, ist dies dem Eigenkapital zuzuordnen. Stille Beteiligungen werden nicht selten als Form der Arbeitnehmer-Beteiligung gewährt.

Partiarische Darlehen

Definition:
Partiarische Darlehen sind langfristige Darlehen, die dem Gläubiger anstelle eines festen Verzinsungsanspruchs einen bestimmten Anteil am Gewinn gewähren.

Partiarische Darlehen können jeder Unternehmensrechtsform zur Verfügung gestellt werden. Auch hier gibt es unterschiedliche Gestaltungsformen, so z.B. die Vereinbarung eines geringen Verzinsungsanspruchs. Ansonsten ist die Rendite des Gläubigers vom positiven Ergebnis des Unternehmens abhängig, wobei die Vertragsbedingungen eine Trennung zwischen der stillen Beteiligung und dem partiarischen Darlehen manchmal schwierig machen.[190]

6.3.3 Was ist Real Estate Private Equity?

Begriff und Beispiel

Definition:
Bei Real Estate Private Equity (REPE) handelt es sich um eine Finanzierungsart, bei der externe Investoren Eigenkapital zur Verfügung stellen und zwar in der Regel über nicht regulierte Fondslösungen mit meist hohem Fremdkapital für kurz- bis mittelfristige Investitionen.[191]

Der Begriff „Real Estate Private Equity" wird nicht immer einheitlich abgegrenzt.[192] Insgesamt kann man das Real Estate Private Equity als eine Form der Mezzanine-Finanzierung betrachten.

Beispiel:[193]
Ein mittelständischer Bauträger plant eine Maßnahme mit einem Investitionsvolumen von 20 Mio Euro mit einer Laufzeit von 30 Monaten. Da er mehrere Projekte parallel durchführt, ist seine Eigenkapitaldecke belastet und er kann von den durch die Bank geforderten 10 % Eigenkapital nur 30 % aufbringen. Er holt einen Investor in sein Projekt, dem er 7 % laufende Verzinsung zahlt sowie einen Equity Kicker.

---

[190] Maier, K.M., Risikomanagement, S. 146.
[191] Vgl. Rotke, N. B.; Gläsner, S., Glossar, S. 808.
[192] Vgl. Rotke, N. B., Investitionen, S. 1ff.
[193] Vgl. Fedele, F.; Brand, M., Estate, S. 722.

Definition:

Ein **Equity Kicker** bedeutet für Fremdkapitalgeber die Möglichkeit, Anteile an der zu finanzierenden Gesellschaft zu übernehmen bzw. eine Erfolgspartizipation. Insoweit haben sie neben der reinen Zinszahlung durch das Unternehmen verbesserte Chancen, ihre Rendite zu erhöhen.

Die Höhe des Equity Kickers orientiert sich in der Regel am Investitionsrisiko.

Für eine Bauträgerfinanzierung[194] verlangen potenzielle Kapitalgeber regelmäßig die Einhaltung eines bestimmten Anforderungskatalogs, z.B. eine Erfolgsbilanz oder Erfahrung in der Branche. Häufig wird zur Prüfung dieser und weiterer Kriterien eine Due Diligence durchgeführt.

Definition:

In rechtlicher Hinsicht ist „**Due Diligence**" (geschuldete Sorgfalt) vergleichbar mit dem im deutschen Recht verankerten Institut der erforderlichen Sorgfalt und wird beim Kauf und beim Verkauf von Unternehmen angewandt.

Die **Due Diligence Untersuchung** ist eine Analysemethode, um die Risiken bei dem Erwerb, der Entwicklung und Bewirtschaftung von Immobilien systematisch zu reduzieren. Entsprechend unterscheidet man wirtschaftliche, rechtliche, technische und steuerliche Due-Diligence-Untersuchungen sowie solche, die die Finanzierung betreffen.[195]

Zudem verlangt ein Kapitalgeber oft Informations- und Kontrollrechte, die um so weitreichender sein werden, je eigenkapitalnäher die Ausgestaltung des gegebenen Kapitals ist.

Beurteilung

Aufgrund der verschiedenen Möglichkeiten und Gestaltungsalternativen lässt sich Real Estate Private Equity, z.B. für Bauträgerfinanzierungen, flexibel auf die jeweiligen Bedürfnisse des Bauträgers oder Investors maßschneidern. Eine Vorteilhaftigkeit der Mezzanine-Finanzierung im Allgemeinen und des Real Estate Private Equity im Besonderen wird abgeleitet aus folgenden Kriterien:[196]

- es ergibt sich eine Erweiterung des Finanzierungsspielraums, aber
- es kommt zu keiner Veränderung der Stimmrechtsverhältnisse
- die liquiden Mittel des Immobilienunternehmens werden geschont und
- ein Teil der anfallenden Kosten ist erfolgsabhängig
- bei der Erfüllung bestimmter Voraussetzungen ist eine steuerliche Abzugsfähigkeit gegeben und
- es lassen sich nach klassischen Vorgaben nicht finanzierbare Projekte durchführen.

---

[194] Vgl. Kapitel 5.

[195] Vgl. Hellerforth, M., Handbuch, S. 244.

[196] Vgl. Fedele, F.; Brand, M., Estate, S. 731f.

7 Weitere neue und wieder entdeckte Finanzierungsinstrumente

7.1 Debt-Equity Swap

7.1.1 Beschreibung

Ein Debt-Equity Swap ermöglicht die Umwandlung von Verbindlichkeiten eines Unternehmens zu Buchwerten in Eigenkapital bzw. Eigenkapitalersatz. „to swap" heißt entsprechend „umwandeln".

Dies kann vor allem erfolgen, indem man Verbindlichkeiten in Mezzanine-Kapital, wie Genussrechtskapital umwandelt. Bei entsprechender Ausgestaltung kann man dieses in der Bilanz als Eigenkapitalersatz ausweisen, mit der Folge einer Erhöhung der Eigenkapitalquote bei gleichzeitiger Verminderung der Summe der Verbindlichkeiten. Damit verbessern sich sowohl Bonität als auch Rating; es ist einfacher weiteres Kapital aufzunehmen.

> Beispiel:
> Eine Möglichkeit besteht darin, Kreditgeber oder Lieferanten dazu zu bewegen, ihre Schulden in Eigenkapital umzuwandeln.

Genussrechtskapital führt nicht zu regelmäßigen Zins- und Tilgungsleistungen, sondern die Kapitalgeber sind in ihrer Eigenschaft als Genussrechtsinhaber nur aus Gewinnen des Unternehmens dividendenberechtigt; womit das Ob und die Höhe der Ausschüttung abhängig sind von einem positiven Jahresergebnis.

Der Debt-Equity-Swap verschlechtert weder die Position des Gesellschafters noch verändern sich die Stimmrechtsverhältnisse in der Gesellschafterversammlung.

7.1.2 Vermeidung eines Fehlbetrags durch Genussrechtskapital

Weder für Mezzanine-Kapital noch für die Ausgestaltung von Genussrechten gibt es ein gesetzliches Leitbild. Damit eröffnet sich die Freiheit, Genussrechte als haftendes, also nachrangiges Kapital der Gesellschaft gelten zu lassen. Im Falle eines Jahresüberschusses ist der Gesellschafter dann auch in seiner Eigenschaft als Genussrechts-Inhaber am Gewinn des Unternehmens beteiligt. Gewinne können z.B. monatlich, vierteljährlich oder halbjährlich ausgeschüttet werden.

Immer wenn eine bilanzielle Überschuldung des Unternehmens droht, d.h. wenn ein „nicht durch Eigenkapital gedeckter Fehlbetrag" entstehen könnte, kann man durch die rechtzeitige Umwandlung aus Verbindlichkeiten eine Eigenkapitalposition bilden. Im Extremfall ist dies auch ohne sofortige Zuführung von Liquidität möglich, wenn zu dem Passivposten „Genuss-rechtskapital" auf der Aktivseite ein entsprechender Gegenposten „ausstehende Einlagen auf das gezeichnete Kapital" gebildet wird. Dabei sollte jedoch die Einzahlung dieses Kapitals eine hohe Priorität genießen.

7.1.3   Gesellschafterdarlehen oder Debt-Equity-Swap?

Einführung

Wenn ein Gesellschafterdarlehen gewährt wird, fehlt das entsprechende Eigenkapital; ein nicht durch Eigenkapital gedeckter Fehlbetrag kann nicht verhindert werden. Gesellschafter-darlehen werden finanziell unter den Verbindlichkeiten aufgeführt und erhöhen damit die Fremdkapitalquote. Damit möchten sich Gesellschafter – vor allem auch Gesellschafter-Geschäftsführer – die Möglichkeit offen halten, ihr eingelegtes Kapital zurück zu erhalten. Dies ist beim eingelegten Kapital nicht möglich, da hier das Verbot der Einlagenrückgewähr eine Rückzahlung bei Zuführung von Kapital im Wege einer Kapitalerhöhung vereitelt.

Die Genussrechtsbeteiligung wird als Eigenkapitalersatz bilanziert. Der entstandene Jahres-fehlbetrag kann (teilweise) kompensiert werden. Genussrechte lassen sich zudem so ausge-stalten, dass die Gewinnausschüttungen als Zinsaufwand der Gesellschaft und damit ertrags- und steuermindernd gebucht werden.

Zudem muss man sehen, dass die Rückzahlung von Gesellschafterdarlehen dann nicht mehr möglich ist, wenn das Unternehmen durch die Rückzahlung in eine Krise geraten würde bzw. sich ohnehin schon in einer solchen befindet. Denn dann würde das Gesellschafterdarlehen bereits aufgrund gesetzlicher Grundlagen als „eigenkapitalersetzend" eingestuft und damit wie Eigenkapital behandelt. Der darlehensgewährende Gesellschafter könnte dann sein Dar-lehen nicht mehr zurückfordern und würde nicht einmal die Insolvenzquote erhalten.

Weitere Besonderheiten

Beim Einstieg fremder Geldgeber können Mitspracherechte dieser nur dann verhindert wer-den, wenn das Genussrechtskapital als „Eigenkapitalersatz" nie als Eigenkapital deklariert wird, denn sonst verschlechtert sich die Position der vorherigen Gesellschafter und die Stimmverhältnisse in der Gesellschafterversammlung werden beeinflusst.

7.1.4   Kritik

Es darf aber nicht übersehen werden, dass mit Hilfe eines Debt-Equity-Swaps kein neues Kapital geschaffen wird und dass sich an der tatsächlichen finanziellen Schieflage eines Unternehmens nichts ändert. Die Bilanz wird aufgehübscht, indem die Schulden auf andere Töpfe verteilt werden.

Die Geldgeber gehen bei Debt-Equity-Swaps wie bei Genussscheinen ein höheres Risiko ein, denn das Kapital wird nachrangig behandelt.

7.2 Genussscheine

> **Definition:**
> Im Allgemeinen sind **Genussrechte** schuldrechtliche Ansprüche auf gesellschaftliche Vermögenswerte; sie werden überwiegend in großer Anzahl emittiert und enthalten keine Mitbestimmungsrechte.
> **Genussscheine** beinhalten im Gegensatz zu den unverbrieften Genussrechten ein verbrieftes, börsenfähiges Recht.

Die Grundlage der Finanzierung über Genussscheine ist ein schuldrechtlicher Vertrag, in dem der Genussrechtsemittent dem Genussrechtsinhaber als Gegenleistung für die Überlassung von Kapital oder zur Abgeltung sonstiger Ansprüche Vermögenswerte gewährt, wie sie sonst typischerweise nur im Verhältnis zu Gesellschaftern bestehen. Dabei kann es sich um eine Beteiligung am Gewinn oder am Liquidationserlös handeln. Das häufigste Genussrecht ist das auf Partizipation am Bilanzgewinn. Genussrechte gewähren keine Mitgliedschaftsrechte. Sie können in Genussscheinen verbrieft werden, um ihre Verkehrsfähigkeit zu erhöhen, was für den Emittenten den Vorteil hat, dass er einen Verlustpuffer schaffen kann, ohne dass der Genussscheininhaber Einfluss besitzt.

Genussrechte erlauben flexible, auf die individuellen Bedürfnisse der Parteien angepasste schuldvertragliche Ausgestaltungen mit variablen Ausstattungsmerkmalen, wobei eine grundsätzliche Nähe zu stillen Beteiligungen sowie stimmrechtslosen Vorzugsaktien besteht.

Die Ausgabe von Genussscheinen ist an keine Rechtsform gebunden.[197] Bei geschickter Ausgestaltung hat der Genussschein den Vorteil, dass er beim Emittenten steuerlich wie Fremdkapital behandelt wird.

Die Finanzierung über Genussrechte ist vor einigen Jahrzehnten von den stimmrechtslosen Vorzugsaktien verdrängt worden und erlebt erst wieder seit den späten 60er Jahren eine Renaissance und zwar nicht nur zur Finanzierung, sondern auch zur Mitarbeiterbeteiligung.

> **Beispiel:**
> Der erste Immobilien-Genussschein wurde am deutschen Kapitalmarkt von der Magnum 1999 emittiert. Derart wurden Immobilienprojekte privat finanziert. Die Anleger wurden durch Grundbucheintragungen abgesichert.

In Deutschland wurden in den letzten Jahren einige Genussscheine platziert, jedoch meist nicht börsennotiert.

7.3 Immobilienindexierte Genussscheine

Immobilien-Genussscheine sind bereits bei der Mezzanine-Finanzierung vorgestellt worden. Auch die indexbasierte Form beinhaltet den Versuch, die Lücke zwischen Eigen- und

---

[197] Vgl. Perridon, L.; Steiner, M., Finanzwirtschaft, S. 424.

Fremdkapital zu schließen. Es ist bekannt, dass die Rendite der Immobilienaktivitäten der Nichtimmobilienunternehmen in der Regel unter der des Kerngeschäfts liegt. Gleichzeitig kann es aber aufgrund der Unternehmenspolitik erklärtes Ziel sein, Einfluss auf die Immobilien zu wahren und die Aufdeckung stiller Reserven sowie daraus eventuell resultierenden Steuerbelastungen zu vermeiden. Dann bietet sich folgende Vorgehensweise an:

- Solange die veräußernde Gesellschaft A die Gesellschaftsanteile von B hält, ist die Transaktion grunderwerbsteuerfrei.
- Wenn neue Gesellschafter an B erst nach 5 Jahren aufgenommen werden und bestimmte andere Bedingungen erfüllt sind, bleibt auch diese Transaktion grunderwerbsteuerfrei.

Dabei können alle genussrechtlichen Gestaltungsvarianten genutzt werden. Eine Entkonsolidierung wird jedoch nicht erreicht, außer durch die Aufnahme neuer Gesellschafter bzw. einer daraus resultierenden Veränderung der Beteiligungsverhältnisse. Das Genussrechtskapital wird gemäß der Wertänderung des Deutschen Immobilien Index (DIX) verzinst, jedoch nicht in Form periodischer Barausschüttungen, sondern als im Rückzahlungspreis kumulierte Ausschüttung. Diese Ausschüttungen sind steuerfrei wegen ihrer Abhängigkeit von einem ungewissen Ereignis, nämlich der DIX-Entwicklung. Wenn das Genussrechtskapital börsennotiert ist, ist für den Investor eine Fungibilität der Anlagetitel gegeben.

Für den Emittenten sind die Ausschüttungen auf das Genussrechtskapital unter bestimmten Bedingungen steuerlich abzugsfähig. Wegen der Nachrangigkeit verbleiben vorrangige Finanzierungsreserven.[198]

7.4   Derivate

7.4.1   Allgemeine Einführung

> Definition:
> **Derivate** sind Finanzinstrumente, deren Preise sich nach den Kursschwankungen oder den Preiserwartungen anderer Investments richten. Sie sind so konstruiert, dass sie die Schwankungen der Preise dieser Anlageobjekte überproportional nachvollziehen. Sie können damit eingesetzt werden zur Absicherung gegen Wertverluste und Spekulation auf Kursgewinne.

Das Zusammenwachsen der Immobilien- und Kapitalmärkte ist ein Grund, dass Derivate stärker in den Fokus geraten. Der Investor geht weg von der Investition in Backsteine und wendet sich vermehrt Papieren über Backsteine zu.

Wichtige Derivate sind Zertifikate, Optionen, Futures und Swaps.[199] Derivate sind keine eigenständigen Anlageinstrumente, sondern beziehen sich auf Basisinstrumente (Underlyings) wie z.B. Aktien, Anleihen, Rohstoffe oder Indices. Sie berechtigen den Erwerber zum

---

[198]   Maier, K.M., Risikomanagement, S. 168.

[199]   Vgl. zum Zinsswap Kapitel 4.7.5 dieses Buches.

Kauf oder auch zum Verkauf der zugrunde gelegten Werte zu einem festen, im Voraus vereinbarten Preis zu einem späteren Zeitpunkt. Da der Abschluss des Geschäfts und die Zahlung des Preises bzw. die Erfüllung nicht zeitgleich stattfinden,[200] handelt es sich um ein Termingeschäft.

7.4.2   Derivate im Immobilienbereich

Im Immobilienbereich besteht ein gewisser Nachholbedarf bei Derivaten, da die hohen Anforderungen der Investoren in Hinblick auf die Transparenz, den Standardisierungsgrad und auch die Breite und Tiefe des zugrunde liegenden Datenpools nicht immer erreicht werden.[201] In Europa gilt der bewertungsbasierte Index des britischen Anbieters Investment Property Databank (IPD) als Standard,[202] insbesondere auch aufgrund der breiten Datenbasis.

> Beispiel:[203]
> 2005 konzipierte die Eurohypo zusammen mit der Deutschen Bank als Arrangeur das erste Immobilienderivat, welches folgendermaßen konstruiert war: Die Transaktion stellte auf den britischen UK Total Return Index der Investment Property Databank (IPD) ab. Eine britische Versicherungsgesellschaft verkaufte im Rahmen eines Swap-Geschäfts Immobilienperformance an ein britisches Immobilienunternehmen. Das Geschäft hatte ein Volumen von nominal 40 Millionen Pfund.

Großbritannien ist deshalb der in Europa am weitesten entwickelte Markt in Bezug auf Derivate, da hier der IPD Indizes und Subindizes abbildet, die umfassender sind als in vielen anderen europäischen Ländern.

In Deutschland wird seit 1995 der Deutsche Immobilien Index (DIX) erstellt. Hier wurden 2006 Daten von rund 3.000 direkt gehaltenen Immobilien mit einem Marktwert von rund 54 Mrd. Euro geliefert. Man geht davon aus, dass mit dieser Datentiefe Derivate gehandelt werden können.

Dominierend im Immobilienbereich sind vor allem Swap-Geschäfte, was damit begründet wird, dass sie von ihrer Struktur her relativ einfach sind und den Investoren gegenüber einem direkten Engagement Zeit- und Kostenvorteile verschaffen können.[204] Diese liegen darin begründet, dass es schneller geht ein Immobilienderivat zu erwerben als eine entsprechende Immobilie der gewünschten Anlageklasse in der gewünschten Region; auch der Verkauf wird schneller abzuwickeln sein.

> Defintion:
> Bei einem **Swap** werden von den Vertragsparteien zur Risikosteuerung Zahlungsströme ausgetauscht.

---

[200] Vgl. Feucht, M., Finanzinstrumente, S. 67.
[201] Vgl. Knobloch, B., Einsatz, S. 7
[202] Vgl. Schaffner, P., Immobilienderivate, S. 42.
[203] Vgl. Knobloch, B., Einsatz, S. 7.
[204] Vgl. ebenda, S. 6.

Beispiel für ein Swap-Geschäft auf der Grundlage eines Immobilienindex:[205]
Der Investor besitzt einen bestimmten Kapitalbetrag, den er bei einer Bank hinterlegt hat, und der einen bestimmten Zins erwirtschaftet, z.B. den Libor-Satz. Schließt der Investor jetzt eine Swap-Vereinbarung, zahlt er diesen Libor und erhält einen Cash-Inflow aus der Performance des betreffenden Immobilenpreisindex. Damit hält er eine Immobilienposition in der Größenordnung des bei der Bank hinterlegten Kapitalbetrages.

Weitere Einsatzmöglichkeiten von Derivaten:

- Einsatz eines Swaps in der Vorbereitungsphase eines physischen Immobilien-Engagements
- Swaps können zum Feintuning großer Portfolios in Hinblick auf Risikomischung angewandt werden
- Swaps bieten sich für einen synthetischen Sektortausch innerhalb eines bestehenden Immobilienportfolios an, z.B. zum Tausch des Ertrages aus einem Einzelhandelsimmobilienportfolio in den Ertrag aus Büroimmobilien. Dem liegt die Erwartung des Investors zugrunde, dass sich die Büroimmobilien besser entwickeln werden, mit der Folge höherer Erträge gegenüber dem von ihm gehaltenen Portfolio. Gleichzeitig muss er aber nicht sein Einzelhandelsportfolio verkaufen, um die Überperformance „mitzunehmen".
- Immobilienentwickler können Swaps zum aktiven Zinsmanagement nutzen, was sich ab einem Volumen von 5 Mio. Euro rechnen soll.

Beispiel für eine Konstruktion:[206]
Bei diesem „Developer-Swap" bildet die Swap-Konstruktion die erwarteten Kreditauszahlungen nach Baufortschritt ab. Um eventuelle Bauverzögerungen und damit Valutierungsänderungen der Finanzierung in der Zinssicherung ebenfalls berücksichtigen zu können, hat der Entwickler die Möglichkeit, eine zu Geschäftsbeginn definierte Betragsbandbreite für den Swap zu wählen, innerhalb derer die Zinssicherung während der Laufzeit variiert werden kann. Zu Beginn einer Zinsperiode kann der benötigte Sicherungsbetrag innerhalb der vereinbarten Bandbreite jeweils neu festgelegt werden, um eine Unter- oder Überdeckung des Zinsrisikos zu vermeiden.

Swaps werden ab Investitionssummen von fünf Millionen Pfund als Untergrenze bis hinauf zu 1.000 Millionen Pfund interessant und bieten insofern zur Zeit nur Möglichkeiten für Großanleger. Gegenüber einem direkten Immobilienengagement sind die Transaktionskosten jedoch ungleich geringer: sie liegen bei ca. 1 Prozent.

7.4.3   Beispiel: Funktionsweise eines Total Return Swaps

Mit Hilfe eines Total Return Swaps hat ein Immobilienunternehmen, welches eine Buy-and-Sell-Strategie durchführt oder bei dem in nächster Zeit Refinanzierungen anstehen, die Chance sich gegen fallende Immobilienpreise abzusichern und sein Marktrisiko zu reduzie-

---

[205]   Vgl. Knobloch, B., Einsatz, S. 8.
[206]   Vgl. ebenda, S. 10.

ren. Er bekommt die Indexrendite im Tausch gegen die Zahlung, z.B. eines 3-Monats-Euribors und zahlt dafür eine Marge.

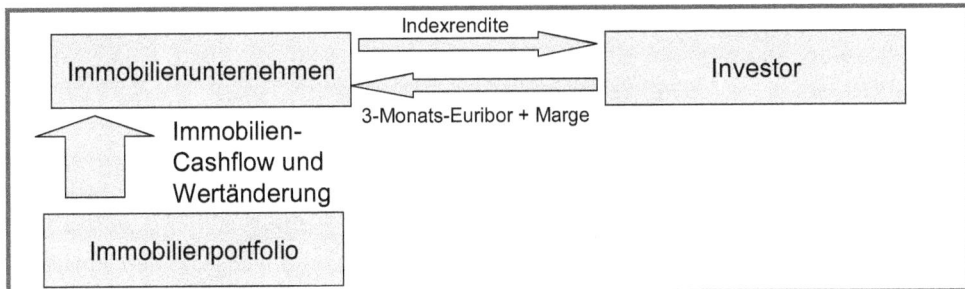

7.1 Funktionsweise eines Total Return Swaps[207]

7.5 Finanzierungsmöglichkeiten durch eine Immobilien-AG

7.5.1 Begriff und Bedeutung

Definition:
Als **Immobilienaktien** bezeichnet man Anteile an Unternehmen mit hohem Immobilienbesitz. Entsprechend versteht man unter einer **Immobilien-Aktiengesellschaft** eine meist börsennotierte Publikumsgesellschaft, die im Immobilienbereich als Projektentwickler, Dienstleister oder Bestandshalter tätig ist; nicht dazu zählen reine Bauunternehmen.[208]

Als Unternehmensform für die mittelgroßen Unternehmen kommt die Immobilien-AG wegen der Börseneinführungsgebühren nicht in Frage. Das verstärkte Aufkommen dieser neuen Gesellschaftsform ist jedoch eine Konsequenz aus den immer größer werdenden Konzernen und Unternehmen rund um die Immobilie. Die größten Immobilienaktiengesellschaften in Deutschland sind im Prime IG Real Estate Performance Index der Deutschen Börse AG notiert. Dies sind AIG International Real Estate KGaA, Alstria Office AG, Alta Fides AG, Bau-Verein zu Hamburg AG, Colonia Real Estate AG, Deutsche Euroshop AG, Deutsche Wohnen AG, DIC Asset AG, Estavis AG, Francono Rhein Main AG, GAGFAH S.A., GWB Immobilien AG, IVG Immobilien AG, PATRIZIA Immobilien AG, Polis Immobilien AG, TAG Tegernsee Immobilien und Beteiligungen und Vivacon AG.

7.5.2 Beurteilung

Für Unternehmen bietet die Immobilienaktiengesellschaft die Vorteile einer normalen AG, gepaart mit der Spezialisierung auf Immobilien. Insoweit stehen ihr die gleichen Finanzierungsmöglichkeiten offen, wie anderen Aktiengesellschaften. Es ist zu beachten, dass es

---

[207] Vgl. Schaffner, P., Immobilienderivate, S. 42.

[208] Vgl. Meyer-Scharenberg, D., Immobilienaktiengesellschaft, S. 14.

viele Immobilien-Aktiengesellschaften in Deutschland gibt, die ohne REITS-Status erfolgreich am Markt agieren. Zudem ist zu konstatieren, dass sich Immobilien-Aktiengesellschaften gegenüber offenen Immobilienfonds bislang nicht als Anlageinstrument durchsetzen konnten.[209]

7.6　　　REITs zur Finanzierung

Definition
Ein **Real Estate Investment Trust (REIT)** ist eine an der Börse notierte Immobilienaktiengesellschaft, die nur auf der Ebene der Anleger besteuert wird und sich mit dem Besitz und der Bewirtschaftung von Immobilien beschäftigt.[210] Sie ist seit dem 1.1.2007 in Deutschland zugelassen.

Rechtsgrundlage des deutschen REIT (Real Estate Investment Trust, auch G-REIT) ist das Gesetz zur Schaffung deutscher Immobilien-Aktiengesellschaften mit börsennotierten Anteilen (REITG). Sofern die REIT-AG die besonderen Anforderungen des REITG erfüllt, ist sie sowohl von der Körperschaftsteuer als auch von der Gewerbesteuer vollständig befreit. Damit trotzdem eine Besteuerung gewährleistet ist, ist diese von der Ebene der Gesellschaft auf die Ebene der Anleger verlegt, und es besteht eine Ausschüttungspflicht eines Großteils der Überschüsse. Damit ist die REIT-AG keine neue Gesellschaftsform, sondern eine normale Aktiengesellschaft mit bestimmten Tätigkeitsschwerpunkten.

Von Bedeutung für die Immobilienwirtschaft ist jedoch, dass zum Unternehmensgegenstand keine Wohnimmobilien zählen dürfen, die vor dem 1.1.2007 erbaut worden sind (Bestandswohnimmobilien). Dabei handelt es sich um eine Einschränkung des Geschäftsfeldes, die nur schwer nachvollziehbar ist. Zudem darf die REIT-AG nur in bestimmten Grenzen Immobilienhandel betreiben[211] und Services anbieten. Der Mindestnennbetrag des Grundkapitals beträgt 15 Mio. Euro, und es müssen sich bei der Börsenzulassung mindestens 25 % der Aktien im Streubesitz befinden, danach 15 %.[212] Hier besteht ein Problem in Bezug auf mögliche Kontrollrechte des REITs: Es ist unmöglich sicherzustellen, dass fremde Anteilseigner nicht gegen diese Regelungen verstoßen mit der Folge eines Wegfalls des Steuer-Discounts.[213] Es gibt weitere Qualifizierungskriterien für die Registrierung einer AG als REIT-AG.[214] Ein REIT kann entweder durch Neugründung oder durch Umwandlung einer bereits bestehenden Immobilienaktiengesellschaft entstehen.[215]

Um für Immobilien-Aktiengesellschaften den Wechsel in den REIT attraktiv zu machen, besteht eine fünfzigprozentige Exit-Tax-Vergünstigung für die Aufdeckung stiller Reserven,

---

[209]　Vgl. Sotelo, R., Estate, S. 545.

[210]　Vgl. Rotke, N. B.; Gläsner, S., Glossar, S. 808.

[211]　Vgl. Wienbracke, M., Real, S. 2721 ff.

[212]　Streubesitz ist definiert als Aktien derjenigen Aktionäre, denen jeweils weniger als 3 % der Stimmrechte an der REIT-AG zustehen.

[213]　Vgl. o.V., REITS, S. 744.

[214]　Vgl. Rotke, N. B., Immobilienzyklen, S. 385.

[215]　Vgl. Zinkel, R., Estate, S. 192.

wenn dieser Wechsel vor dem 1. Januar 2010 stattfindet, und die Immobilien bereits vor dem 1.1.2005 angeschafft oder hergestellt wurden. Viele Unternehmen warten jedoch zunächst auf die genauen Regelungen der Unternehmensteuerreform, was zur Folge haben könnte, dass sie nicht mehr genügend Zeit zur Umwandlung haben.[216]

Diese hälftige Steuerfreiheit entfällt jedoch beispielsweise, wenn eine Haltefrist von vier Jahren nach dem Verkauf bzw. nach dem Wechsel in den REIT-Status nicht eingehalten wurde, aber auch wenn bei Sale-and-Lease-back-Konstruktionen bestimmte Höchstbeteiligungsquoten des Veräußernden an der REIT-AG überschritten wurden.[217]

Insgesamt hat sich der deutsche Immobilienfinanzierungsmarkt weitgehend professionalisiert, und es wird nicht mit signifikanten Veränderungen des deutschen Immobilienmarktes gerechnet,[218] was sich in Bezug auf die niedrigen Zulassungszahlen bisher auch zu bewahrheiten scheint. Sinnvoll ist die Umwandlung in einen REITS nur für solche Unternehmen, die:[219]

- in inländische Gewerbeimmobilien investieren
- kein Dienstleistungsgeschäft mit Dritten betreiben und
- moderat bis konservativ fremd finanziert sind.

Es sollte also beachtet werden, dass einige der propagierten Vorteile des REITS nicht zuletzt aus einem hervorragenden Marketing resultieren.[220]

7.7 Non-Recourse-Finanzierungen

Definition:
Bei **Non-Recourse-Finanzierungen** stellt der Darlehensgeber seine Kreditvergabe ausschließlich auf die Beleihungsobjekte und deren Objekt-Cash-flows als Sicherheiten ab. Die persönliche Haftung des Darlehensnehmers entfällt.[221]

Hierbei handelt es sich um ein importiertes Finanzierungsmodell, welches aber nur zu realisieren ist, wenn als Darlehensnehmer eine Objektgesellschaft fungiert. Zudem müssen die Beleihungsobjekte von z.B. einem Mutterunternehmen durch Übertragung separiert werden, um eine insolvenzfeste Abgrenzung zu erreichen. Damit entfällt für den Kreditnehmer die persönliche Haftung und es ist eine Verbesserung der Kreditkonditionen möglich, wenn das Rating des Mutterunternehmens schlechter ist als das des Immobilienportfolios.

---

[216] Vgl. Beier, M., Subprime, S. 26.
[217] Vgl. Rotke, N. B., Immobilienzyklen, S. 387.
[218] Vgl. Sebastian, S., Immobilien, S. 26.
[219] Vgl. Zinkel, R., Estate, S. 195.
[220] Vgl. Sebastian, S., Immobilien, S. 26.
[221] Vgl. Rudolph, S. Immobilienfinanzierung, S. 17.

8   Kreditsubstitute

Zu den Kreditsubstituten werden im Allgemeinen gerechnet, das Factoring, das Leasing und die bereits behandelten Asset Backed Securities.[222]

8.1   Factoring

8.1.1   Begriff

Definition:
Factoring ist der laufende Verkauf von Forderungen aus Warenlieferung oder Dienstleistungen durch ein Finanzierungsinstitut (Factoring-Gesellschaft). Dabei handelt es sich um noch nicht fällige Forderungen auf der Grundlage eines Factoring-Vertrags, weshalb es zu einem Finanzierungseffekt kommt.[223]

Generell unterscheidet man echtes (non-recourse) und unechtes (recourse) sowie offenes und stilles Factoring.

Beim echten Factoring übernimmt der Factor das volle Ausfallrisiko der Forderung, während dieses beim unechten Factoring beim Forderungsverkäufer verbleibt. Deshalb ist beim echten Factoring in der Regel eine Bonitätsprüfung der angebotenen Forderungen durch den Factor vorgeschaltet. Beim offenen Factoring wird der Schuldner von der Abtretung benachrichtigt und zahlt direkt an den Factor. Das stille oder notifizierende Factoring sieht eine derartige Benachrichtigung nicht vor, mit der Folge, dass der Forderungsverkäufer die Zahlung weiterleiten muss.

Factoring hat damit nicht nur eine Finanzierungsfunktion, sondern auch eine Dienstleistungs- und Kreditsicherungsfunktion.

8.1.2   Anwendung in der Immobilienwirtschaft

In der Immobilienwirtschaft kommt Factoring vornehmlich zur Beschaffung liquider Mittel in Betracht, wobei aufgrund der Kurzfristigkeit eine Zuordnung zur klassischen Immobilienfinanzierung nicht möglich ist. Denkbar wäre in diesem Zusammenhang der Verkauf von Mietforderungen oder die Übertragung des Inkasso- oder Mahnwesens.[224]

---

[222] Vgl. Perridon, L.; Steiner, M., Finanzwirtschaft, S. 445.
[223] Vgl. Feucht, M., Factoring, S. 93.
[224] Vgl. Gondring, H., Immobilienwirtschaft, S. 700.

Der Finanzierungseffekt liegt hauptsächlich darin, dass durch den Forderungsverkauf dem Untenehmen sofort Geld überwiesen wird und zwar in Höhe von 70 bis 90 Prozent des jeweiligen Forderungsbetrages. Dafür trägt die Factoring-Gesellschaft das Ausfallrisiko und das Unternehmen spart sich die Debitorenverwaltung, das Mahnwesen, Inkasso und die rechtliche Verfolgung der Forderungen.

8.1.3   Beurteilung

Factoring bietet den Vorteil, dass das Unternehmen einen geringeren Aufwand hat und zumindest beim echten Factoring eine Risikominimierung erreichen kann, sowie eine schnellere Liquidität. Beim offenen Factoring ist ggf. mit Imageverlusten zu rechnen.

Eine neuere Möglichkeit Forderungsbestände längerfristiger Art – in der Regel kostengünstiger als durch Factoring – zu refinanzieren, besteht in der Konstruktion von Asset Backed Securities.[225]

8.2   Leasing als Finanzierungsalternative?

8.2.1   Begriff und Darstellung der wichtigsten Grundlagen

Definition:
Leasing bezeichnet eine langfristige Form der Nutzungsüberlassung seitens des Leasinggebers an den Leasingnehmer gegen ein in Raten zu zahlendes Entgelt. **Immobilien–Leasing-Verträge** haben die Nutzungsüberlassung unbeweglicher Wirtschaftsgüter zum Inhalt, also von Grundstücken und deren wesentlichen Bestandteilen (Gebäude).

Der Leasingvertrag ist gesetzlich nicht kodifiziert. Er ist wie der Outsourcing–Vertrag ein Vertrag sui generis. Ein Leasing–Vertrag enthält Elemente des Miet- bzw. Pachtvertrags aber auch eines Ratenkauf- und Geschäftsbesorgungsvertrages. Es finden nach h.M. und Rechtssprechung auf den Leasing–Vertrag die Vorschriften über Miete Anwendung (§§ 535ff. BGB).

Der Leasinggeber (Vermieter) verpflichtet sich, dem Leasingnehmer (Mieter) das Leasingobjekt (Immobilie) gegen eine periodische Entgeltzahlung (Leasingrate) für eine fixierte Grundmietzeit zur Nutzung zu überlassen. In der Praxis steht dem Leasingnehmer in der Regel das vertragliche Optionsrecht zu die Mietzeit zu verlängern oder das Leasingobjekt zu erwerben.

Arten[226]
In Abhängigkeit vom Verpflichtungscharakter des Leasingvertrages wird das Operating Leasing vom Finance Leasing unterschieden. Bezüglich des Leasinggegenstands gibt es

---

[225]   Vgl. Feucht, M., Factoring, S.94; vgl. ausf. Kapitel 6.2.2 dieses Buches.
[226]   Vgl. ausf.: Vaaßen, N., Gewerbliches Immobilienleasing, S. 39ff.

neben dem hier behandelten Immobilien–Leasing auch ein Mobilien–Leasing. Zudem existieren Vollamortisations- neben Teilamortisationsverträgen.[227]

Man unterteilt zudem beim Immobilienleasing generell:[228]

- Neubau-Leasing
- Buy-and-lease
- Sale-and-lease-back und
- geschlossene Immobilienleasingfonds.

Der Leasingnehmer muss die Leasingraten bezahlen, die sich aus der Verzinsung und der Tilgung des eingesetzten Kapitals zuzüglich Verwaltungskosten, Risiko und Gewinnmarge den Leasingnebenkosten (z.B. Grundsteuer, Grunderwerbsteuer, Finanzierungsnebenkosten oder Versicherungsprämien) zusammensetzen, wenn sie nicht bereits in die Leasingrate eingerechnet sind und einmalige Sonderzahlungen, z.B. Kosten für die Planung und die Konzeption des Objekts oder Finanzierungskosten während der Bauphase.

8.2.2 Operate und Finance Leasing

Die Kündbarkeit betreffend unterscheidet man reine Gebrauchsüberlassungsverträge (Operate Leasing) von sogenannten Finanzierungsleasingverträgen (Finance– oder Financial Leasing). Reine Gebrauchsüberlassungsverträge haben in der Regel kurzfristigen Charakter und sind jederzeit kündbar, weshalb sie den Regeln des Mietvertrages unterliegen.[229] Demgegenüber ist bei den Finanzierungsleasingverträgen eine feste Grundmietzeit unabdingbarer Vertragsbestandteil, während derer ist der Vertrag unkündbar.

Hinsichtlich der finanziellen Belastungen bzw. der Finanzierbarkeit unterscheidet man:

- Vollamortisationsverträge (Full–Pay–Out–Contracts)
- Teilamortisationsverträge (Non–Full–Pay–Out–Contracts) und
- das Mieterdarlehensmodell.

Für den Leasingnehmer ergibt sich vor allem der Vorteil, dass die hohe Anfangsinvestition entfällt. Dafür zahlt er Leasingraten. Bei den Vollamortisationsverträgen fließen dem Leasinggeber innerhalb der Grundmietzeit die gesamten Anschaffungs- und Herstellungskosten zu, einschließlich etwaiger Finanzierungsaufwendungen und eines Gewinnaufschlags. Generell ergibt sich so eine hohe finanzielle Belastung des Leasingnehmers. In der Praxis sind Vollamortisationsverträge aufgrund der hohen Kostenbelastung eher unüblich.

Bei Teilamortisationsverträgen fließt dem Leasinggeber nur ein Teil der Gesamtinvestitionskosten über die Leasingraten zu. Der Tilgungsanteil der Leasingraten entspricht der linearen Abschreibung des Leasingobjekts. Bei einer Ausübung der Kaufoption entspricht der Kaufpreis dem steuerlichen Restbuchwert.

Das Mieterdarlehensmodell kann als Modell der Kaufpreisvorauszahlung interpretiert werden. Wenn die Kaufoption nicht ausgeübt wird, ist das Mieterdarlehen zurückzuerstatten. Der Kaufoptionspreis ist hier vertraglich fixiert und damit kalkulierbar. Die Mieterdarlehens-

---

[227] Vgl. Feinen, K., Finanzdienstleistungs-Leasing, S. 177ff.
[228] Vgl. Maier, K.M., Risikomanagement, S. 138.
[229] Vgl. Perridon, L.; Steiner, M., Finanzwirtschaft, S. 450.

rate ist steuerlich nicht abzugsfähig und das Mieterdarlehen wird gewerbesteuerlich zu 50 % als Dauerschuld angerechnet. Der Kostenanteil ist jedoch abzugsfähig.[230]

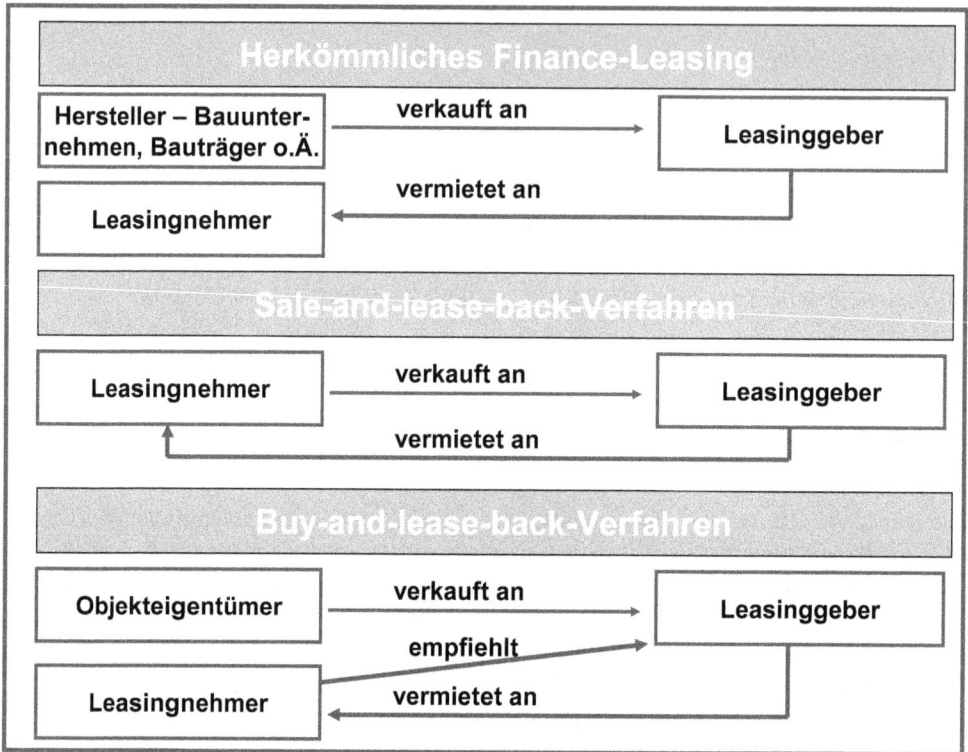

8.1 Unterschiedliche Leasing-Verfahren im Überblick

Das Sale-and-lease-back-Verfahren kann in mehrere Schritte aufgeteilt werden:

- Im ersten Schritt veräußert ein Unternehmen betrieblich genutzte Immobilien zum Verkehrswert an eine Leasinggesellschaft.
- Im zweiten Schritt wird unter Berücksichtigung der leasingspezifischen Richtlinien die Immobilie für eine Mietzeit von 15 bis 30 Jahren zurückgemietet. Der Verkäufer wird damit zum Leasingnehmer.
- Dem Leasingnehmer wird im Rahmen eines grundbuchrechtlich eingetragenen Ankaufsrechtes eingeräumt, das Objekt nach Ablauf der Mietzeit zu einem festgelegten Kaufpreis zurück zu erwerben. Der Kaufpreis liegt in der Regel beim nicht getilgten Restwert in Höhe des steuerlichen Restbuchwerts. Der dritte Schritt umfasst somit den Rückkauf bzw. eine andere Verwertung der Immobilie

Beim Buy-and-Lease-back verkauft der bisherige Objekteigentümer nicht direkt an den Nutzer, sondern an einen Leasinggeber, der wieder an den Leasingnehmer verleast.

Leasinggeber sind sehr häufig geschlossene Fondsgesellschaften.[231]

---

[230]   Vgl. Feinen, K., Finanzierung, S. 129.

[231]   Vgl. ausführlich: Lauenstein, C. Immobilien-Leasing-Fonds, S. 1ff.

8.2.3 Steuerliche Aspekte

Damit die steuerlichen Vorteile des Leasings genutzt werden können, ist es in der Regel am vorteilhaftesten, wenn der Leasinggeber gleichzeitig der wirtschaftliche Eigentümer der Immobilie ist (§ 39 AO). Der Leasingnehmer kann in diesem Fall die Leasingraten als Betriebsausgaben absetzen und das Leasingobjekt erscheint nicht mehr in seiner Bilanz („off-balance"-Charakter[232] des Leasings); es besteht lediglich eine Angabeverpflichtung im Anhang. Immer wenn die Ausgestaltung des Leasingvertrags eine Risikoumverteilung hin zum Leasingnehmer vornimmt, wird bezweifelt, dass der Leasinggeber wirtschaftlicher Eigentümer des Leasingobjekts ist. Deshalb sollten in Immobilien-Leasingverträgen folgende Merkmale erfüllt sein:[233]

- Die Vertragslaufzeit muss mehr als 40 % und weniger als 90 % der betriebsgewöhnlichen Nutzungsdauer betragen. Bei kürzeren Laufzeiten geht man steuerlich von Ratenkauf aus, bei längeren Laufzeiten wird die wirtschaftliche Einwirkungsmöglichkeit des Leasinggebers verneint. Die betriebsgewöhnliche Nutzungsdauer richtet sich nach den Sätzen der linearen Gebäude-AfA.
- Wenn eine Kaufoption vereinbart ist, muss der vereinbarte Preis mindestens dem Buchwert der Immobilie zum Zeitpunkt der Optionsausübung entsprechen.
- Eine Drittverwendungsfähigkeit der Immobilie darf nicht völlig ausgeschlossen sein.
- Das Risiko der Wertminderung der Immobilie darf nicht vollständig dem Leasingnehmer übertragen sein; so muss der Leasinggeber weiterhin das Risiko des zufälligen Untergangs tragen und für von ihm zu vertretende Nutzungsminderungen sowie für die Folgen einer von ihm zu vertretenden vorzeitigen Vertragsauflösung einstehen.

> Beispiel zur Drittverwendungsfähigkeit:[234]
> Für ein Verwaltungsgebäude ist ein besonders wichtiger Faktor der Drittverwendungsfähigkeit, dass ausreichend Parkplätze vorhanden sind bzw. bei Bedarf zur Verfügung gestellt werden können.

8.2.4 Beurteilung

Immobilienleasing ist damit attraktiv, wenn das Leasingobjekt der Objektgesellschaft aus steuerlicher Sicht zugerechnet wird, diese also wirtschaftlich Eigentümerin des Leasingobjekts ist und es damit bilanziert. Zudem darf der Leasingnehmer den Leasinggeber nicht von der Einwirkung auf das Objekt ausschließen dürfen.

Für den Leasingnehmer sind die Leasingraten einkommens- und körperschaftsteuerpflichtige Betriebsaufwendungen; Mieterdarlehensraten sind aufwandsneutral. Betrachtet man Leasing als eine Projektfinanzierung, handelt es sich um eine Vollfinanzierung. Der Leasingnehmer kann seine Eigenmittel in Kerngeschäftsfelder investieren und somit höhere Renditen generieren. Immobilienleasing ist bilanzneutral, die vorhandenen Kreditlinien bleiben erhalten, allerdings besteht eine Angabeverpflichtung im Anhang.

---

[232] Vgl. Feinen, K., Finanzierung, S. 123; ausf.: Perridon, L.; Steiner, M., Finanzwirtschaft, S. 457f.
[233] Vgl. Schmoll, F. genannt Eisenwerth, Basiswissen, S. 687.
[234] Vgl. Feinen, K., Finanzierung, S. 131.

Leasing stellt für das Immobilien nutzende Unternehmen eine Alternative zur Miete von Immobilien dar bzw. eine Bereitstellungsalternative mit anders gelagerten Rechten und Zahlungsströmen als das Eigentum. Hinzu kommen bestimmte Serviceaspekte, so bei „Full-Service-Verträgen".

Häufig wird das Leasing im Rahmen von Sale-and-Lease-back-Transaktionen dazu benutzt, Bilanzverkürzungen zu erreichen, wobei auch hier die Leasingverpflichtungen im Anhang weiter anzugeben sind. Trotzdem verbessern sich durch die Bilanzverkürzung die Bilanzkennzahlen und auch die Ratingklassifizierung. Durch eine derartige Transaktion kommt es eventuell auch zu einer Freisetzung stiller Reserven mit der Folge einer Stärkung des Eigenkapitalausweises und eines Liquiditätszuflusses in Höhe des Veräußerungserlöses.

Beim Neubauleasing kann der Leasingnehmer unter Umständen auch auf Serviceleistungen und Know-how während der Bauphase zurückgreifen.

Die Vorteilhaftigkeit des Leasings gegenüber dem Kauf kann über Modellrechnungen bestimmt werden. Deren Ergebnisse hängen maßgeblich von den jeweiligen Konditionen und Modellannahmen ab, so dass man hier keine allgemeingültigen Aussagen ableiten kann. Kriterien können aber sein:

- die für die steuerliche Zurechnung entscheidende Vertragsgestaltung des Leasings
- die Kosten des Leasings im Vergleich zu Kreditkonditionen
- die Höhe der Steuersätze
- das Abschreibungsverfahren
- die Höhe des Kalkulationszinssatzes sowie
- die Kapitalbindungsdauer.

Der große Vorteil des Leasings liegt im Gewinnen von Liquidität. Während beim Kauf die gesamte Investitionssumme gebunden und erst sukzessive über die verdienten Abschreibungen freigesetzt wird, entsteht beim Leasing keine Kapitalbindung. Vielmehr bewirkt die Variante des Leasings einen Liquiditätsüberschuss, der nicht zum Abbau des in der Investition gebundenen Fremdkapitals, sondern für andere Projekte verwendet werden kann. Ebenso lässt sich überlegen, ob Leasing bei Problemen der Bonität eines Immobilienunternehmens, die Einwilligung des Mieters vorausgesetzt, auch zur Finanzierung vermieteter Immobilien verwendet werden kann.

8.2.5   Leasing für die öffentliche Hand

Leasing ist eine typische Finanzierungsform für die öffentliche Hand, vor allem bei großem Instandhaltungsstau. Häufig wird Leasing auch im Rahmen von Public Private Partnership (PPP) durchgeführt. Dabei spielt nicht nur die Finanzierungsfunktion des Leasings eine Rolle, sondern auch zusätzliche Services oder Know-how, soweit es auch um den Neubau bzw. die Sanierung von Immobilien der öffentlichen Hand geht.

Auch hier haben sich Extremformen herausgebildet, wie das Cross-Border-Leasing, bei dem über städtische Gebäude, aber auch Wasserleitungs- oder Kanalsysteme Verträge mit einer Laufzeit von 99 Jahren mit Leasinggebern im Ausland abgeschlossen werden. Solche Verträge unterliegen nicht deutschem Recht, sondern z.B. amerikanischem oder dem Recht einer Steueroase und sind in englischer Vertragssprache abgefasst.[235] Hier könnte es dauerhaft zu

---

[235]   Vgl. Rügemer, W., Cross, S. 17ff.

Problemen bei der Vertragsabwicklung kommen, die u.U. die Vorteile, die man sich aus dem Vertrag erhofft aufzehren könnten.

8.2.6 Beispiel für einen vollständigen Finanzplan zum Vergleich: Kauf oder Leasing eines Gebäudes

Grundlegende Annahmen für die Wirtschaftlichkeitsberechnung:

- Gleiche Bemessungsgrundlagen für Einkommens-, Körperschafts- und Gewerbesteuer
- Ermittlung der steuerlichen Bemessungsgrundlage:

	Erträge aus Miet- oder Pachteinnahmen
−	Betriebskosten
=	Einzahlungsüberschuss
−	Abschreibungen auf das Objekt
−	Abschreibungen auf ein eventuelles Disagio
−	Zinsaufwand für das Fremdkapital
+	Zinsertrag für wieder angelegte Rückflüsse
=	Ergebnis (= steuerliche Bemessungsgrundlage)
angenommener Ertragssteuersatz: 39% (inkl. Gewerbeertragssteuer)	
Annahme: Besteuerung und Auszahlung am Jahresende; keine Substanzsteuer wie Vermögenssteuer o.Ä.	
erste Abschreibung = volle Jahresabschreibung, d.h. die Inbetriebnahme erfolgt im ersten Halbjahr	
kein Verlustvor- oder rücktrag, d.h. Verluste können mit Gewinnen aus anderen Geschäften sofort kompensiert werden, so dass eine Steuererstattung bei Verlust dem Projekt zuzurechnen ist.	
keine offenen Posten aus Miete oder Pacht, d.h. die Einnahmen werden sofort zu Einzahlungen	

Daten für das Investitionsprojekt:

Es soll die Entscheidung getroffen werden: Kauf oder Leasing?

Zu beantwortende Fragestellung: Welche Alternative ist wirtschaftlicher?

Objektbeschreibung mit den notwendigen Eckdaten:

8-geschossiges Bürogebäude mit Tiefgarage, Fertigstellung und Inbetriebnahme im ersten Halbjahr des Jahres t_1

Grundstücksgröße 3.000 m²

Vermietbare Fläche: 8.200 m² (gesamt): EG: 500 m²; OG 1–7: je 1.100 m², BGF: 9.250 m²

PKW-Stellplätze: 65 Tiefgaragenplätze

Außenanlagen: Verbundpflaster mit einfacher Begrünung direkt am Gebäude

Sonstige Angaben zum Objekt:

Instandhaltungskosten = 7,50 EURO/m² der BGF = 69.375,– EURO p.a.

Weitere Betriebskosten: Grundsteuer, Müllabfuhr, Straßenreinigung, Versicherung, Gas, Strom, Be- und Entwässerung, Wartung Gebäudetechnik incl. Fördertechnik und Notruf, Reinigung, Bewachung, Objektmanagement: 350.000,– EURO p.a.

Betriebsgewöhnliche Nutzungsdauer: 50 Jahre, Grundmietzeit: 20 Jahre (= Laufzeit des Projekts)

Zu prüfende Optionen:

KAUF:	LEASING:
Erwerbsdatum 31.12.00 (= t_0)	Vertragsbeginn am 01.01.01 (t_1)
Kaufpreis: 30 Mio. EURO, incl. 4,5 Mio EURO für das Grundstück (=15%)	Vertragsart: Finanzierungsleasing
	Grundmietzeit: 20 Jahre (betriebsgewöhnliche Nutzungsdauer: 50 Jahre), Ende: 31.12.20

KAUF:
Erwerbsdatum 31.12.00 (= t_0)
Kaufpreis: 30 Mio. EURO, incl. 4,5 Mio EURO für das Grundstück (=15%)

+ 1 % Notargebühr	= 300.000,– EURO
2% Maklergebühren	= 600.000,– EURO
3,5% Grunderwerbsteuer	= 1.050.000,– EURO
= 6,5% Anschaffungskosten	= 1.950.000,– EURO

Finanzierung: 60% Fremdkapital, Zinssatz: 5% und Tilgung innerhalb der Projektlaufzeit von 20 Jahren in gleich bleibenden Annuitäten, kein Disagio, d.h., Auszahlung der Hypothek zu 100%: 19,17 Mio. EURO; Eigenkapital: 40% = 12,78 Mio. EURO
Veräußerung: nach 20 Jahren
angenommene Wertsteigerung des Objekts: 0,5% p.a.
zu erwartende Mieteinnahmen: 3,0 Mio EURO p.a
Zinsertrag der wieder angelegten freigesetzten Finanzmittel: 10% p.a. (vor Steuern)

LEASING:
Vertragsbeginn am 01.01.01 (t_1)
Vertragsart: Finanzierungsleasing
Grundmietzeit: 20 Jahre (betriebsgewöhnliche Nutzungsdauer: 50 Jahre), Ende: 31.12.20
Leasingrate: 2.913.755,60 EURO p.a. (bei dieser Leasingrate ergibt sich dieselbe durchschnittliche Verzinsung des Eigenkapitals wie der Alternative KAUF)
Mietnebenkosten: trägt direkt der Leasingnehmer
Sonderzahlung bei Vertragsbeginn: 4 Mio EURO
Zu erwartende Mieteinnahmen (wie oben): 3,0 Mio. EURO p.a.

Alternative Kauf						
Jahre	0	1	2	...	19	20
Wertentwicklung des Objekts	30.000	30.150	30.301		32.982	33.147
Annuität:		1.538	1.538		1.538	1.538
davon: FK-Zinsen		959	930		143	73
davon: Tilgung		580	608		1.395	1.465
Restschulden	19.170	18.590	17.982		1.465	0
Abschreibungen 2% p.a.		543	543		543	543
Restbuchwert des Gebäudes	27.158	26.614	26.071		16.838	16.295
Betriebskosten p.a.		419	419		419	419
Ergebnisrechnung:						
Periodenüberschuss		3.000	3.000		3.000	3.000
Ertrag aus Wiederanlage freigesetzter Finanzmittel			62		1.624	1.753
Veräußerungsgewinn						12.060
Summe der Einzahlungen bzw. Erträge		**3.000**	**3.062**		**4.624**	**16.813**
Betriebskosten		419	419		419	419
Abschreibung		543	543		543	543
Fremdkapitalzinsen		959	930		143	73
Ergebnis		**1.079**	**1.170**		**3.519**	**15.778**
Steuerlast: 39%		**421**	**456**		**1.372**	**6.153**
Entwicklung der Finanzmittel:						
davon: Einzahlungen		3.000	3.062		4.624	16.813
davon: Auszahlungen						
freigesetzte Finanzmittel:		**622**	**648**		**1.294**	**8.702**
Wiederanlage freigesetzter Finanzmittel (kumuliert)			622		16.240	17.535
Ertrag aus der Wiederanlage: 10%			62		1.624	1.753
Eigenkapital am Ende der Projektlaufzeit						26.237
durchschnittliche Verzinsung des Eigenkapitals (in % p.a.)						3,66

8.2 Vollständiger Finanzplan der Alternative KAUF (Werte in Tsd. EURO)

Die Alternative Kauf führt zu einer durchschnittlichen Verzinsung des eingesetzten Eigenkapitals von 3,66 % p.a. nach Steuern, was einer Vorsteuerrendite von rund 6% entspricht. Für eine weitere Beurteilung des Investitionsprojekts könnten nun ergänzend sog. Sensibilitätsanalysen (auch Sensitivitätsanalysen genannt) durchgeführt werden, die zeigen, wie sich die Veränderung eines Parameters dieses Modells – ceteris paribus (= alle anderen Parameter unberührt lassend) – auf das Ergebnis niederschlägt, wie z.B.:

- 10 % höhere Mieterträge führen zu einer durchschnittlichen EK-Rendite von: 4,86 %
- 10 % niedrige Mieterträge führen zu einer durchschnittlichen EK-Rendite von: 2,12 %
- 10 % höhere Investitionskosten führen zu einer durchschnittlichen EK-Rendite von: 2,49 %
- 10 %-Punkte weniger Eigenkapital führen zu einer durchschnittlichen EK-Rendite von: 3,29 %
- 1 %-Punkt höhere Fremdkapitalzinsen führen zu einer durchschnittlichen EK-Rendite von: 3,08 %
- etc.

Solche Betrachtungen erleichtern das Auffinden von hoch sensiblen, kritischen Parametern. Die Projektsteuerung muss sich vor allem auf diese Parameter konzentrieren, um den Erfolg des Projekts abzusichern.

Die folgende Tabelle weist die Alternative Leasing aus. Bei einer Leasingrate von genau 2.913.755,60 EURO p.a. wird das gleiche Vermögen wie bei der Kaufalternative am Ende der Projektlaufzeit in Höhe von 26,2 Mio. EURO erreicht, also ebenfalls eine Verzinsung von 3,66% p.a. nach Steuern.

Alternative Leasing					
Jahre	0	1	2	19	20
Einsparung von EK wg. Leasing	12.780				
Leasingsonderzahlung	4.000				
Steuererstattung wg. Leasing-Sonderzahlung	1.560				
Nicht benötigtes EK bei Leasing	10.340				
Ergebnisrechnung					
Mieteinnahmen		3.000	3.000	3.000	3.000
Erträge aus im Vgl. zum Kauf nicht benötigten sowie freigesetzten Finanzmitteln		1.034	1.077	2.368	2.492
Summe Erträge (zugleich Ein-Zahlungen)		4.034	4.077	5.368	5.492
Betriebskosten		419	419	419	419
Leasingrate		2.914	2.914	2.914	2.914
Ergebnis		701	744	2.035	2.159
Steuerlast		273	290	794	842
Entwicklung der Finanzmittel					
davon: Einzahlungen		4.034	4.077	5.368	5.492
davon: Auszahlungen		–3.606	–3.623	–4.127	–4.175
Freigesetzte Finanzmittel		428	454	1.241	1.317
Gesamtvermögen		10.768	11.221	24.920	26.237
Durchschnittliche Verzinsung des Eigenkapitals (in % p.a.)					3,66

8.3 Vollständiger Finanzplan der Alternative LEASING (Werte in Tsd. EURO)

Auch hier lassen sich mit Hilfe von Sensibilitätsanalysen kritische Parameter finden, wie:

- + 10 % Leasingrate führen zu einer durchschnittlichen EK-Rendite von: 2,17 % p.a.
- + 10 % Mieteinnahmen führen zu einer durchschnittlichen EK-Rendite von: 4,86 % p.a.
- − 10 % Mieteinnahmen führen zu einer durchschnittlichen EK-Rendite von: 2,12 % p.a.
- + 1 %-Punkt bei dem Ertrag für nicht benötigte Finanzmittel führen zu einer durchschnittlichen EK-Rendite von: 4,33 % p.a.

Ein genereller Kritikpunkt bei diesen Vorteilhaftigkeitsvergleichen zwischen Leasing und Kauf ist, dass Leasing nur mit der vollständigen Fremdfinanzierung eines Objekts – ohne Einsatz von Eigenkapital – verglichen werden kann, wenn man zu validen Ergebnissen kommen will.[236]

---

[236]   Vgl. Perridon, L.; Steiner, M., Finanzwirtschaft, S. 459, m.w.N.

Literaturverzeichnis

Abrahams, F.: Real **Estate** Development: Risk Can be Reduced, in: Pension World, Volume 22 (1986) No. 2, S. 22–24

Bars, J.: **Risikomanagement** von Adressenausfallrisiken im Bereich der Immobilienfinanzierungen, in: DLK, Heft 14 /1998, S. 455–458.

BDO (Hrsg.): Praxishandbuch Real Estate Management, Stuttgart 2005.

Becker, M.; Butz, P.: Hedging von Zins- und Währungsrisiken bei Immobilieninvestitionen, in: Schulte, K.W.; Thomas, M. (Hrsg.): Handbuch Immobilien-Portfoliomanagement, Köln 2007, S. 389–406.

Beier, M.: **Subprime**-Krise: Das Ende des Finanzdopings, in: Immobilienmanager, Heft 09/2007, S. 26–27.

Bidlingmaier, J.: **Marketing**, Bd. 1, Opladen 1983.

Bierbaum, M.; Feinen, K. (Hrsg.): Bank- und Finanzwirtschaft, Wiesbaden 1997.

Bosch, M.: **BWL-Praxiswissen** für die Immobilienwirtschaft, unveröffentlichtes Skript, Stand: Januar 2007.

Brenken, A.; Papenfuß, H.: **Unternehmensfinanzierung** mit ABS, Frankfurt 2007.

Däumler, K.-D.: **Anwendung** von Investitionsrechenverfahren in der Praxis, 4.A., Herne, Berlin 1996

Däumler, K.-D; Grabe, J.: **Grundlagen** der Investitions- und Wirtschaftlichkeitsrechnung, 12.A., Herne Berlin 2007.

Diedrichs, C.J.: **Grundlagen** der Projektentwicklung, in: Schulte, K.-W. (Hrsg.), Handbuch Corporate Real Estate Management, Köln 1998, S. 16–79.

Dous, M.: **Hypothekenversicherung**: Geschichte und Gegenwart, in: vdp (Hrsg.) Professionelles Immobilien-Banking, Frankfurt 2006.

Enseling, A.: **Leitfaden** zur Beurteilung der Wirtschaftlichkeit von Energiesparinvestitionen im Gebäudebestand, IWU, September 2003.

Falk, B. (Hrsg.): **Fachlexikon** Immobilienwirtschaft, Köln 1996.

Falk, B.(Hrsg.): Fachlexikon Immobilienwirtschaft, 3. A., Köln 2004.

Fedele, F.; Brand, M.: Real **Estate** Private Equity für mittelständische Privatisierungs- und Bauträgermaßnahmen, in: Schulte, K.-W. (Hrsg.): Real Estate Private Equity, Köln 2007, S. 719–732..

Feinen, K.: **Finanzdienstleistungs-Leasing** – eine innovative Investitionsalternative, in: Bierbaum, M.; Feinen, K. (Hrsg.): Bank- und Finanzwirtschaft, Wiesbaden 1997, S. 177ff.

Feinen, K.: **Finanzierung** durch Immobilien-Leasing, in: Schulte, K.W. (Hrsg.): Handbuch Immobilien Banking, Köln 2002, S. 119–145.

Feucht, M.: **Amortisationsrechnung**, in: Feucht, M. (Hrsg.): Praxis-Lexikon Finanzmanagement, Landsberg u.a. 2001, S. 26–28.

Feucht, M.: **Eigenkapital**, in: Feucht, M. (Hrsg.): Praxis-Lexikon Finanzmanagement, Landsberg u.a. 2001, S. 84–85.

Feucht, M.: **Eigenkapitalrentabilität**, in: Feucht, M.: Praxis-Lexikon Finanzmanagement, Landsberg u.a. 2001, S. 86–88.

Feucht, M.: **Factoring**, in: Feucht, M. (Hrsg.): Praxis-Lexikon Finanzmanagement, Landsberg u.a. 2001, S. 93–94.

Feucht, M.: **Finanzierung**, in: Feucht, M. (Hrsg.): Praxis-Lexikon Finanzmanagement, Landsberg u.a. 2001, S. 94.

Feucht, M.: Derivative **Finanzinstrumente**, in: Feucht, M. (Hrsg.): Praxis-Lexikon Finanzmanagement, Landsberg u.a. 2001, S. 67–70.

Feucht, M.: **Fremdfinanzierung**, in: Feucht, M. (Hrsg.): Praxis-Lexikon Finanzmanagement, Landsberg u.a. 2001, S. 105–106.

Feucht, M.: **Fremdkapital**, in: Feucht, M. (Hrsg.): Praxis-Lexikon Finanzmanagement, Landsberg u.a. 2001, S. 106–107.

Feucht, M.: **Fremdkapitalkosten**, in: Feucht, M. (Hrsg.): Praxis-Lexikon Finanzmanagement, Landsberg u.a. 2001, S. 107.

Feucht, M. (Hrsg.): Praxis-Lexikon Finanzmanagement, Landsberg u.a. 2001.

Feucht, M.: **Return-on-Investment** (ROI), in: Feucht, M. (Hrsg.): Praxis-Lexikon Finanzmanagement, Landsberg u.a. 2001, S. 216–218

Goepfert, A.: **Finanzierungsinstrument** mit Zukunft, in: Immobilienmanager Heft 10/2007, S. 32–34.

Gondring, H. (Hrsg.): **Immobilienwirtschaft**, Handbuch für Studium und Praxis, München 2004.

Gondring, H.: **Risiko** Immobilie, Methoden und Techniken bei der Risikomessung bei Immobilieninvestitionen, München 2007.

Gottschalk, G.-J.: Immobilienwertermittlung, Wertermittlungsverfahren, Mathematische Formelsammlung, 2. A., München 2003.

Graf, K. H.: **Projektdevelopment**, in: Mändle, E.; Galosnka, E., Wohnungs- und Immobilienlexikon, Hamburg 1997, S. 660–662.

Hellerforth, M.: **BWL** für die Immobilienwirtschaft, München u.a., 2007.

Hellerforth, M.: Handbuch Facility Management für Immobilienunternehmen, Berlin u.a. 2006.

Hellerforth, M.: Kleine und mittlere Unternehmen (**KMU**) der Immobilienwirtschaft im Binnenmarkt, Leverkusen 1996,

Hellerforth, M.: Der Weg zu erfolgreichen Immobilienprojekten durch **Risiko**begrenzung und Risikomanagement, Frankfurt 2001.

Hellerforth, M.: **Stakeholder** und ihr Management, Frankfurt 2000.

Hermann, M.: **Refinanzierung** von Hypothekarkrediten durch Mortgage Backed Securities, in: Schulte, K.-W.; u.a. (Hrsg.) Handbuch Immobilien Banking, Köln 2002, S. 18, 75–198.

Hertel, C./Edelmann, H.: **Immobilienfinanzierung** und Verbraucherschutz, Berlin 2007.

Heuer, B./Nordalm, V.: Die **Wohnungsmärkte** im gesamtwirtschaftlichen Gefüge, in: Jenkins, H.W. (Hrsg.): Kompendium der Wohnungswirtschaft, München 1996, S. 23–41.

Isenhöfer, B.: Strategisches **Management** von Projektentwicklungsunternehmen, Schriften zur Immobilienökonomie, Band 8, Köln 1999.

Jenkins, H.W. (Hrsg.): Kompendium der Wohnungswirtschaft, München 1996.

Kälberer, W.: **Anforderungen** von Basel II an die Immobilienwirtschaft, in: BDO (Hrsg.): Praxishandbuch Real Estate Management, Stuttgart 2005, S. 371–386.

Kind, T.: **Asset** Backed Securities (ABS), in: Feucht, M. (Hrsg.): Praxis-Lexikon Finanzmanagement, Landsberg u.a. 2001, S. 31–34.

Kleiber, W.; Simon, J; Weyers, G.: WertV, **Wertermittlungsverordnung** 1988, Köln 1989,

Knobloch, B.: **Einsatz** von Derivaten als innovative Instrumente am internationalen Immobilienmarkt, in: vdp (Hrsg.): Professionelles Immobilien-Banking, Frankfurt 2007, S. 7–11.

Krämer-Eis, H.: **Ratings**, Basel II und Finanzierungskosten von KMU, in: KfW Beiträge zur Mittelstands- und Strukturpolitik, Frankfurt 2001.

Kretschmar, T.; Damaske, M.: Securitisation, in: Schulte, K.-W. (Hrsg.): Real Estate Private Equity, Köln 2007, S. 575–593.

Kruschwitz, L.: **Investitionsrechnung**, 11. A., München 2007.

Lagemann, C.: **Immobilienkreditmarkt** und Kapitalmarkt wachsen zusammen, in: vdp (Hrsg.): Professionelles Immobilienbanking Frankfurt 2007, S. 12–16.

Lagemann, C.: Im **Wandel**, Kommentar, in: Immobilienmanager Heft 10/2007, S. 38–39.

Lauenstein, C.: Der geschlossene **Immobilien-Leasing-Fonds**, Frankfurt 2001.

Lauritzen, P.: Auswirkungen von Basel II auf die Immobilienwirtschaft, S. 1, www.http.//deutscher-verband.org/downloads/rede_lauritzen.pdf.

Mändle, E.; Galosnka, E.: Wohnungs- und Immobilienlexikon, Hamburg 1997.

Maier, K.W.: **Risikomanagement** im Immobilien- und Finanzwesen, 3.A., Frankfurt 2007.

Meyer-Scharenberg, D.: Die **Immobilienaktiengesellschaft**, in: Paulaen, N.; Bankhaus Ellwanger & Geiger (Hrsg.): Die deutsche Immobilien-Aktie 1997/98, o.O., S. 14ff.

Müller, R.: **Recht** und Rechtsverfolgung im Hypothekarkredit, in: Rüchardt, K. (Hrsg.): Handbuch des Hypothekarkredits, 3.A. Frankfurt 1993, S. 261–402.

Murfeld, E. (Hrsg.): Spezielle **Betriebswirtschaftslehre** der Grundstücks- und Wohnungswirtschaft, 3. A., Hamburg 2000.

o.V.: Wo bleiben die **REITS**?, in: Immobilien & Finanzierung, Heft 21 2007, S. 744.

o.V.: Ernst Young: **Rückzug** der Kommunen, Privat sind gefragt, in: Immobilien & Finanzierung, Heft 18/2007, S. 640–643.

Paschedag, H.: Darlehens- und **Hypothekenfinanzierung**, in: Schulte, K.-W.; u.a. (Hrsg.): Handbuch Immobilienbanking, Köln 2002, S. 69–88.

Perridon, L./ Steiner, M.: **Finanzwirtschaft** der Unternehmung, 11. A., München 2002.

Perridon, L./ Steiner, M.: **Finanzwirtschaft** der Unternehmung, München **2007**.

Reifner, U. (Hrsg.): **Risiko** Baufinanzierung; rechtliche und wirtschaftliche Probleme privater Bauherrn, 2.A. Neuwied, u.a. 1996.

Reisach, K.-H.: **Bauträgerrecht** und Bauträgerfinanzierung, Stuttgart 2003.

Riebel, V.: Nützlich - ja oder nein? Finanzmathematische Verfahren zur Rentabilitätsmessung wohnungswirtschaftlicher Investitionen, in: Die Wohnungswirtschaft, 46. Jg., H. 12/1993, S. 698–702.

Ropeter, S.-E. / Vaaßen, N.: **Wirtschaftlichkeitsanalyse** von Immobilienbereitstellungsalternativen, in: Schulte, K.-W./Schäfers, W. (Hrsg.): Handbuch Corporate Real Estate Management, Köln 1998, S. 155–185.

Rotke, N. B.; Gläsner, S.: **Glossar**, in: Schulte, K.-W. (Hrsg.): Real Estate Private Equity, Köln 2007, S. 791–814.

Rotke, N. B.: **Immobilienzyklen** und Immobilien-Portfoliomanagement, in: Schulte, K.W.; Thomas, M. (Hrsg.) , Handbuch Immobilien-Portfoliomanagement, Köln 2007, S. 337–387.

Rotke, N. B.: Investitionen mit Real Estate Private Equity, Köln 2004.

Rudolph, S.: Immobilienfinanzierung in Deutschladn – akutelle Trends und Marktentwicklungen, in: Taschenbuch für den Wohnungswirt, Hamburg 2008, S. 9–21.

Rüchardt, K. (Hrsg.): Handbuch des Hypothekarkredits, 3. A. Frankfurt 1993.

Rüchardt, K.: Bewertung und Krediturteil, in: Rüchardt, K., (Hrsg.): Handbuch des Hypothekarkredits, 3.A. Frankfurt 1993, S. 143–260.

Schaffner, P.: **Immobilienderivate** – Was nützen sie? Wem nützen sie? Wie nutzt man sie?, in: DW, Heft 12/2007, S. 42–44.

Schmoll, F. genannt Eisenwerth: **Basiswissen** Immobilienwirtschaft, Berlin 2005.

Schneider, D.: **Investition**, Finanzierung und Besteuerung, 6. A., Wiesbaden 1990.

Schneider, E.: **Wirtschaftlichkeitsrechnung**, Theorie der Investition, 8. A, Tübingen 1973.

Schulte, K.-W. (Hrsg.): Handbuch Immobilien Banking, Köln 2002.

Schulte, K.-W. (Hrsg.): Immobilienökonomie, München u.a. 1998.

Schulte, K.-W.; Schäfers, W., (Hrsg.): Handbuch Corporate Real Estate Management, Köln 1998.

Schulte, K.-W.; Leopoldsberger, G; Schaubach, P., Vaassen, N.; Walker, A.: **Immobilienfinanzierung**, in: Schulte, K.-W. (Hrsg.): Immobilienökonomie, München u.a. 1998, S. 537ff.

Schulte, K.-W.; Allendorf, G.-J.; Ropeter, S.-E.: **Immobilieninvestitionen**, in: Schulte, K.-W. (Hrsg.), Immobilienökonomie, München u.a. 1998, S. 507–580.

Schulte, K.W.; Thomas, M. (Hrsg.): Handbuch Immobilien-Portfoliomanagement, Köln 2007.

Sebastian, S.: **Immobilien** stellen nicht per se einen besseren Inflationsschutz dar als andere Investements, in: DWW, Heft 11/2007, S. 26–29.

Stehle, R.: **Rechtsform** und Finanzierung, in: Wittmann, Waldemar, u.a. (Hrsg.): Handwörterbuch der Betriebswirtschaft, Teilband 3 R-Z, 5. Auflage, Stuttgart 1993, Sp. 3715–3727.

Steiner, P.; Uhlir, H.: **Wertpapieranalyse**, 4. A. Heidelberg 2001.

Stübner, P.; Hippler, F.; Hofmann, J.: **Risikoanalyse** von Immobilienanlagen, in: Risikomanager, 13/2007, S. 1–13.

Vaaßen, N.: Gewerbliches **Immobilienleasing**, Köln 1999.

vdp (Hrsg.): Professionelles Immobilien-Banking, Frankfurt 2006.

Vernor, J. D.: An Introduction to Risk Management in Property Development, Washington D.C. 1981.

Vest, M.: Die klassische **Immobilienfinanzierung**, in: BDO (Hrsg.) Praxishandbuch Real Estate Management, Stuttgart 2005, S. 341–370.

Wachner, F.: Die **Ausgestaltung** von PPP-Projekten in Deutschland nähert sich internationalen Standards, in: vdp (Hrsg.) Professionelles Immobilien-Banking, Frankfurt 2006, S. 26–29.

White, D./Turner, J./Jenoyn, B./Lincoln, N.: Internationale **Bewertungsverfahren** für das Investment in Immobilien, 3. A., Wiesbaden 2003.

Wienbrocke, M.: Der deutsche **Real** Estate Investment Trust (REIT), in: NJW v. 17.19.2007, S. 2721–2726.

Wittmann, Waldemar, u.a. (Hrsg.): Handwörterbuch der Betriebswirtschaft, Teilband 3 R-Z, 5. Auflage, Stuttgart 1993.

Wupperfeld, U.: **Annuitätenmethode**, in: Feucht, M. (Hrsg.): Praxis-Lexikon Finanzmanagement, Landsberg u.a. 2001, S. 28–31.

Zimmer, P.: **Ergebnisanalyse** und Ergebnisplanung wohnungswirtschaftlicher Betriebe, Göttingen 1983.

Zinkel, R.: Real **Estate** Investment Trust (REIT), in: HuG, Heft 10, Dezember 2007, Gruppe 17, S. 191–195.

Zoller, E.; Kiesl, B.: Real **Estate** Structured Finance, in: Schulte, K.W. (Hrsg.): Handbuch Immobilien Banking, Köln 2002, S. 199–226.

Index

www.ingramcontent.com/pod-product-compliance
Lightning Source LLC
Chambersburg PA
CBHW061817210326
41599CB00034B/7024